汽车维修入门 全程图解系列

全彩印刷

全程图解新款汽车发动机维修

李 伟 主编

流程图 + 基础知识 + 实际操作

轻松入门 快速提高！

机械工业出版社
CHINA MACHINE PRESS

本书为全彩印刷，从七个方面系统地讲解了最新型发动机曲柄连杆机、配气机构、燃油供给系统、进排气系统、润滑系统、冷却系统、发动机传感器等内容。本书以解答的形式详细地讲解了新型发动机构造，所选图片以透视图、剖视图及原理示意图等为主，读者可以清晰地看到汽车元件的内部构造，了解汽车各个部件运作的原理及检修、诊断方法。

本书从实际操作出发，将与发动机相关的新技术进行了整合，具有较强的针对性和实操性。书中应用了上百幅精美的发动机图片及维修图片。

本书语言非常通俗，图片异常丰富，并有许多相关知识，非常适合广大汽车爱好者和相关汽车行业人员和学员、维修工使用。

图书在版编目（CIP）数据

全程图解新款汽车发动机维修 / 李伟主编 . —3 版 . — 北京：机械工业出版社，2017.4

ISBN 978-7-111-56004-3

Ⅰ . ①全…　Ⅱ . ①李…　Ⅲ . ①汽车 – 发动机 – 车辆修理 – 图解
Ⅳ . ① U472.43-64

中国版本图书馆 CIP 数据核字（2017）第 023851 号

机械工业出版社（北京市百万庄大街 22 号　邮政编码 100037）
策划编辑：连景岩　杜凡如　责任编辑：连景岩　杜凡如　王海霞
责任校对：刘秀芝　　封面设计：张　静
责任印制：李　飞
北京新华印刷有限公司印刷
2017 年 4 月第 3 版第 1 次印刷
184mm × 260mm · 11.75 印张 · 288 千字
0 001—3 000册
标准书号：ISBN 978-7-111-56004-3
定价：59.90 元

凡购本书，如有缺页、倒页、脱页，由本社发行部调换

电话服务	网络服务
服务咨询热线：010-88361066	机 工 官 网：www.cmpbook.com
读者购书热线：010-68326294	机 工 官 博：weibo.com/cmp1952
010-88379203	金 书 网：www.golden-book.com
封面无防伪标均为盗版	教育服务网：www.cmpedu.com

前　言

Preface

随着我国汽车工业的快速发展，汽车已作为代步工具进入千家万户。汽车更新换代很快，为了让更多汽车维修工、学员对新型汽车知识有所了解，特编写了此书。编者从实际出发，结合多年积累的经验，对汽车发动机新技术进行了重新整合。

现在汽车的新技术、新配置、新名词、新设计让人眼花缭乱，汽车爱好者们需要不断学习和更新知识，才能对汽车有更深层次的认识和了解；对于购车者、车主和驾车人来说，也必须掌握一定的汽车知识，了解汽车的基本机械构造，以及发动机的构造及其与驾驶和使用的关系。只有这样，才能轻松应对行车中遇到的各种问题，并不断增进对汽车发动机的了解。

为了让维修人员及学员掌握汽车发动机的基本结构及工作原理，本书从七个方面讲解了最新的发动机结构、工作原理、故障诊断、检修、拆装等知识。

本书文字简练，通俗易懂，适合汽车学员、维修工及汽车爱好者参考阅读。本书由李伟任主编，参加编写的还有李校航、李校研、于洪燕、李春山、于洪岩、李微、于忠贵、姜春玲、马针、吕春影等。由于经验不足，书中的错误和不完善之处在所难免，恳请广大读者批评指正。

编者

目　录
Contents

第 1 章　曲柄连杆机构

1　新型整体式气缸盖结构及其拆装

(1) 新型缸盖结构　大众新型缸盖集成了排气歧管，取消了铸铁排气歧管以减轻重量，并沿用 EA111 发动机的四气门技术、滚珠摇臂式气门运动机构（带液压挺杆）。

排气歧管集成在缸盖上，这样可以减小尺寸，减轻重量，缩短起燃时间，从而利于排放优化。横流式气缸盖可使冷却液从进气侧通过燃烧室流入排气侧。排气侧分成两个区域，一个在排气歧管上面，一个在排气歧管下面。冷却液进水口布置在缸盖上，使得燃烧室冷却充分，减小了爆燃风险，如图 1-1 所示。

1）通过排出的气体使冷却液加热得更快，预热发动机，使发动机可更快地达到其工作温度。这可降低耗油量，并且能更迅速地对车厢内进行加热。

2）由于排气侧壁表面扩展至催化转化器的面积减小，因此排气在预热阶段不能释放出足够的热量，催化转化器可更快速地升温至其工作温度，同时使冷却液仍然具有足够的冷却效果。

3）若系统在全负载状态下工作，冷却液温度将继续降低，从而扩大了发动机在氧传感器空气系数 $\lambda=1$ 时的工作温度范围，降低了耗油量和排气量。

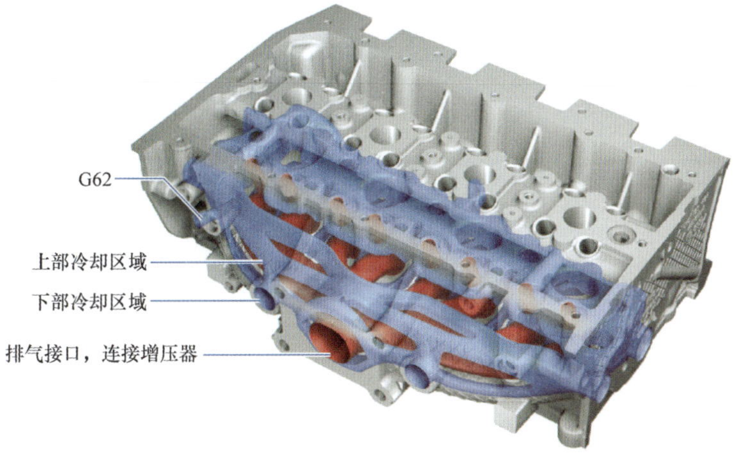

图 1-1　整体式气缸盖

(2) 拆卸顺序

1）用工具头 T10070（专用工具）将气缸盖螺栓按照①～⑩的顺序拧出，如图 1-2 所示。

2）取出气缸盖，并将其放置在一个软垫层上，如泡沫塑料。

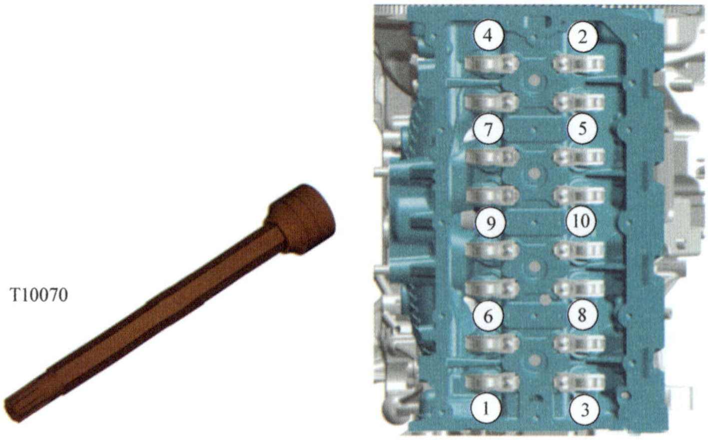

图 1-2 拆卸气缸盖

(3) 安装顺序

1）装上气缸盖衬垫。注意气缸体内的定心销箭头，如图 1-3 所示；注意气缸盖密封件的安装位置，必须能从进气侧看到零件号。

2）如果在此期间转动了曲轴，应将气缸 1 的曲轴置于上止点，并将曲轴再次略微往回转。

3）装上气缸盖。装入气缸盖螺栓，并用手拧紧。

4）按照图 1-4 所示①～⑩的顺序拧紧气缸螺栓：①用转矩扳手以 40 N·m 的力矩预紧；②用刚性扳手将螺栓继续转动 90°；③用刚性扳手将螺栓继续转动 90°。

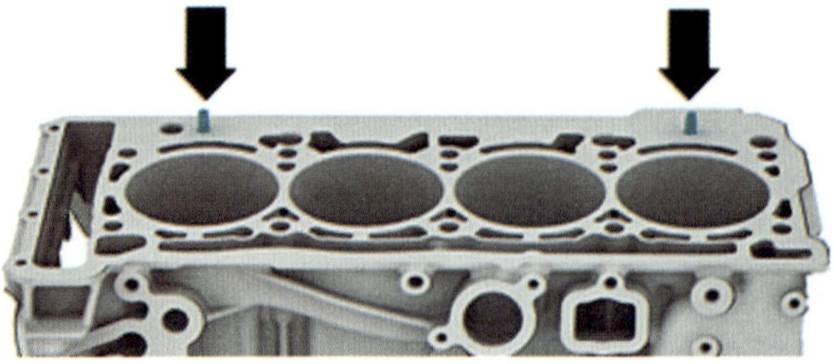

图 1-3 装上气缸盖衬垫

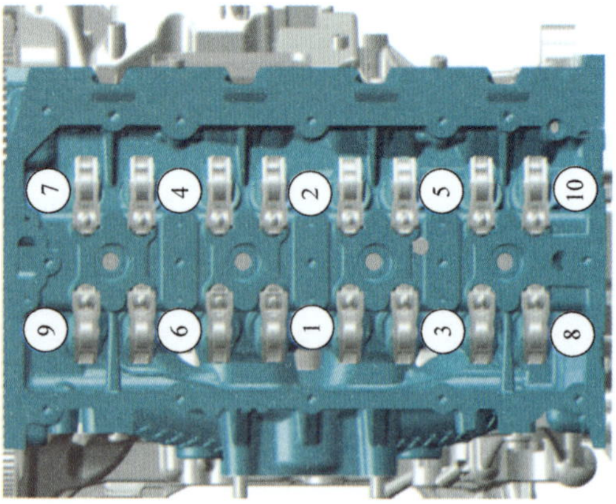

图 1-4 气缸盖拧紧顺序

2 气缸体和气缸盖变形检修

气缸体和气缸盖在使用中的变形是普遍存在的。造成变形的原因包括拆装螺栓时力矩过大或不均匀，或不按顺序拧紧以及在高温下拆卸气缸盖等。

缸体变形主要表现为上平面、端面的翘曲变形和配合表面的相对位置误差增加；缸盖变形主要表现为下平面和进、排气歧管侧平面的翘曲变形。

气缸体、气缸盖的翘曲变形可用平板做接触检测，或者用直尺和塞尺进行检测。用刀口形直尺和塞尺检测气缸盖平面翘曲的方法：在气缸体或气缸盖上平面的纵向、横向、和对角线方向进行测量，求得其平面度误差，如图 1-5 所示。气缸体上平面在全长上的最大允许误差为 0.05mm。

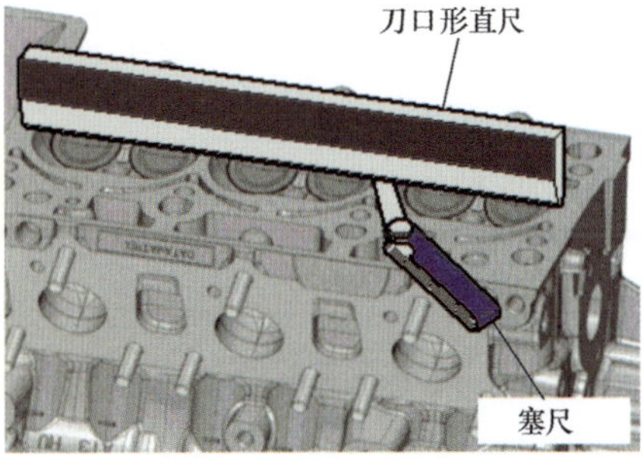

图 1-5 气缸盖变形检修

3 宝马气门室盖结构

宝马气门室盖的结构如图 1-6 所示。泄漏气体通过气缸进气侧区域的开口到达三个簧片分离器处。附着在泄漏气体上的机油通过簧片分离器分离，并沿器壁向下通过单向阀流回气缸盖内。分离出机油后的净化泄漏气体此时根据运行状态进入进气系统内。

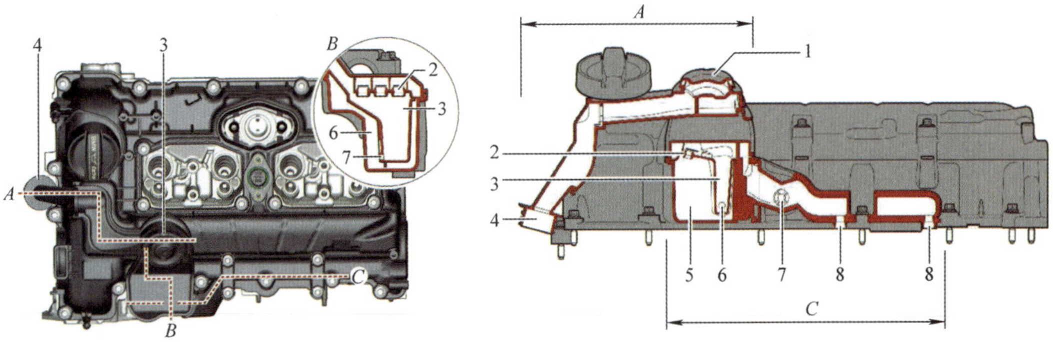

图 1-6 气门室盖

1—调压阀 2—簧片分离器 3—机油分离器 4—连接废气涡轮增压器前的洁净空气管
5—集气室 6、7—单向阀 8—连接气缸盖内进气通道的泄漏通道
A—剖面图 *B*—剖面图 *C*—剖面图

只有在进气集气管内通过真空压力，使单向阀处于开启状态时，即处于自吸式发动机运行模式时，才能使用标准功能。

在自吸式发动机运行模式下，进气集气管内的真空压力使气缸盖罩泄漏通道内的单向阀打开，并通过调压阀抽吸泄漏气体。同时，真空压力使增压空气进气管路通道内的第二个单向阀关闭。

泄漏气体通过集成在气缸盖罩内的分配管直接进入气缸盖内的进气通道中，与废气涡轮增压器前的洁净空气管以及曲轴箱相连的清洁空气管路通过单向阀直接将新鲜空气输送至曲轴空间内。曲轴空间内的真空压力越大，进入曲轴箱内的空气量就越大。通过这种清污方式可防止调压阀结冰。

4 大众、奥迪气门室盖结构及其拆装

（1）结构 新款桑塔纳、新款捷达 EA211 和高尔夫 A7 发动机都采用整体式缸盖，使凸轮轴和气门室罩盖集成为一体，如图 1-7 所示。EA211 的凸轮轴不能从缸盖罩壳中拆出来，凸轮轴前端轴承改为滚珠轴承，以减少摩擦、降低油耗。

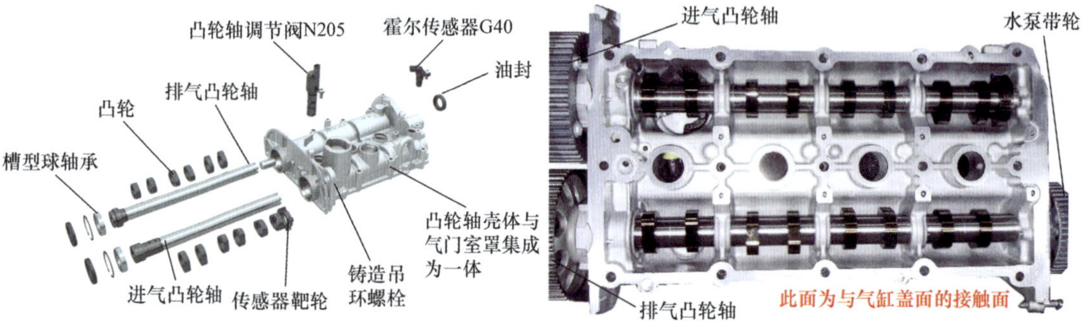

图 1-7 新款捷达气门室盖

全新奥迪 A3 也采用整体式气门室罩盖。其深沟球轴承起止推作用，前端支承由滑动摩擦变为滚动摩擦，减小了轴径尺寸，增加了支承点，提高了凸轮轴的刚度。气门室罩盖（凸轮轴壳体）和凸轮轴要一起更换，深沟球轴承能拆卸但不能单独更换，如图 1-8 所示。

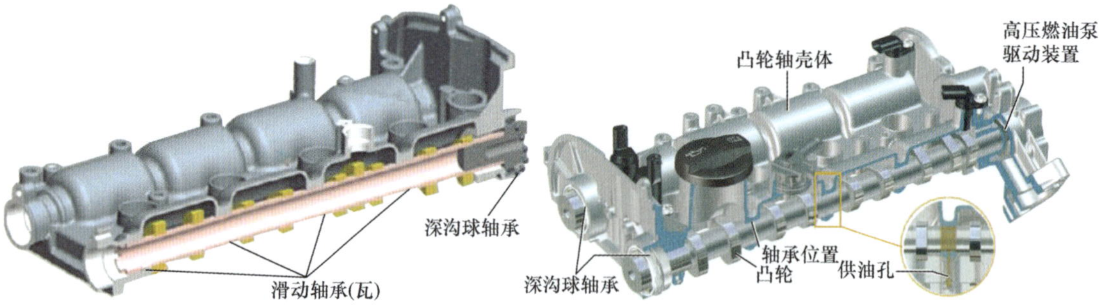

图 1-8 奥迪 A3 气门室罩盖结构

（2）拆卸、安装 大众、奥迪整体式气门室罩盖或凸轮轴外壳的装配如图 1-9 所示。

1）拆卸一体式气门室盖时，需拆卸正时带或正时链条及其他附属件。

2）将凸轮轴正时链从链轮上取下。

3）拧出螺栓箭头。将气缸罩盖螺栓按照图 1-10 所示①～⑮的顺序拧出。装配时按照由中间往两边的顺序，如图 1-11 所示（用 8N · m 的拧紧力矩预拧紧螺栓，用刚性扳手继续转动螺栓 90°）。

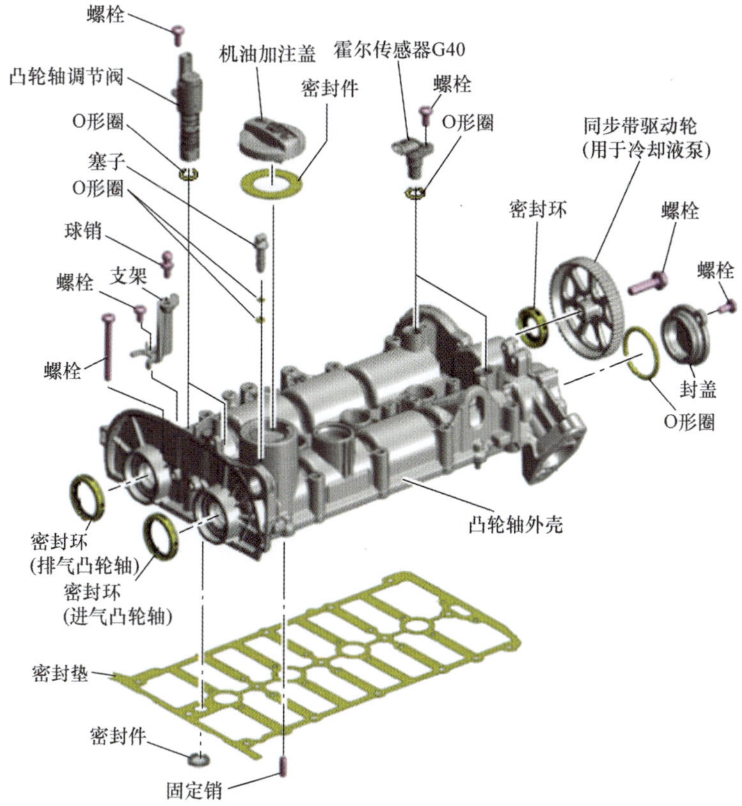

图 1-9 凸轮轴外壳装配

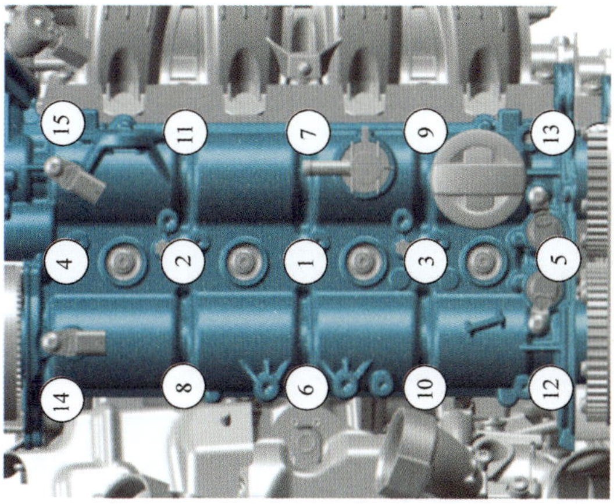

图 1-10 拆卸凸轮轴外壳顺序

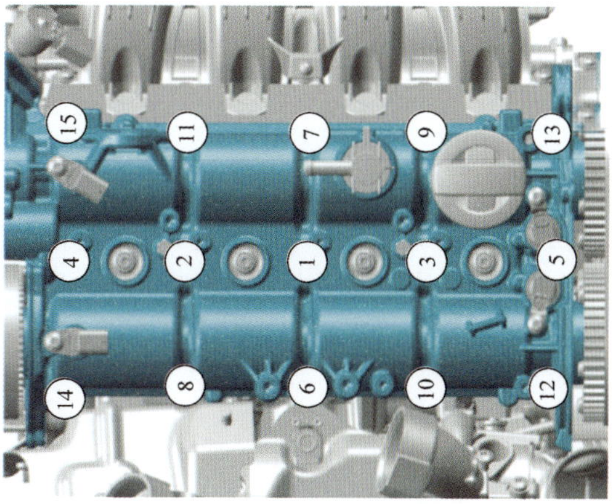

图 1-11 装配凸轮轴外壳顺充序

5 发动机气缸体新结构

气缸体是发动机各个机构和系统的装配基体，并由它来保持发动机各运动件相互之间的准确位置关系。水冷式发动机通常将气缸体与上曲轴箱铸成一体，简称气缸体。气缸体上半部有若干个为活塞在其中运动导向的圆柱形空腔，称为气缸。下半部为支承曲轴的上曲轴箱，其内腔为曲轴运动的空间。在上曲轴箱上制有主轴承座孔，有的发动机还制有凸轮轴轴承座孔。为了对这些轴承进行润滑，在侧壁上面铸有主油道，前后壁和中间隔板上铸有分油道。气缸体的上、下平面用以安装气缸盖和下曲轴箱，是修理气缸的加工基准。

新型发动机缸体采用压铸铝合金 AlSi9Cu3 制成，在带有铝合金曲轴箱的四缸发动机上使用。它使用的涂层工艺电弧丝喷涂 LDS 可优化气缸工作表面特性。

冷却液套同样经过了优化，环岸孔可改善环岸区域的冷却效果，并根据涡轮增压发动机的要求进行了调整。缸体结构如图 1-12、图 1-13 所示。

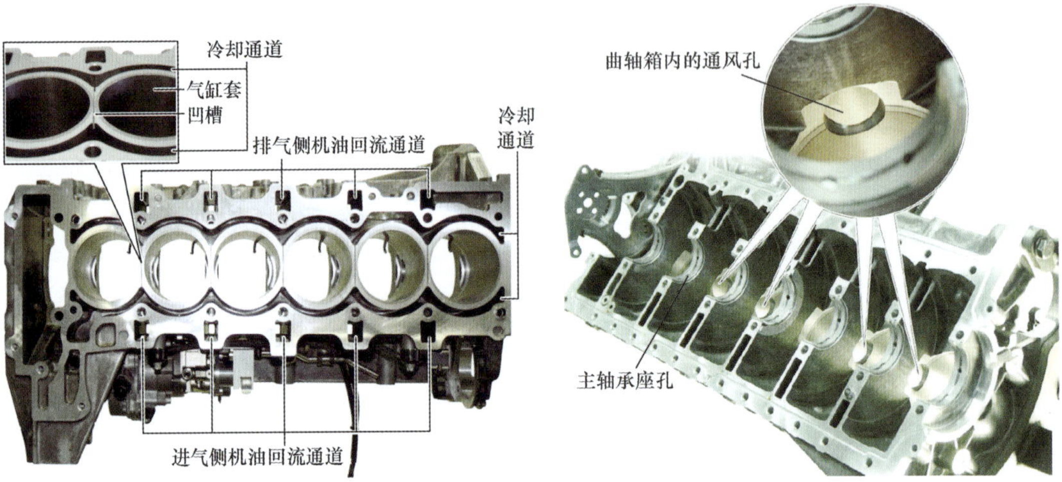

图 1-12　宝马缸体内冷却液套和冷却通道

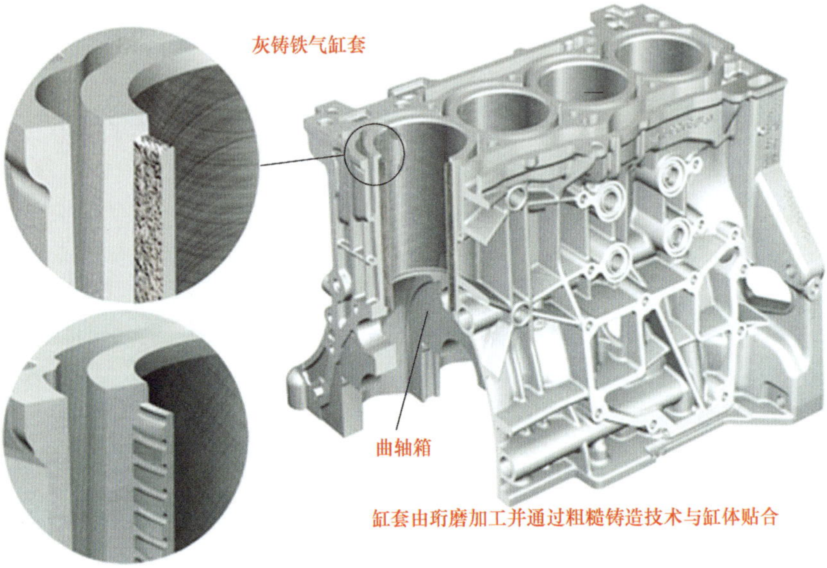

图 1-13　新款捷达铝缸体铸铁缸套

6 气缸套的结构和分类

气缸套的结构形式有三种，即无气缸套式、干式气缸套和湿式气缸套，如图 1-14 所示。

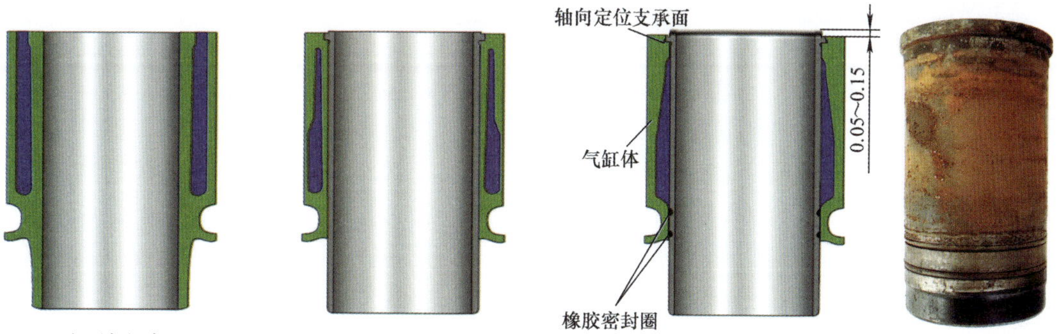

a）无气缸套　b）干式气缸套　c）湿式气缸套

图 1-14 气缸套

（1）无气缸套 即不镶嵌任何气缸套的机体，在机体上直接加工出气缸，如图 1-14a 所示。其优点是可以缩短气缸中心距，从而使机体的尺寸和质量减小。另外，机体的刚度大，工艺性好。

（2）干式气缸套 指的是在一般灰铸铁气缸座孔内压入或装入干式气缸套，干式气缸套不与冷却液接触。用合金铸铁离心铸造的干式气缸套壁厚度为 2~3mm，而精密拉深的钢制气缸套厚度仅为 1.0~1.5mm。干式气缸套外圆表面和气缸套座孔内表面均需精加工，以保证必要的几何精度和便于拆装。气缸套与座孔的配合，现在多采用动配合，其间隙为 0.017~0.037mm。镶嵌干式气缸套的优点是机体刚度大，气缸中心距小，质量小和加工工艺简单。其缺点是传热较差，温度分布不均匀，容易发生局部变形。

（3）湿式气缸套 其气缸套外壁与冷却液直接接触。用合金铸铁制造的湿式气缸套的壁厚一般为 5~8mm。湿式气缸套的轴向定位一般是靠气缸套上部凸缘与机体顶部相应的支承面。湿式气缸套下部用 1~3 道耐油的橡胶密封圈进行密封，防止冷却液泄漏。气缸套顶要高出机体顶面 0.05~0.15mm，这样拧紧气缸盖螺栓时，大部分压紧力作用在气缸套凸缘上，使其与气缸盖衬垫和机体支承面贴合得非常紧密，可起到防止气缸漏气和水套漏水的作用。湿式气缸套的特点是机体上没有封闭的水套，容易铸造，传热好，温度分布比较均匀，修理方便，不必将发动机从汽车上拆下来，就可以更换气缸盖。其缺点是机体刚度差，容易漏水。湿式气缸套广泛应用在柴油机上。

水冷式气缸周围和气缸盖中均有用以充冷却液的空腔，称为水套。气缸体和气缸盖上的水套是相互连通的，利用水套中的冷却液流过高温零件的周围而将热量带走。

（4）气缸镶套 气缸用修理尺寸法修理超过最后一级时，可用镶套法恢复至原始尺寸。

1）干式气缸套的镶配工艺。

① 选择气缸套。第一次镶套选用标准尺寸的气缸套；若气缸体上已镶有缸套，则在拆除旧套后，应选用大一级修理尺寸的气缸套。

② 检修气缸套承孔。根据气缸套的外径尺寸，将气缸套承孔镗至所需尺寸，按要求留过盈量。

③ 镶配。将气缸套外壁涂以机油，放正气缸套，用压床以 20~50kN 的力缓慢压入。为防止缸体变形，应采用隔缸压入法。压入后的缸套应与气缸体上平面平齐，压入缸套前后应对气缸体进行水压试验。

2）湿式气缸套镶配工艺。

① 拆去旧缸套。轻轻敲击气缸套底部，用手或拉具拉出。除去气缸体承孔结合面上的铁锈、污物，用砂布擦至露出金属光泽为止，特别是与密封圈接触的部位必须光滑，以防止不平而漏水。气缸体上、下承孔的圆度和圆柱度误差应不大于 0.015mm。

② 试装新缸套。将未装密封圈的气缸套装入气缸套体内，压紧后检查气缸套端面高出气缸体平面的距离，使其符合原厂规定（一般高出气缸体上平面 0.03~0.10mm）。如不符合尺寸要求，可在气缸套台肩下选装适当厚度的铜质或铝质垫片进行调整。测量误差不得大于 0.04mm。

③ 装入气缸套。将镗磨好的气缸套装上水封圈，并涂以密封胶，检查各道水封圈与气缸体的接触是否平整，然后稍加压力即可装入气缸体的承孔内。

④ 水压试验。气缸套压入后，应进行水压试验，检查水封圈的密封性。

7 气缸磨损的检测

气缸的圆度误差：在同一断面上不同方向测量到的最大与最小直径差值的一半，即为该断面的圆度误差。把在所有测量断面上测量到的最大的圆度误差作为气缸的圆度误差。

气缸的圆柱度误差：在气缸表面任意方向所测得读数中最大与最小直径差值的一半即为气缸的圆柱度误差。

当气缸的圆度误差达 0.050~0.0625mm，圆柱度误差达到 0.175~0.250mm 时，必须修理或更换气缸套；当气缸的圆度误差和圆柱度误差都小于极限值，并且气缸磨损量小于 0.15mm 时，可更换活塞及活塞环。

（1）气缸的测量位置 测量时，应在活塞全行程内的①、②、③三个断面（图 1-15）附近进行测量，以便正确地测量出气缸的最大磨损量以及圆度和圆柱度误差。气缸三个测量断面的位置：①是第一道活塞环上止点稍下处，此断面一般是气缸的最大磨损断面；②是气缸中部测量断面位于活塞上、下止点中间的位置；③是气缸下部测量断面取活塞到下止点时，最下一道活塞环对应的位置附近。

（2）测量前的准备工作

1）清洗并擦干被检验的气缸缸筒及上平面，同时清洁千分尺、卡尺、量缸表、钢直尺等量具，量缸表如图 1-16 所示。用钢直尺测量气缸长度，并在气缸筒内画上所要测量的轴向和径向的位置。

2）用卡尺测量气缸口处的直径。提示：测量时卡尺必须与气缸平面垂直，当尺的两个内量爪贴近气缸壁时应轻轻晃动，以取得测量时的最大直径，然后将卡尺的锁紧螺母锁紧再读数，如图 1-17 所示。

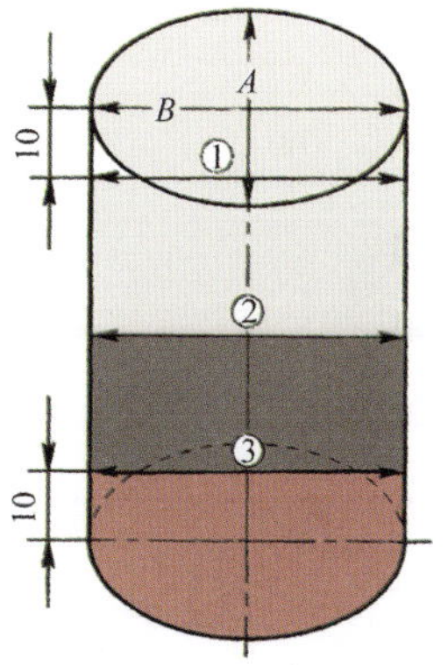

| 图 1-15 气缸体的测量部位 |

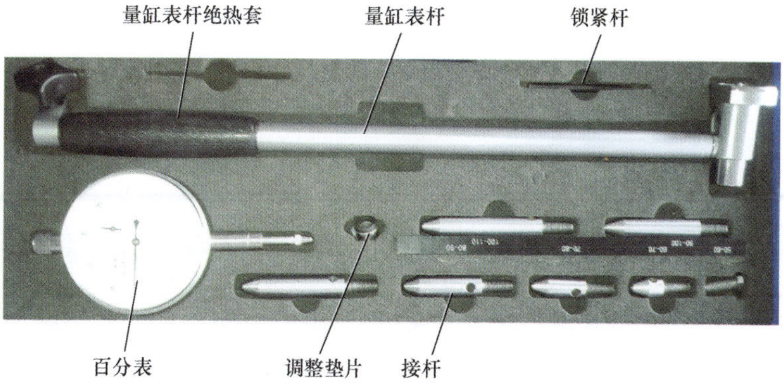

| 图 1-16 量缸表 |

3）将千分尺校零，校量杆要放平，否则校零不准。将标准量规夹在测轴和测砧之间，慢慢转动限荷棘轮旋钮，当棘轮转动一圈半并发出 2~3 次“咔咔”声后，即能产生正确的测定压力，检视指示值；棘轮旋钮的作用是保证测轴的测定压力，当测定压力达到一定值时，限荷棘轮即会空转。如果测定压力不固定，则无法测得正确尺寸。如有误差，应用校正扳手对固定套筒或旋转套筒进行调整，并记录下其误差，如图 1-18 所示。

| 图 1-17 测量气缸直径 |

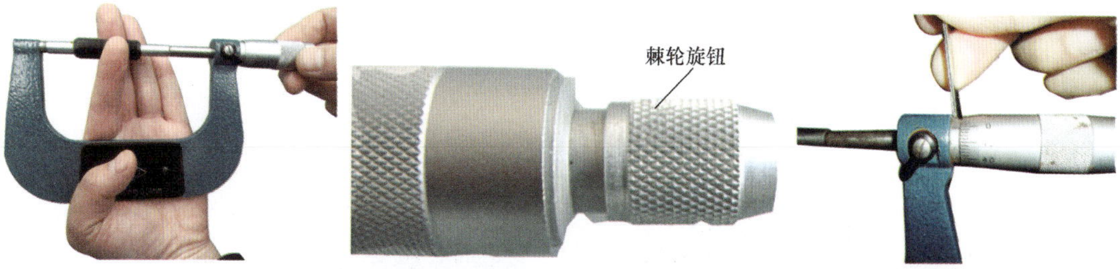

| 图 1-18 千分尺校零及调整 |

4）根据所测气缸直径尺寸，把千分尺调到所测气缸标准直径尺寸。

5）根据气缸直径大小选择合适的接杆，旋入量缸表下端，百分表所选测量杆长度要比气缸大 0.5~1.0mm。例如，气缸直径为 81.01mm，则接杆选择 80~90mm，调整垫片应选择 2mm（如用千分表，则要选择和气缸尺寸相近的尺寸，例如，气缸直径为 81.01mm，则接杆选择 80~90mm，调整垫片应选择 1mm）。量缸表的杆件有两种，一种是垫片调整式，还有一种螺旋调整式。

6）把装好紧固螺母的测杆装在支架上，装上百分表时要预压缩 0.5~1.0mm（千分表预压缩 0.1~0.2mm），如图 1-19 所示。

7）组装好量缸表后要进行简单检查，并再次清洁。使用量缸表时，应一只手拿住隔热套，另一只手托住下部靠本体的地方，如图 1-20 所示。

a) 百分表预压缩

b) 千分表预压缩

图 1-19　装上量缸表进行预压缩

图 1-20　量缸表的正确拿法

8）根据被测气缸的标准尺寸，用外径千分尺校对量缸表，并留出测杆伸长的适当数值（即预压 0.5~1.0mm）；用右手大拇指轻轻旋转表盘，使大指针“0”位对正指针，记住小指针指示的毫米数，把接杆螺母固定并复校。提示：使量缸表测头分别顶住千分尺前、后测砧中央，保证量缸表垂直位置，如图 1-21 所示。

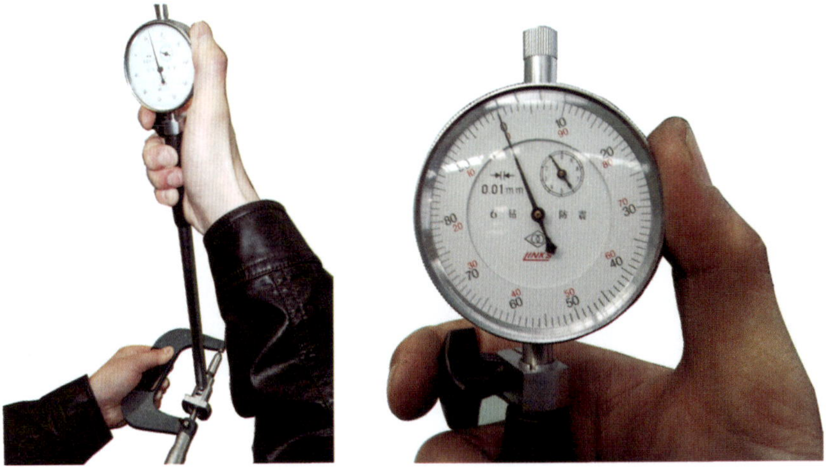

图 1-21　量缸表校零

（3）测量气缸　测量垂直于曲轴轴线方向的气缸上部直径。将内径百分表的测杆伸入气缸上部，对准第一道活塞环在上止点位置时所对应的气缸壁位置。先测量垂直于曲轴轴线方向的气缸直径。提示：

1）在测量气缸直径时，要先将导向轮端倾斜，使其先进入气缸，然后再使测量接杆端进入，并贴着缸壁摆动表杆，直到量缸表的测杆与气缸轴线垂直。

2）测量时一定要将测量端放入缸体，当测量端放不进气缸时千万不要硬放，否则会损坏量缸表。

3）导向轮的两个支脚要和气缸壁紧密配合，如图 1-22 所示。

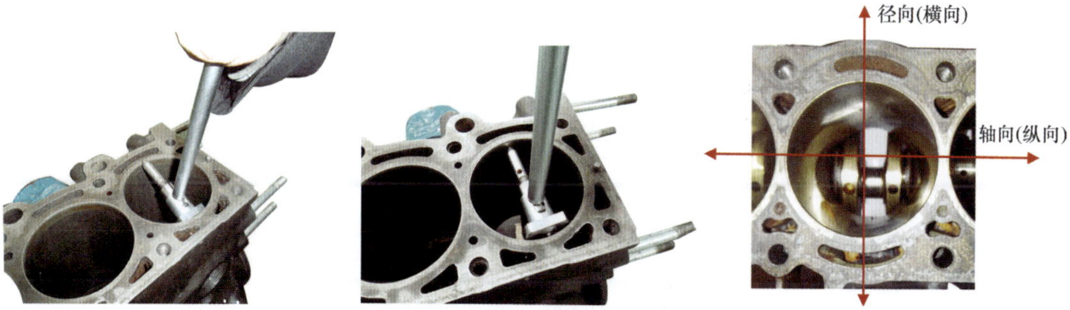

图 1-22 量缸表的使用方法

（4）读数方法

1）百分表表盘刻线数为 100，指针在圆表盘上转动一格为 0.01mm（千分表表盘每格为 0.001mm，小指针每转一格为 0.1mm，转动一圈为 1mm），转动一圈为 1mm；小指针移动一格为 1mm。

2）测量时，当表针顺时针方向离开“0”位时，表示缸径小于标准尺寸的缸径，它是标准缸径与表针离开“0”位格数的差；若表针逆时针方向离开“0”位，则表示缸径大于标准尺寸的缸径，它是标准缸径与表针离开“0”位格数之和。

3）测量时，若小针移动超过 1mm，则应在实际测量值中加上或减去 1mm。量缸表校零时，大指针对零（如标准缸径 81.01mm），测量缸径时若大指针沿逆时针方向偏转 2 格，则读数为 81.01mm+0.02mm=81.03mm，即所测气缸直径为 81.03mm，如图 1-23a 所示。测量缸径时，若大指针沿顺时针方向偏转 2 格，则读数为 81.01mm−0.02mm=80.99mm，即所测气缸直径为 80.99mm，如图 1-23b 所示。

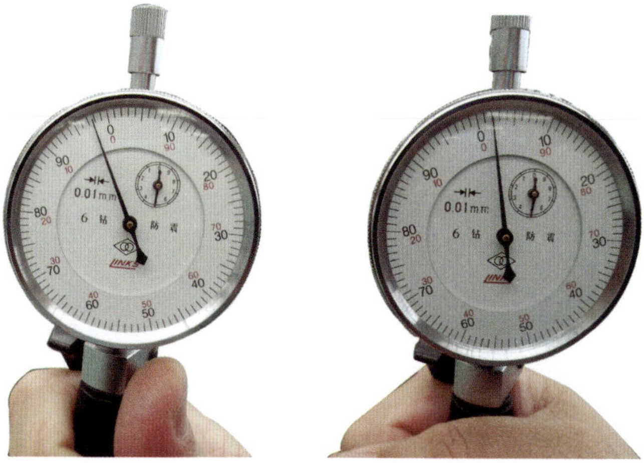

a) 逆时针离开0位　　b) 顺时针离开0位

图 1-23 量缸表的读法

4）读取量缸表数值。将量缸表放入气缸后，轻轻前后摆动量缸表，当指针偏转达最大值时，即量缸表与气缸真正垂直时，读取其数值，如图 1-24 所示。注意：将量缸表拿出或放入气缸时，禁止拖擦量缸表的测头。提示：

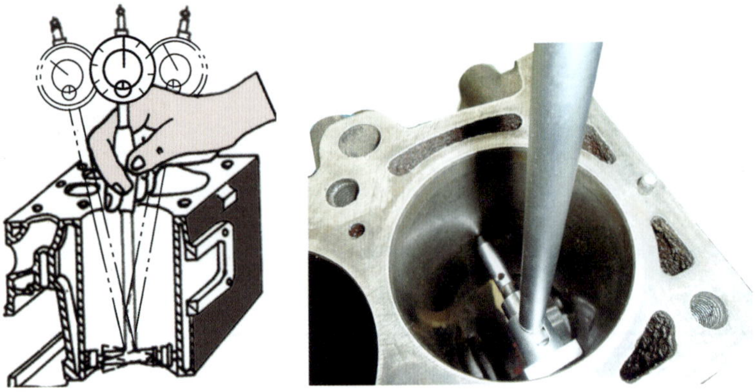

图 1-24　量缸表的使用方法

① 读数时，视线和表面需在同一水平面上。

② 测量时，应使量缸表的活动测杆同气缸轴线保持垂直，这样才能使测量准确。

5）计算气缸的圆度、圆柱度误差，见表 1-1。

表 1-1　计算气缸的圆度、圆柱度误差

气缸号	位置号	直径 1（轴向或纵向）	直径 2（横向或径向）	圆度误差	圆柱度误差
1	位置 1（上部）				
	位置 1（中部）				
	位置 1（下部）				
2	位置 2（上部）				
	位置 2（中部）				
	位置 2（下部）				

（5）修理尺寸的计算　气缸修理尺寸 = 气缸最大磨损直径 + 镗缸余量（一般为 0.10 ~ 0.20mm）；镗削量 = 活塞最大直径 – 气缸最小直径 + 配合间隙 – 磨缸余量（一般为 0.03 ~ 0.05mm）。计算出的修理尺寸应与修理级数相对照。气缸修理尺寸除标准尺寸外，通常还有每加大 0.25mm 为一级。

（6）整理工作　清洁所有量具，整理好工作台。注意：应在千分尺、卡尺上涂防锈油。

8 新型气缸衬垫

气缸衬垫用来保证气缸体与气缸盖结合面间的密封，防止漏气、漏水。

大众、奥迪使用的是三层钢片式气缸衬垫，如图 1-25 所示。钢叠层型的缸垫用于提高使用寿命。气缸衬垫接触高温、高压气体和冷却液，在使用中很容易被烧蚀，特别是缸口卷边周围。因此，要求气缸衬垫应具有足够的强度，耐热；不烧损或变质，耐蚀；具有一定的弹性，能弥补接合面的不平度，以保证密封；使用寿命长。气缸衬垫的厚度不可随意确定，需要根据发动机的型号进行选择，以便提高压缩比的精度。气缸衬垫的厚度主要依据活塞突出气缸体的高度来确定。

例如，丰田 3L 发动机共有三个类型的缸垫，如图 1-26 所示。标号 B：1.40~1.50mm；标号 D：1.50~1.60mm；标号 F：1.60~1.70mm。

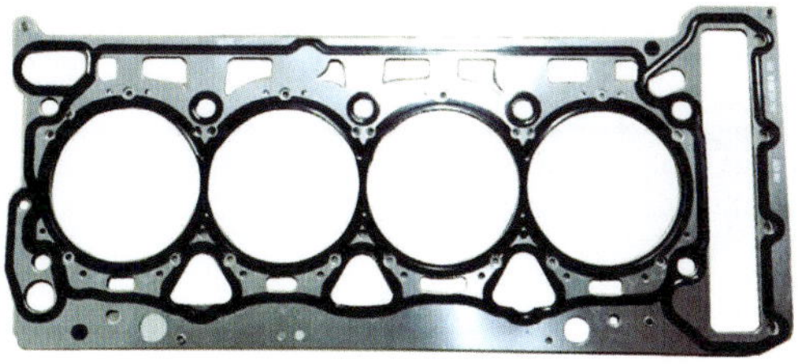

图 1-25 大众迈腾钢片式气缸衬垫

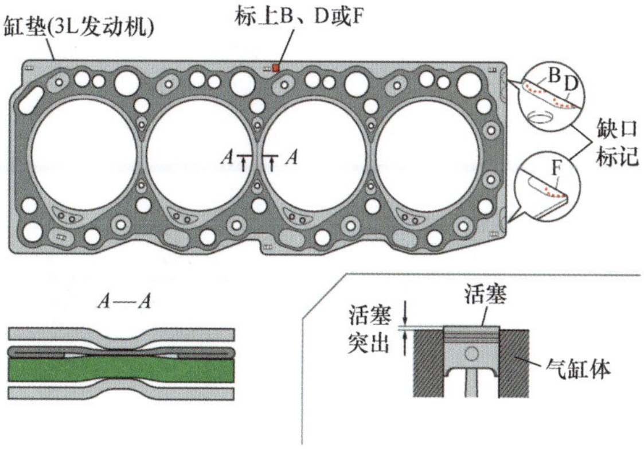

图 1-26 丰田气缸垫

9 活塞结构

活塞的主要部分包括活塞顶、带有火力岸的活塞环部分、活塞销座和活塞裙，如图 1-27 所示。活塞环、活塞销和活塞销卡环也是活塞总成的一部分。

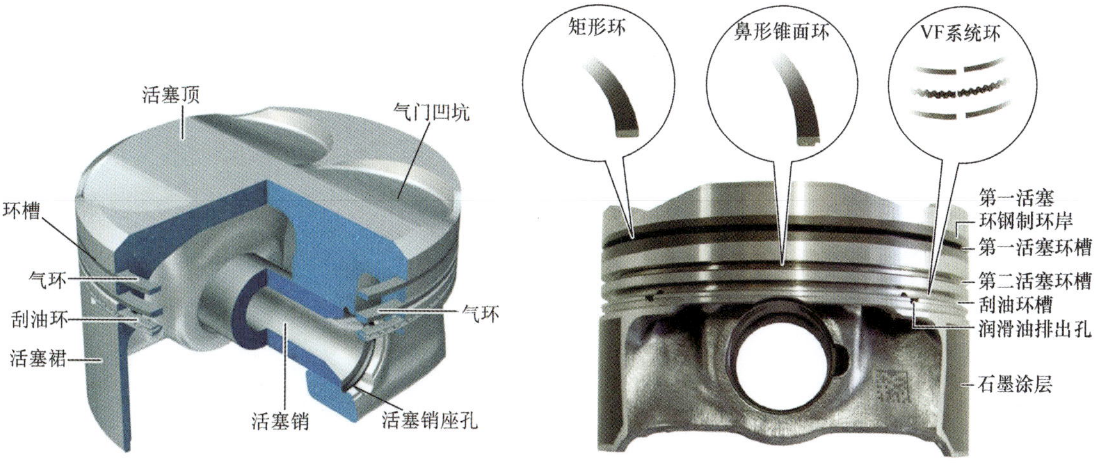

图 1-27 活塞结构

活塞顶和气缸盖构成了燃烧室，如图 1-28 所示。在汽油发动机上，可以采用平顶、凸顶或凹顶活塞。

活塞环部分通常有三个用于固定活塞环的环形槽，活塞环的作用是防止漏气和漏油（密封）。活塞环岸位于环形槽之间，位于第一个活塞环上方的环岸称为火力岸。一套活塞环通常包括两个气环和一个刮油环。

图 1-28 燃烧室及其部件

1—排气门气门座 2—排气门 3—火花塞 4—喷射器 5—进气门 6—进气门气门座 7—活塞的挤压面

10 活塞直径、缸壁间隙测量

（1）活塞直径测量 同一台发动机上应选用同一厂牌、同一规格和同组活塞。活塞的选组应根据测得的气缸直径，选取对应的组别。将活塞环拆下，活塞位置在气缸上，活塞的测量部位如图 1-29 所示。用外径千分尺在活塞裙部底边向上约 10mm 处测量活塞的横向直径，与活塞销的轴线错开 90°。所测尺寸与额定尺寸的最大偏差为 0.04mm。

（2）缸壁间隙测量 活塞与气缸壁的间隙为 0.02~0.04mm。测量方法：将气缸和活塞擦净，把一定规格（长度 × 宽度 × 厚度为 200mm × 13mm × 0.03mm）的塞尺预先放置在气缸内受侧压力较大的一侧（发动机右侧）；倒置活塞（前后方向不变），使裙部大径方向对正塞尺，并推入气缸内至下缘与气缸上平面平齐，然后左手握住活塞，右手用弹簧秤拉出塞尺，拉力应符合规定，各缸间的拉力差应不超过 9.8N，拉力计的标准拉力为 22.5~36.5N · m，如图 1-30 所示。也可用外径千分尺测量活塞的最大直径，再用量缸表测量气缸的最大直径（参照量缸表使用方

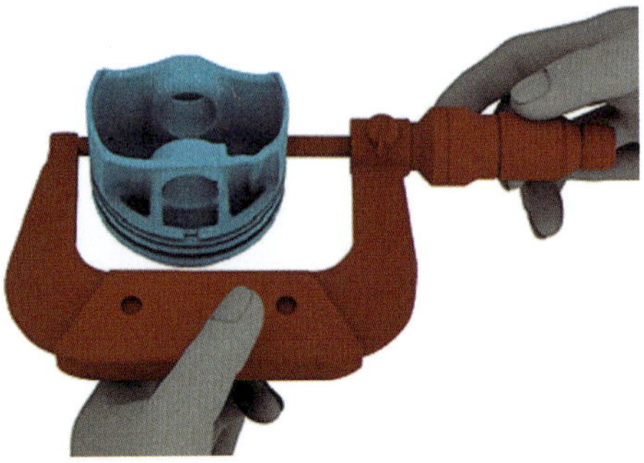

图 1-29 活塞直径测量

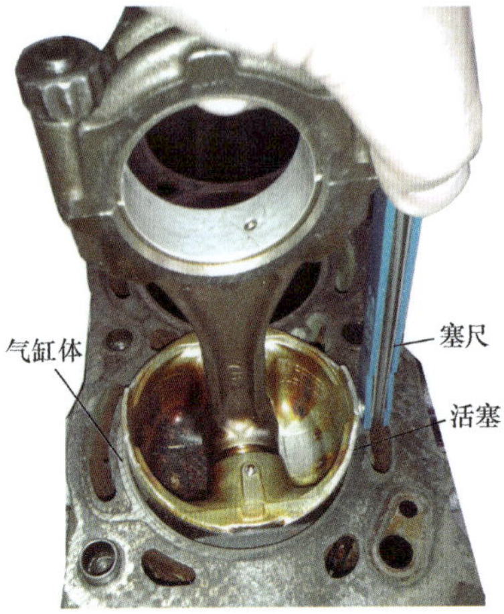

图 1-30 缸壁间隙测量

法），最后计算出气缸直径与活塞的配合间隙。也可用外径千分尺测量活塞的最大直径，再用量缸表测量气缸的最大直径（参照量缸表使用方法），最后计算出气缸直径与活塞的配合间隙。

11 活塞环的结构与分类

（1）功用　活塞环的主要功用是密封、导热、隔热、刮油。活塞环的结构如图 1-31 所示。

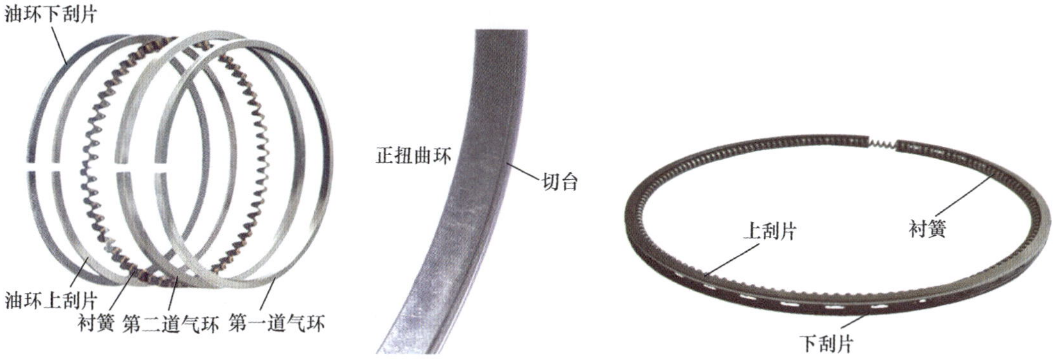

a) 气环与组合油环　　b) 正扭曲环　　c) 整体式油环

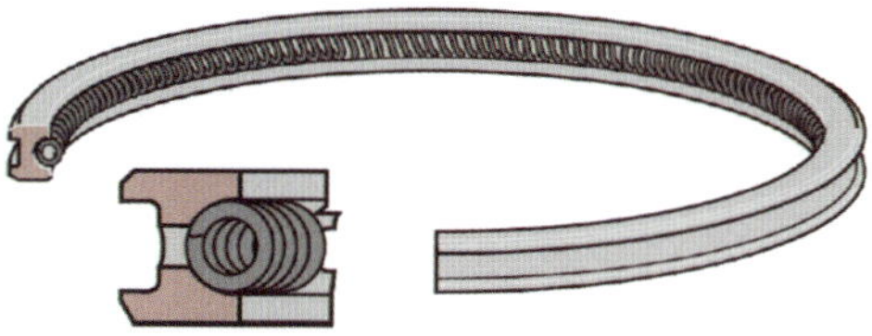

d) 奥迪双锥螺旋膨胀环

图 1-31　活塞环的结构

（2）活塞环的类型　活塞环的类型如图 1-32 所示。

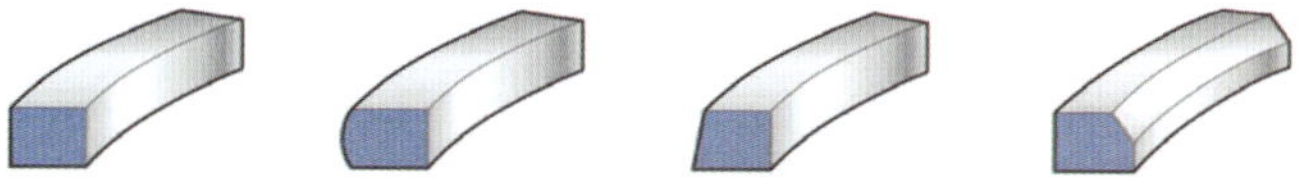

a) 矩形环　　b) 桶面环　　c) 锥形环　　d) 正扭曲环

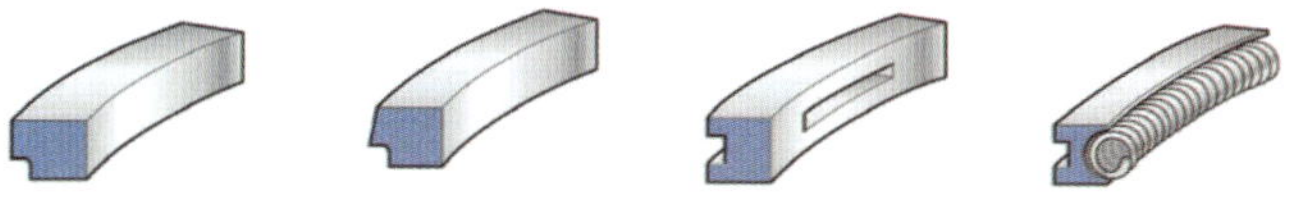

e) 正扭曲环　　f) 鼻形锥面环　　g) 开槽油环　　h) 带有管状弹簧的开槽油环

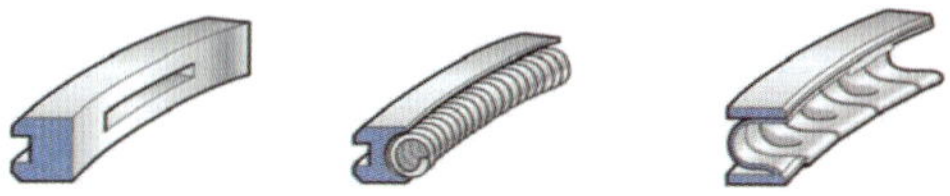

i) 双倒角环　　j) 带有管状弹簧的双倒角环　　k) VF系统

图 1-32　活塞环的类型

1）矩形环是在普通运行条件下使用的带有矩形横截面的气环。通常还使用桶面环。

2）锥面环的运行表面呈锥形，锥面向上逐渐缩小，这样可以缩短起动时间。锥面环也是气环，但具有刮油环的作用。由于内倒角矩形环的横截面不对称，因此安装时会使其呈碟形，从而与气缸壁的运行表面呈锥形。这种气环与锥面环一样，也具有辅助刮油的作用。

3）鼻形环和鼻形锥面环既是气环又是刮油环，如图1-33所示。这些活塞环的底部都有一个小槽口。鼻形锥面环的运行表面呈锥形。安装鼻形环时，不允许颠倒方向，槽口必须朝下，安装错误会导致发动机损坏。

4）开槽油环通过两个运行表面上较高的表面压力实现其刮油作用。环壁上的开槽有助于使刮下的润滑油回流。在带有管状弹簧的开槽油环上，通过一个圆柱形螺旋弹簧（管状弹簧）提高表面压力和接触面积。位于铸铁或钢制活塞环圆形或V形固定槽内的弹簧使整个环壁均匀受力，因此，这种活塞环结构的灵活性较大。

5）双倒角环与开槽油环相似。两个运行表面的倒角可以进一步提高表面压力，从而达到更好的刮油效果。双倒角环也可以采用带有管状弹簧的结构。

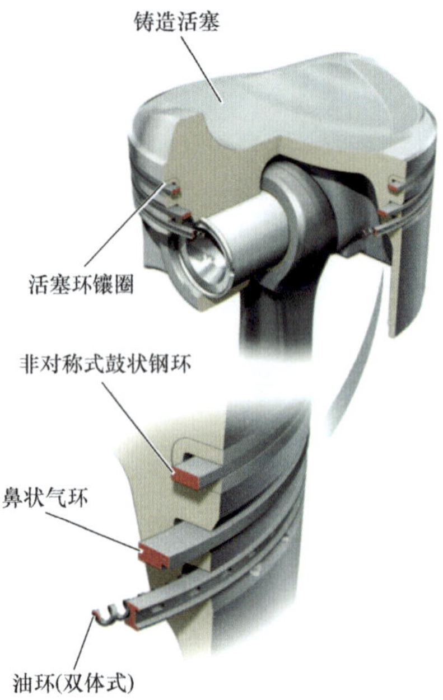

图1-33 奥迪活塞环

6）VF系统是一个三件式钢带刮油环。它由两个钢片和一个钢制隔离弹簧构成，这种结构特别适用于较薄的活塞环。两个钢片彼此独立径向移动，有助于提高刮油效果。

7）U形弯曲环是比较特殊的部件，它在M43TU发动机上作为刮油环安装在第三个凹槽内。该刮油环的横截面呈U形，两端构成了运行表面。该活塞环由通过弹簧支承的挠性元件构成。与传统刮油环不同，其弹簧不是将活塞环压向气缸套，而是与其一起张紧。挠性元件本身产生的作用力足够用于达到所需要的表面压力。安装窄小的U形弯曲刮油环时必须特别小心。

若将内圆面的上边缘或外圆面的下边缘切掉一部分，整个气环将扭曲成碟子形，则称这种环为正扭曲环；若将内圆面的下边缘切掉一部分，气环将扭曲成盖子形，则称其为反扭曲环。在环面上切去部分金属，称切台。

（3）活塞环选配 活塞环的直径尺寸同样也有标准和加大的修理尺寸，但没有分组尺寸。标准尺寸的气缸和活塞选用标准尺寸的活塞环，加大尺寸的气缸和活塞选用同一修理尺寸级别的活塞环。

发动机在两次大修之间，二级维护时，如果气缸的最大圆柱度误差达到0.09~0.11mm，可采用更换活塞环的方法来改善发动机的性能，以延长发动机的大修间隔里程。

12 活塞环的检验

（1）活塞环端隙的检验 活塞环端隙指的是活塞环平装到气缸内时两端间的间隙，一般为0.25~0.50mm。端隙的检测方法如图1-34所示。注意：用活塞的头部将活塞环推入气缸，将环垂直地从上面推进气缸开口，离气缸边缘约 15mm 处。

（2）活塞环侧隙的检验 如图 1-35 所示，将环放在环槽内，围绕环槽滚动一圈，环在槽内应滚动自如，既不松动，又无阻滞现象。然后用塞尺测量侧隙值，一般为 0.02~0.05mm，极限值为 0.15mm；其他环为 0.03~0.07mm，油环为 0.025~0.07mm。侧隙过大将使活塞环的泵油作用加剧，活塞环岸易疲劳破碎；侧隙过小则会使环卡死在槽内，造成拉缸。侧隙过小时，可用车削法加宽活塞环槽。因现代汽车活塞环一般采用表面喷钼等强化措施，所以不宜采用研磨环的办法修整侧隙。

（3）活塞环背隙的检验 活塞环的背隙是指活塞与环装入气缸后，活塞环外圆柱面与活塞环槽底间的间隙。为了测量的方便，通常将活塞环装入环槽内，以环槽深度与活塞环径向厚度的差值作为背隙值。测量时，将环落入环槽底，再用深度游标卡尺测出环外圆柱面低于环岸的数值。另一种方法是将活塞环放进气缸内，测量环的内径，再测量活塞的环槽底径后计算背隙，此方法较准确。背隙一般为 0.5~1.0mm，如背隙过小，则应更换活塞环或车深环槽。

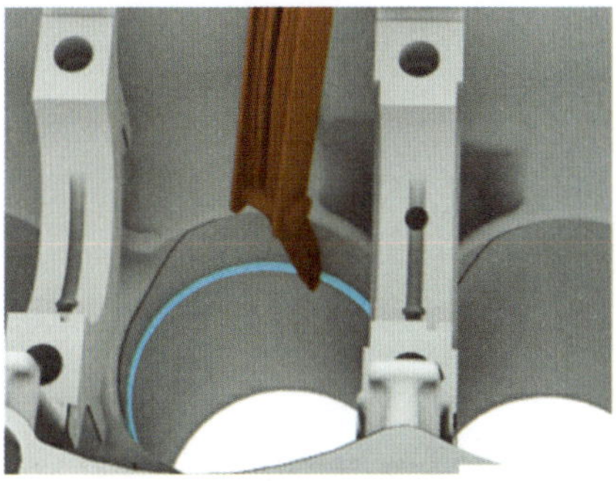

图 1-34 端隙的检测

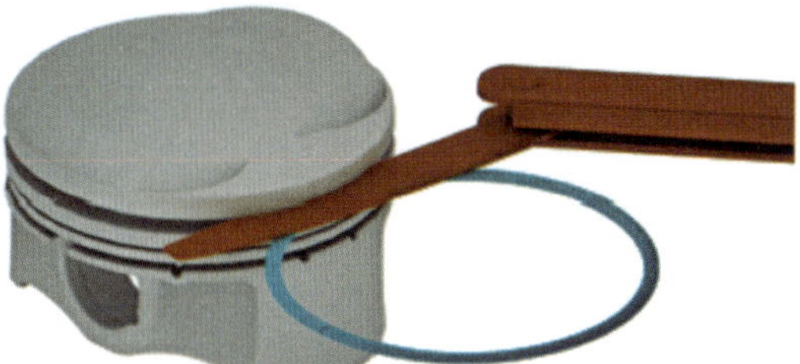

图 1-35 活塞环侧隙的测量

13 活塞环的安装

（1）安装活塞环 安装活塞时需要使用活塞环钳。活塞环安装时开口错开 90° ~ 120°，如图 1-36 所示，标记“TOP”或文字必须指向活塞顶。

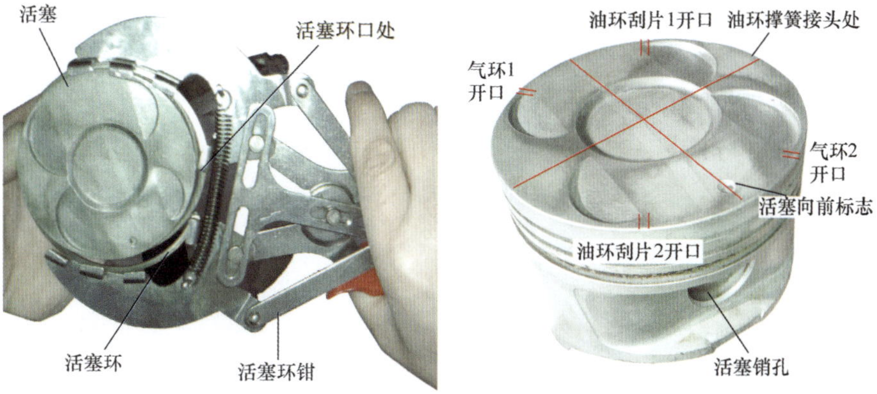

图 1-36 安装活塞环

注　意

不能将活塞环强行扭曲或撑开过大。在活塞环及环槽表面涂抹润滑油，先从底部油环开始安装，安装撑簧油环，先装弹簧，再装环体，弹簧接头处放于环体开口处对面。然后安装钢带组合油环，先装衬簧，再装上、下刮片，衬簧接头与上、下刮片的开口周围方向相隔3cm以上。安装气环时，应将有标记的一面朝活塞顶部，无标记的应将有内台阶或内倒角的一面朝下，切勿装反。活塞环装入环槽内各道环之间开口互错90°~120°，且开口处不要对活塞销处。如有四道活塞环，则第一、第二道互错180°，第二、第三道互错90°，第三、第四道互错180°，各环开口不要朝向活塞受侧压的方向（右侧）。这样安装可获得较长的、迷宫式的漏气路线，可增加漏气阻力，减少漏气量。

（2）安装活塞　首先在活塞裙部和气缸内部涂抹机油，用活塞环卡箍收紧各道活塞环，放进气缸，同时用塑料棒放在活塞环卡箍上十字交叉，将活塞环卡箍敲平，并再次用收紧，然后小心地插入气缸。装配时，活塞顶部的箭头应朝向发动机前端，如图1-37所示。连杆螺栓的紧固力矩为（45N·m+继续旋转90°），用27N·m的力矩将安全阀（开启压力为1.6～1.9bar）拧紧，如图1-38所示。

（3）安装轴承及轴承盖　安装轴承时，应注意其定位及安装位置（将轴瓦居中装入连杆和连杆轴承盖内，尺寸*a*必须一致），如图1-39所示。安装连杆盖时，也应注意安装标记和缸号不能装错。

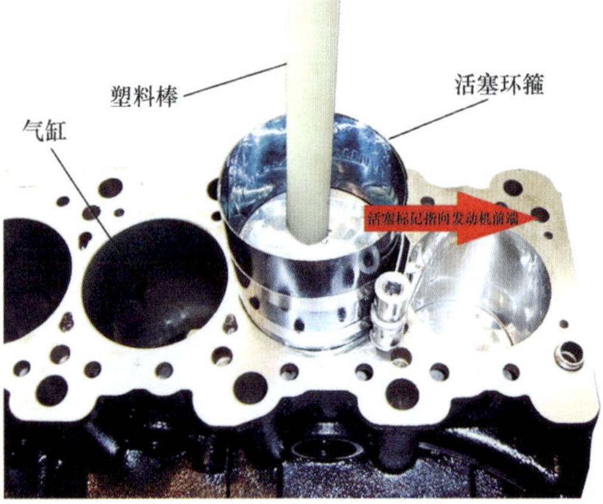

图1-37　安装活塞

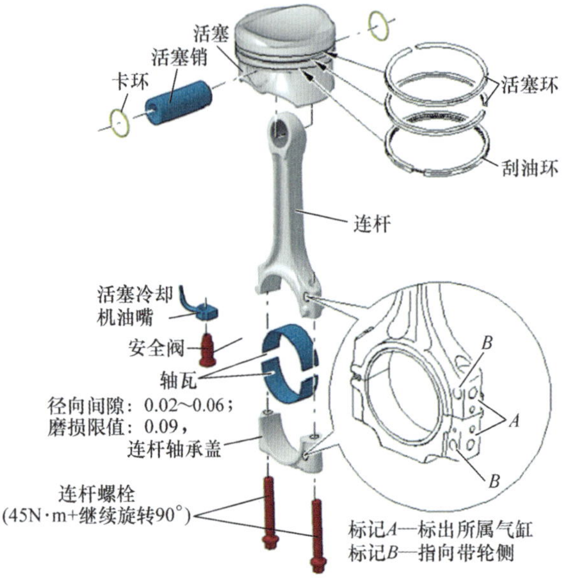

图1-38　活塞连杆组

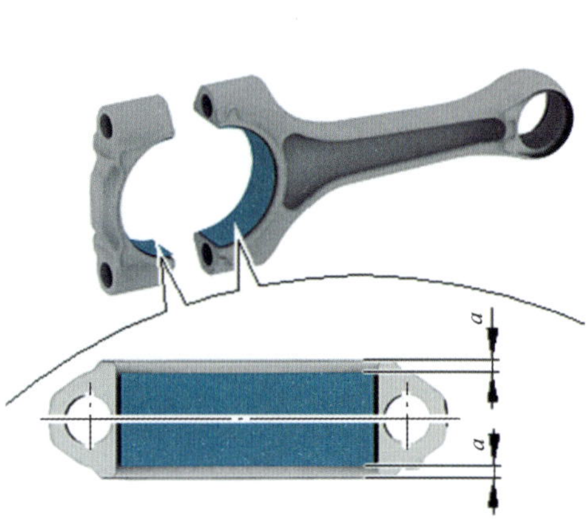

图1-39　轴承安装时应注意其定位

14 活塞的选配

在发动机大修或更换气缸体（或气缸套）时，应同时更换全部活塞。在选配活塞时，应注意下列要求：

1）活塞的修理尺寸要求。活塞的修理尺寸是指活塞的直径较标准尺寸加大一个或几个修理级差，每级为 0.25mm。加大常用“+”或“+0.25mm”表示，加大的数值一般凿在活塞顶部，如图 1-40 所示。

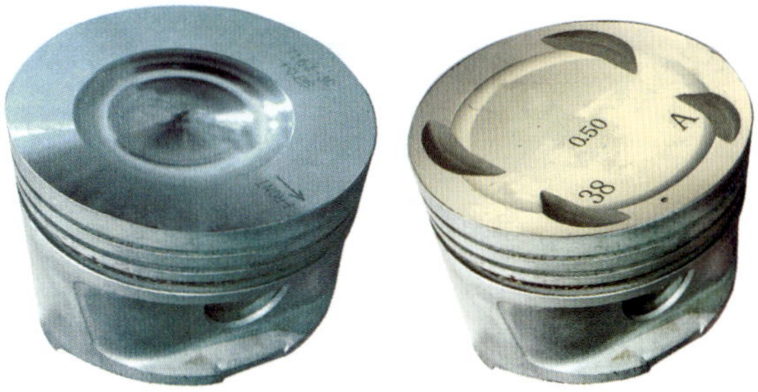

图 1-40 加大一级活塞标识

2）活塞的修理尺寸应与气缸的加大级别相一致。同一台发动机上，应选用同一厂牌、同一组的活塞，以便使材料、性能、质量、尺寸一致。同一组活塞直径差不得大于 0.02~0.025mm。

3）活塞的质量要求。同一组活塞中，各活塞的重量应基本一致，其重量差不得超过 3%，高速发动机则要求更为严格。当活塞的重量差超过规定时，可调节活塞的重量，方法为车削活塞裙部内壁下部向上到 20mm 处。

4）活塞裙部圆度及圆柱度要求。活塞裙部的圆度和圆柱度误差应符合一定的要求，汽油机活塞裙部锥形的圆柱度误差为 0.005~0.015mm，最大不得超过 0.025mm；膨胀槽开到底的活塞，其圆柱度误差应为 0.015~0.03mm。活塞的圆度偏差一般为 0.10~0.20mm，膨胀槽开到底的为 0~0.075mm。

5）活塞头部、裙部直径差要求。由于活塞头部壁较厚，且温度明显高于其他部位，因此，对活塞的头部、裙部直径有一定的要求，以防止活塞顶部受热膨胀使头部外径过大，也可保证活塞环的工作可靠性。

15 连杆的结构

连杆由小头、杆身、大头三部分组成，如图 1-41 所示。

在曲轴传动机构中，连杆负责连接活塞和曲轴。活塞的直线运动通过连杆转化为曲轴的转动。此外，连杆还要将燃烧压力产生的作用力由活塞传至曲轴上。

作为一个加速度很大的部件，连杆的重量直接影响发动机的工作效率和运行平稳性。因此，为了获得尽可能舒适的发动机运行特性，最重要的是优化连杆重量。

梯形连杆小连杆头的横截面呈梯形，也就是说，在小连杆头处由连杆轴端部向连杆端部逐渐变细。这样一方面可以进一步减轻重量，因为节省了“未承受负荷”一侧的材料，而承受负荷一侧则为整个轴承宽度。另一方面还能缩小活塞销孔间距，这意味着活塞销的弯曲度较低。

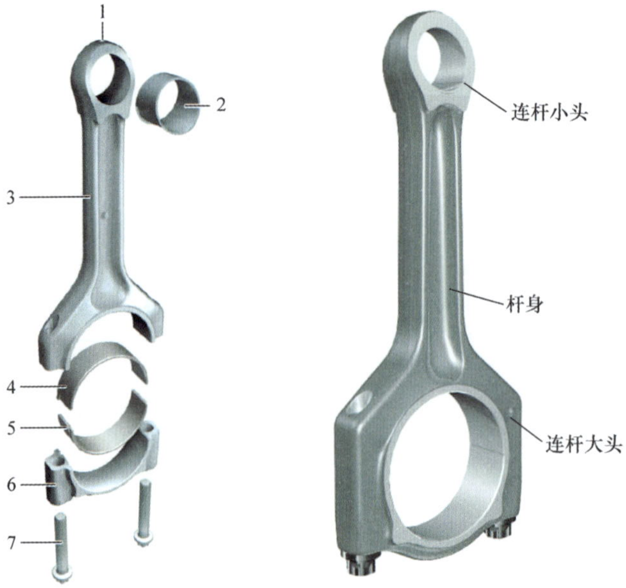

图 1-41　连杆

1—油孔　2—小连杆头内的滑动轴承　3—杆身　4—连杆内的轴瓦
5—连杆盖内的轴瓦　6—连杆盖　7—连杆螺栓

另一个优点是可以取消小连杆头内的油孔，因为机油可通过滑动轴承的倾斜沿渗入。由于省去了油孔，因此也避免了对该侧轴承强度造成的不利影响，而这又可使该侧连杆结构更窄小。这样不仅可以减轻重量，还能节省活塞空间。

16 连杆衬套的选配

连杆衬套与小头座孔之间的配合要有一定的过盈量，一般为 0.045~0.150mm。过盈量过大，会造成压装衬套困难，甚至造成衬套变形、损坏；过盈量过小时，衬套能压入小孔内，但工作时易出现衬套松动现象，并造成小头座孔磨损加剧。对过盈量的测量，一般选用游标卡尺分别测量新衬套的外径和连杆小头内径，根据测出过盈量的大小选择新衬套，如图 1-42 所示。

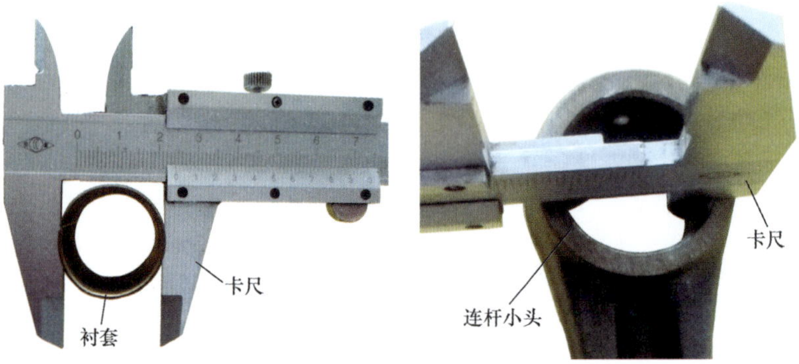

图 1-42　测量连杆小头与衬套

活塞销与连杆衬套之间的配合间隙在常温下应为 0.02~0.05mm，并且保证接触面在 75% 以上。如勉强套入活塞销，则为合适；如套不进活塞销，则说明加工余量太大；如套上后感到松旷，则说明加工余量太小，均应重新选配。

新衬套在被压入前，应用铳子将旧衬套顶出，然后检查小头座孔内部有无毛糙、卷边现象等，若有要进行处理。在装配新衬套时，有倒角的一端应对着连杆小头有倒角的一侧，使其对正压入，如图 1-43 所示。对于两半截式的衬套，还要注意使油孔对准，如图 1-44 所示。应使衬套压至连杆小头油孔边缘，以保证机油流动畅通。露出连杆小头端面部分，需用锉刀修平。

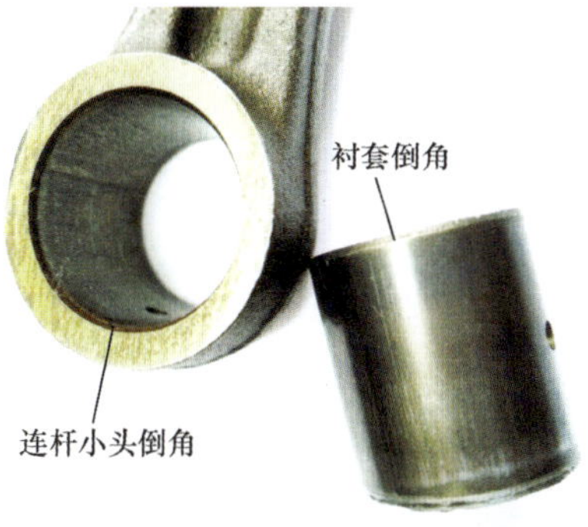

图 1-43 装配时倒角一端对齐

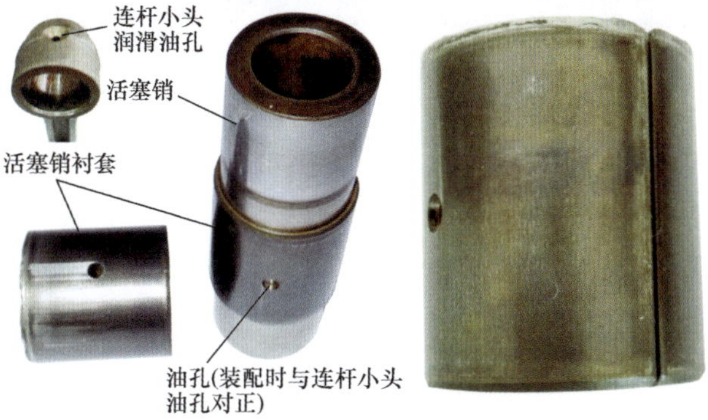

图 1-44 两半截式的衬套

故障实例：发动机有异响，冷车时更明显。

(1) 检查分析 试车发现，该车在怠速运转时就能够听到异响，将发动机的怠速提高到 1500r/min 时声音最为明显。

利用听诊器检查，感觉气门室盖前端声音较强，于是拆检气门挺柱机构。检查发现液压挺柱、摇臂等均正常，正时链条松紧度也合适。接下来检查凸轮轴相位执行器，仍然未能发现任何问题。考虑到异响在气门室盖处较强，所以决定更换相位执行器。

更换后异响没有任何改变，至此必须对发动机进行解体检查。分解发动机后逐一检查各部分的零件，发现 1 缸连杆的铜套有异常磨损，如图 1-45 所示，显然问题就出在这里。

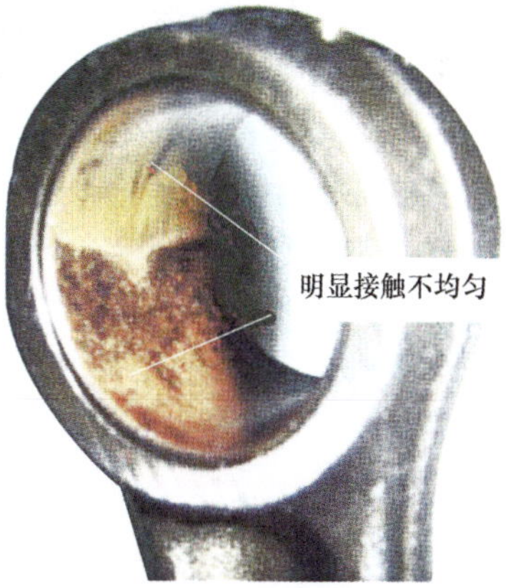

图 1-45 连杆衬套磨损

(2) 故障排除 整套更换活塞及连杆，故障彻底排除。

17 活塞销

(1) 活塞销的作用 活塞销的作用是连接活塞和连杆小头，将活塞承受的气体作用力传给连杆。

活塞销一般采用低碳钢或低碳合金钢，经表面渗碳、淬火后再精磨加工。为了减小质量，活塞销一般做成空心圆柱，空心圆柱的形状可以是组合形或两段截锥形，如图 1-46 所示。

(2) 活塞销的种类 全浮式连接是指在发动机工作温度下，活塞销与销座、活塞销与连杆小头之间都是间隙配合，活塞销、连杆小头和活塞销座都有相对运动。这种连接方式增大了实际接触面积，减小了磨损且使磨损均匀，被广泛采用。为防止工作时活塞销从孔中滑出，必须用卡环将其固定在销座孔内，进行轴向定位，如图 1-47 所示。

图 1-46 活塞销结构

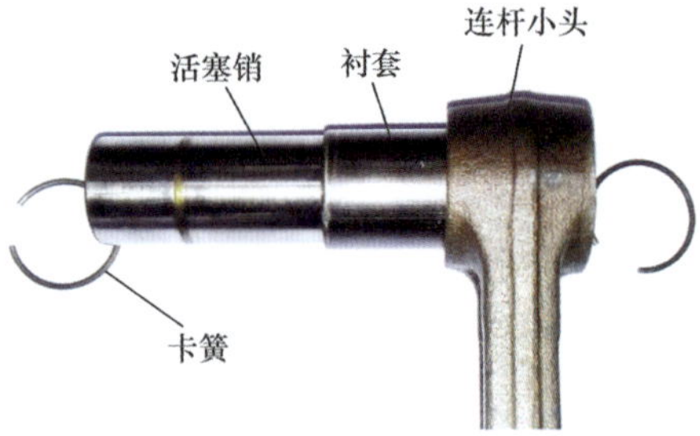

图 1-47 全浮式活塞销

半浮式连接是指销与座孔或销与连杆小头两处，一处固定，一处浮动如图 1-48 所示。活塞销只能在销座内做自由摆动，而和连杆小头没有相对运动，使活塞销与座孔磨损不均匀。其中大多数采用销与连杆小头固定的方式。可以将活塞销压配在连杆小头孔内，这种方式不需要卡环，也不需要连杆衬套。

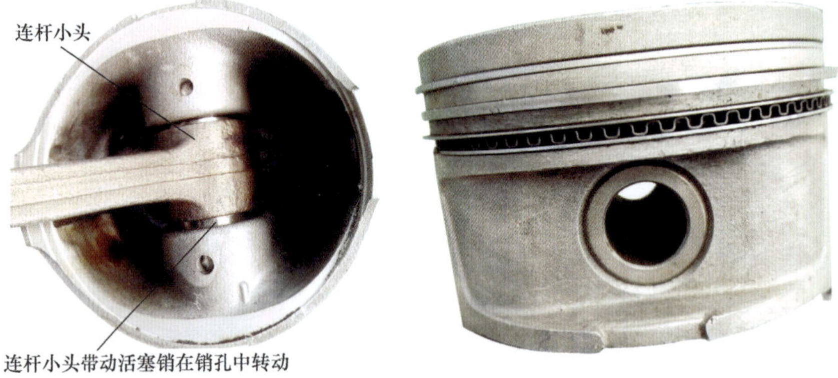

图 1-48 半浮式活塞销

（3）活塞销选配 活塞销磨损过大时，会引起气缸偏磨和不正常的金属敲击声响；活塞销如弯曲变形过大，则会使销座产生很大的应力集中，可能会造成销座的破裂。

发动机大修时，活塞销必须随活塞的更换而更换。活塞销除标准尺寸外，还有甲级加大修理尺寸，除标准尺寸至第一级修理尺寸的级差为 0.08mm 外，其余各级修理尺寸的级差为 0.04mm，共分四级，以适应发动机在两次大修之间的修理要求。

选配活塞销的质量的要求：新活塞表面粗糙度 *Ra* 不大于 0.63μm，无锈蚀斑点，圆度、圆柱度误差不超过 0.0025mm，同组活塞销重量差在 10g 以内。

选用修理尺寸的活塞销，可以按照原活塞销尺寸的加大量和连杆衬套与活塞销座孔的磨损程度来决定，并应成组更换。

全浮式活塞销与销座孔的配合，对于汽油机，在常温下有微量的过盈，过盈量一般为 0.0025~0.0075mm，要求它们之间的接触面积在 75% 以上。对于柴油机，在常温下是过渡配合，允许有轻微间隙。

18 曲轴的构造与拆装

（1）曲轴的作用 曲轴的作用是把活塞连杆组传来的气体压力转变为转矩并对外输出，同时，还驱动发动机的配气机构和其他辅助装置（如发电机、水泵、空调压缩机等）。

（2）曲轴的结构 曲轴由一个单一部件构成，但可以分为多个不同的部分。主轴承轴颈位于曲轴箱内的轴承内，连杆轴颈或曲柄轴颈与曲轴通过所谓的曲柄臂连接起来（简称一个曲拐单元）。曲柄轴颈和曲柄臂这部分也称作曲柄，如图 1-49 所示。

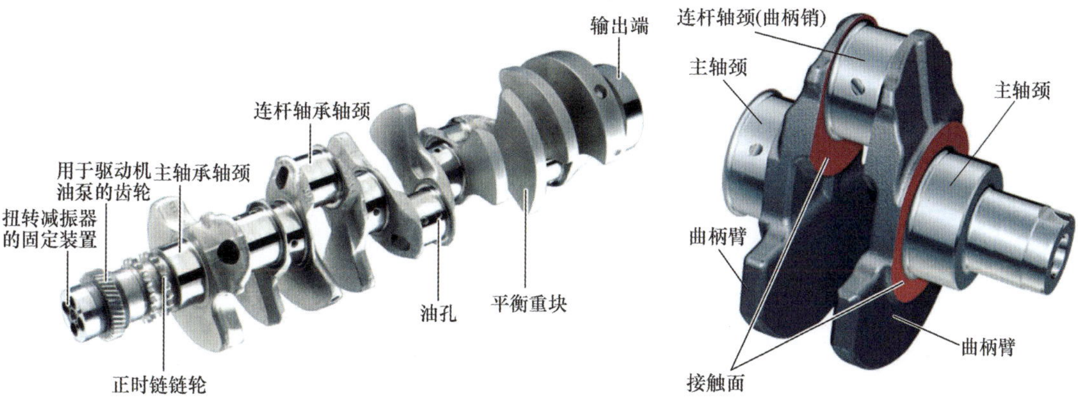

图 1-49 曲轴的结构

曲轴装配图如图 1-50 所示。

新款大众奥迪 EA888 发动机主轴承直径从 52mm 减至 48mm，平衡块的数量从 8 个减至 4 个；上部和下部主轴瓦采用两层构造，而且不含铅添加物；曲轴减轻了 1.6kg，如图 1-51 所示。

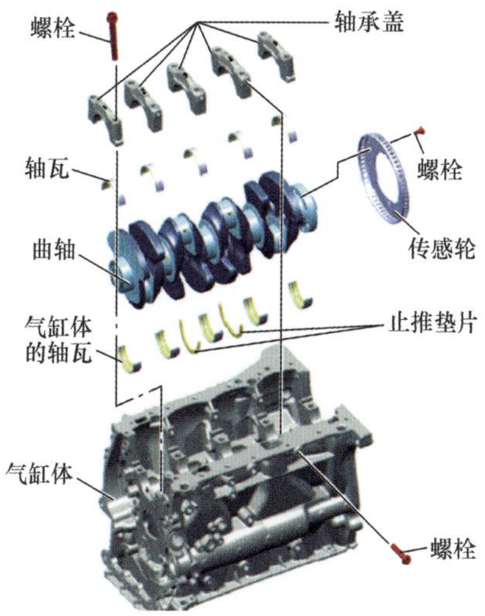

图 1-50 曲轴装配图

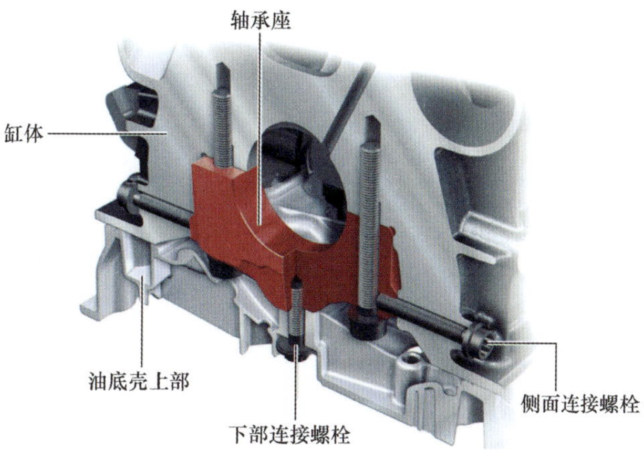

图 1-51 EA888 发动机主轴承

（3）曲轴的拆卸

1）拆下靶轮上的螺栓，因为靶轮只有在某一位置时才可安装，拆下靶轮，拆前注意对其不均匀孔的方位做记号。

2）检查曲轴轴向间隙，极限轴向间隙为 0.07~ 0.24 mm，超过此值时，应更换止推垫片。

3）按规定顺序松开主轴承盖螺栓，由两边向中间分次均力拆卸，如图 1-52 所示。

4）拆下第 3 道瓦及止推片。

5）拆下曲轴。

（4）曲轴的安装

1）安装曲轴，注意安装位置。

2）安装第 1、2、4、5 道轴瓦，最后装上第 3 道轴瓦及止推垫片。

3）按轴承盖上打印的 1、2、3、4、5 标记，由前向后顺序安装。

4）曲轴轴承盖螺栓应由中间向两边交叉顺序拧紧。按照曲轴瓦盖上①~⑤的顺序拧紧曲轴螺栓：①用手拧上螺栓①~⑩和箭头；②用 65N · m 的拧紧力矩预拧紧螺栓①~⑩；③用刚性扳手将螺栓①~⑩继续转动 90°；④用 20N · m 的拧紧力矩预拧紧螺栓箭头；⑤用刚性扳手将螺栓箭头继续转动 90°，如图 1-53 所示。轴承盖紧固后，曲轴转动应平滑自如。

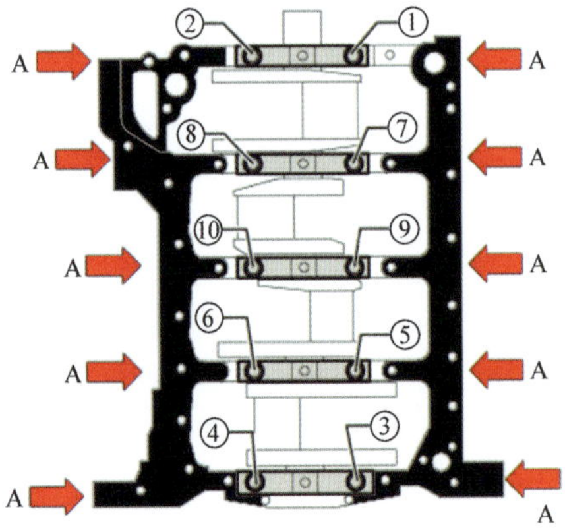

图 1-52 拆卸曲轴顺序

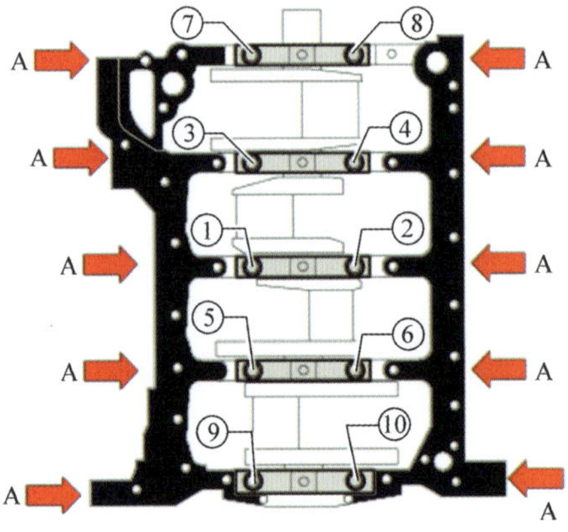

图 1-53 装配曲轴顺序

19 曲轴推力轴承（止推片）

曲轴推力轴承（止推片共 4 片）（图 1-54）用于限制曲轴的轴向窜动（发动机工作时，曲轴常受到离合器施加于飞轮的轴向力作用而有轴向窜动的趋势），保证曲柄连杆机构各零件的正确相对位置。但曲轴受热膨胀时，又应允许其自由伸长，故曲轴上必须有轴向定位装置，且只能设于一处，通常设在第 3 道或第 4 道主轴承处。注意：装配时，带有储油槽侧应朝向曲轴的曲柄臂（朝外），如图 1-55 所示。

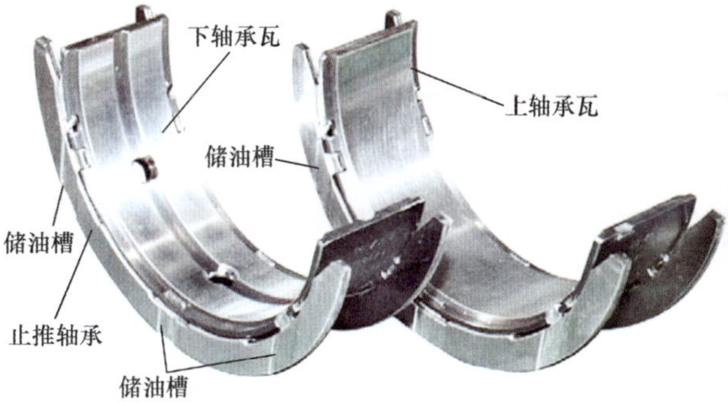

| 图 1-54 推力轴承 |

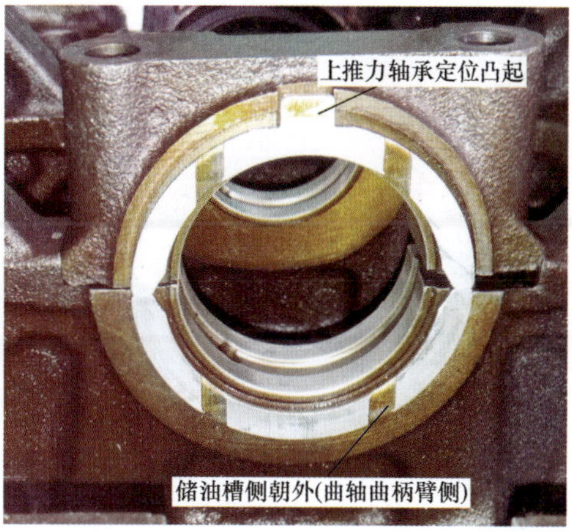

| 图 1-55 推力轴承安装方向 |

20 曲轴轴向间隙检测

（1）第一种方法 检查曲轴的轴向间隙时，用撬杠将曲轴撬向一端，用塞尺检查第 3 道主轴承的轴向间隙，新轴为 0.07~0.23mm，磨损极限为 0.30mm。超出磨损极限时，应更换第 3 道主轴承两侧的半圆止推环。检查方法如下：

1）把百分表和通用百分表支架拧紧到气缸体上，如图 1-56 和图 1-57 所示。

| 图 1-56 磁力表座 |

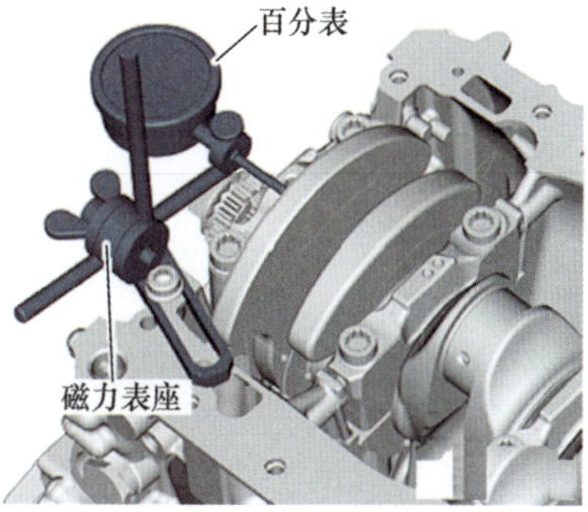

| 图 1-57 安装磁力表座 |

2）将百分表杆部平行于曲轴中心线放置，调零。

3）将百分表顶在曲轴曲柄臂上。

4）用手将曲轴对着千分表压入，千分表调零。

5）从百分表上推开曲轴，读取测量值。轴向间隙：新轴为 0.07 ~ 0.24mm，磨损极限为 0.26mm。

（2）第二种方法 将曲轴定位轴肩和轴承承推端面的一面靠合，用撬棒将曲轴挤向后端，然后用塞尺在曲轴臂与止推轴瓦或止推垫圈之间进行测量。

曲轴轴向间隙一般为 0.05~0.25mm，使用极限为 0.35mm。轴向间隙过大，会引起气缸、活塞连杆组的异常磨损。该间隙不符合技术要求时，可通过更换止推承片进行调整。

21 发动机平衡机构的结构

现代轿车特别重视乘坐的舒适性和噪声水平，为此必须将引起汽车振动和噪声的发动机不平衡力及不平衡力矩减小到最低限度。在曲轴的曲柄臂上设置的平衡重只能平衡旋转惯性力及其力矩，而往复惯性力及其力矩的平衡则需要专门的平衡机构。

直喷四缸发动机转速在 4000r/min 以上时，振动通过车身传递变得明显，噪声降低了车辆的舒适性。这种振动是由惯性力引起的，可以用带平衡重的轴以相反方向转动来抵消。

平衡轴由石墨铸铁构成并有 3 道轴承支承，它安装于铸铝轴承座内，2 根轴的旋转方向相反。平衡轴的反向运动消除了发动机纵向惯性，如图 1-58 所示。

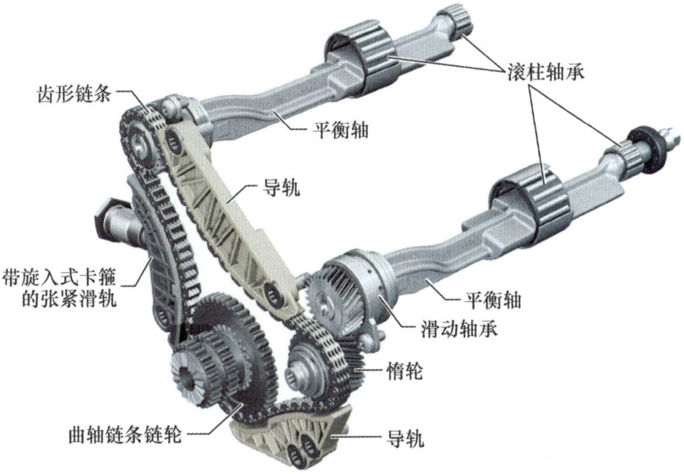

图 1-58　平衡机构

大众新型直喷发动机的平衡轴机构是从常规的 FSI 发动机继承而来的，并做了如下改动：

1）采用分体驱动链轮，其实物及分解图如图 1-59 所示。

2）驱动齿轮与不平衡质量分离，有利于提高平衡等级。

3）采用较宽齿轮的机油泵。

4）机油控制的机油压力调节阀位于平衡轴壳体上。

5）采用强度优化的压铸壳体。

6）轴承直接位于铝合金壳体上。

在发动机转速较低时，涡轮增压发动机曲轴的旋转不平衡现象很严重，这会使得平衡轴链条机构的链条力明显增大。自然吸气发动机的振动角度为 0.8° 曲轴角，而涡轮增压发动机的振动角度高达 2° 曲轴角。链条机构上的突然加载使得链条的磨损大大提高了（如果不采取措施的话）。因此，在链轮的轮毂内使用了弓形弹簧，这样就可使平衡轴模块中的输入轴与曲轴脱开，其作用与双质量飞轮类似。

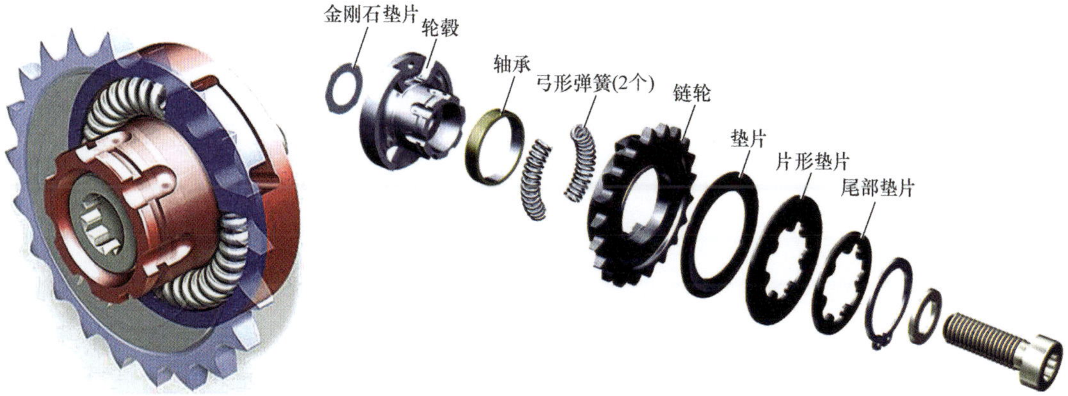

图 1-59 分体驱动链轮

22 双质量飞轮的结构

实践表明，汽车传动系通常会有 1~2 个固有频率落在发动机常用转速范围之内，这是引起变速器噪声和车内噪声的主要原因。研究表明，要降低这两个容易造成传动系共振的固有频率，只有在变速器和离合器之间 (在扭转减振器之后) 增加转动惯量才能解决。要做到在变速器和离合器之间增加转动惯量，最好的也是唯一的办法，是在结构设计上把原先装在离合器从动盘上的扭转减振器移至飞轮处，把飞轮分成两部分：主动飞轮和从动飞轮。主动飞轮直接装在曲轴上，只起飞轮的作用；从动飞轮位于主动飞轮之后。这两者之间装有能传递大容量发动机转矩的弧形弹簧，通过该扭转减振器将主动飞轮和从动飞轮相联系，从动飞轮除起到前面所说的附加质量的作用外，同时作为主动摩擦面，离合器总成也装在从动飞轮上。当离合器处于接合状态时，从动飞轮和变速器第一轴呈刚性连接。因此，从动飞轮实际上还包括离合器总成 (含有离合器盖、压盘及从动盘等)，显然，这就增加了所希望的变速器第一轴前端所连的转动惯量。双质量飞轮减振器的结构如图 1-60 所示。

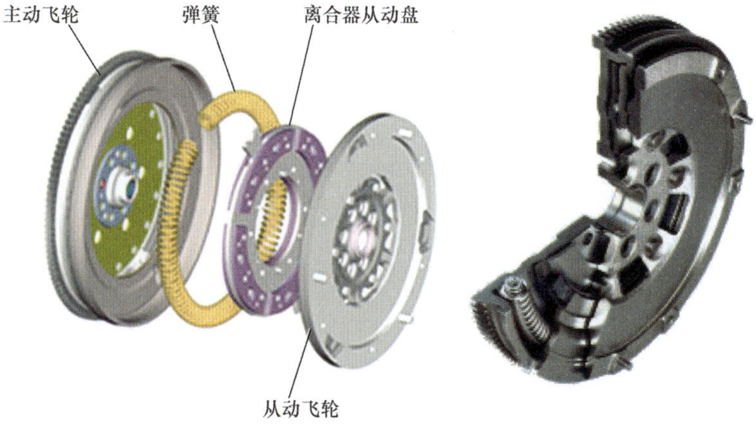

图 1-60 双质量飞轮

23 双质量飞轮的检修

1）检查棱边箭头 A 和摩擦面箭头 B 是否有撕裂，如图 1-61 所示。

注意：对中销箭头 C 在双质飞轮内应安装牢固；表面初级质量不得隆起头 D；传递板不得弯折。

2）双质飞轮的外壳壁损坏。损坏的弧形减振弹簧或损坏的弧形减振弹簧支座可能会导致外壳壁受损，如图 1-62 所示。

3）检查双质飞轮内的滚针轴承，必要时更换滚针轴承，如图 1-63 所示。

如果在双质飞轮滚针轴承部位箭头的驱动轴表面可明显看到损坏，那么应更换驱动轴和双质飞轮内的滚针轴承。

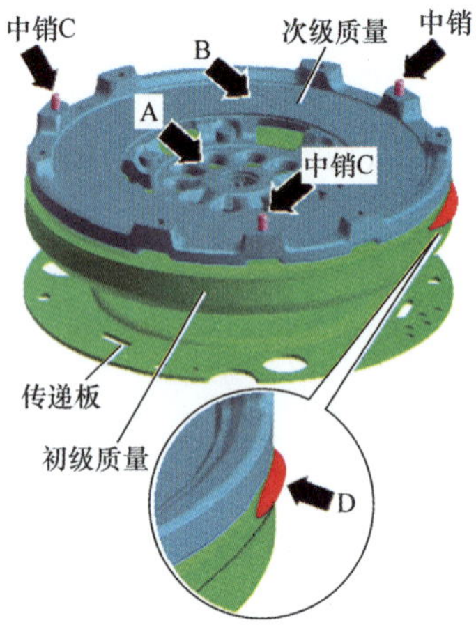

图 1-61　检查棱边

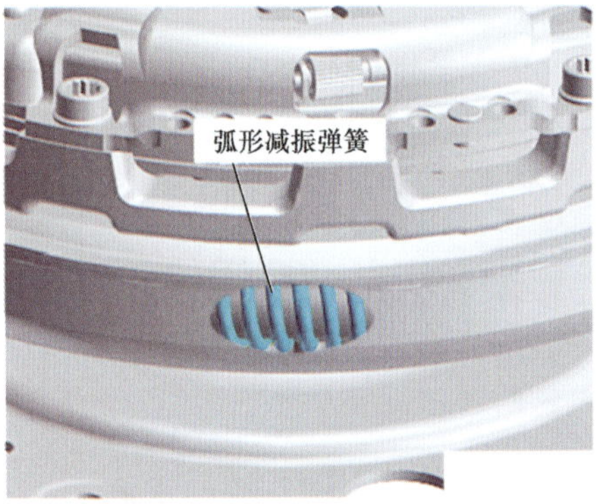

图 1-62　双质飞轮的外壳壁损坏

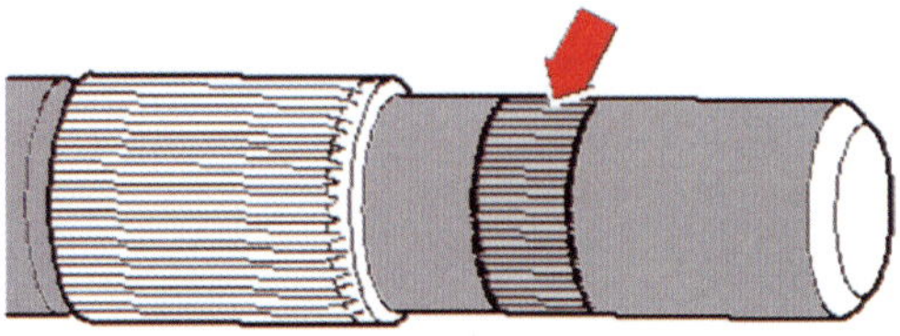

图 1-63　双质飞轮滚针轴承位置

24 轴瓦的构造与安装

轴承也称轴瓦（连杆上的称小瓦，曲轴上的称大瓦），它装在连杆大头内，保护连杆轴颈和连杆大头孔。曲轴安装在主轴承盖和主轴座内，由于其工作时承受较大的交变载荷，且润滑困难，因此要求它具有足够的强度、良好的减摩性和耐蚀性。

轴承由钢背和减摩层组成，为两半分开形式。钢背由厚 1~3 mm 的低碳钢制成，是轴承的基体，减摩层由浇注在钢背内圆上厚度为 0.3~0.7 mm 的薄层减摩合金制成，如图 1-64 所示。减摩合金具有保持油膜，减少摩擦阻力和易于磨合的作用。

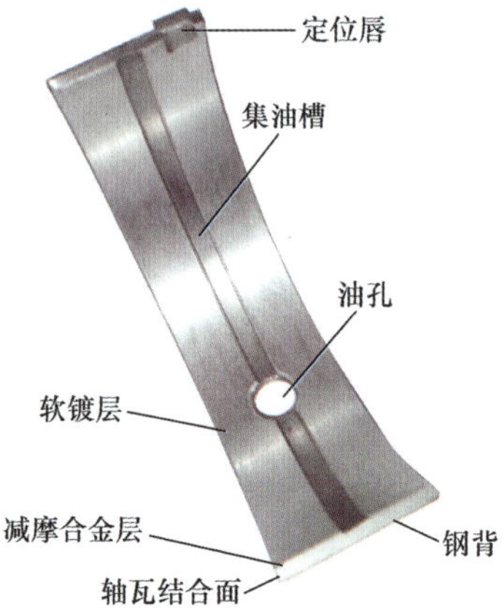

图 1-64　轴承的结构

轴瓦的安装方法如下：

1）曲轴上半轴承的安装。曲轴轴承应该安装在轴承座中央，以对准机油孔。

2）曲轴下半轴承，连杆上、下轴承的安装。轴承应安装在轴承座中央，并经过测量调整“B”和“C”之差小于 0.7 mm。曲轴轴承（上 / 下）的不同位置处，曲轴轴承的宽度不同，如图 1-65 所示。

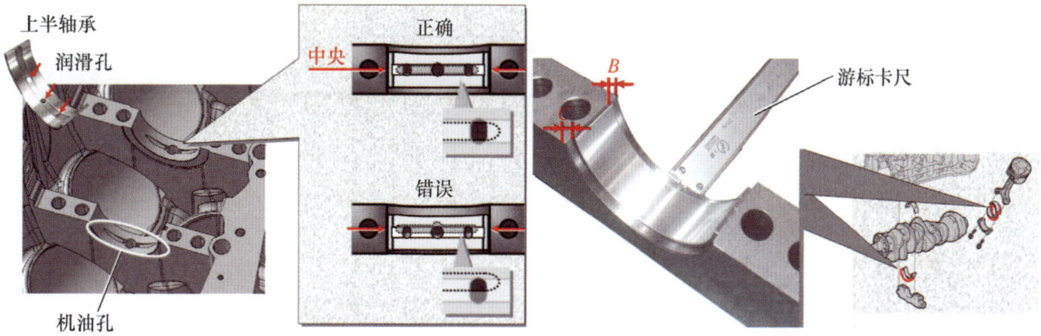

图 1-65　轴瓦的安装

25 轴瓦的选配

1）根据轴径选配轴承。连杆轴颈和主轴颈的修理尺寸，每级以 0.25mm 递减，并在数值前面标以“－”号，表示轴颈缩小，如图 1-66 所示。要求轴承座孔的圆度和圆柱误差不有超过 0.025mm。

2）轴承的圆弧长度应符合规定。轴承高出量一般为 0.03~0.05mm。检测轴承高出量时，把轴承装入承孔中，按规定力矩拧紧两个轴承螺栓，然后再完全松开其中一个螺栓，用塞尺检查轴承孔部分面的间隙，此间隙就是轴承高出量，如图 1-67 所示。连杆轴承高出量为 0.035~0.06mm；柴油机略大于汽油机。

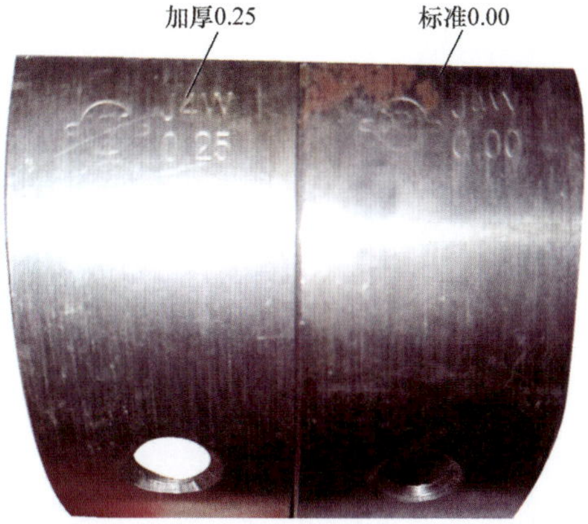

图 1-66　轴承尺寸

图 1-67　轴承高出量的检验

3）经验检查法。将轴承安装好，装上轴承盖，按规定力矩拧紧一端螺栓，在另一端轴承座与盖的平面插入厚度为 0.05mm 的垫片。当把该螺栓拧紧到 10~20N · m 时，若垫片抽不出，则说明轴承长度合适；如垫片抽得出，则说明轴承过长；如果未加力时就抽不出垫片，说明轴承过短，应重新选配。

4）定位凸点要完整，瓦背要光滑。轴承定位凸点是轴承在座孔内圆周方向和轴向的定位结构。凸点损坏失效后，将导致轴承走外圆。如凸点过低，可用尖铳铳出些许；若无法修复，则应重新选配。轴承背面应光滑、无斑点，表面粗糙度 *Ra* 值应不大于 1.25μm。

5）弹性应合适。新轴承的曲率半径应大于轴承座孔的半径，以保证轴承压入座孔后，借轴承自身的弹力能与座孔贴合紧密。此外，轴承合金表面应无裂缝和砂眼。轴承合金与瓦背应有一定的结合强度，轻敲瓦背，声音应清脆而无嘶哑声响。

26 轴瓦常见故障

（1）轴瓦润滑不足

1）现象。当轴瓦由于缺少润滑油或润滑油被稀释失效时，轴瓦的运行表面变得光亮。如果完全没有润滑油，轴瓦与曲轴轴颈接触的光滑表面区域沿轴向的材料将剥落，如图 1-68 所示。

2）原因。轴瓦与曲轴之间润滑油不足或润滑油膜被稀释，轴瓦电镀层将会磨损。轴瓦电镀层磨损一般有以下原因：垂直间隙不足；润滑油稀释；发动机长时间低速运转。润滑油缺乏将导致轴瓦与曲轴轴颈相互撞击，由于抗摩擦材料的剥落使磨损加剧。润滑油缺乏一般有以下原因：部分润滑油通道阻塞；选择的轴瓦尺寸过小；主轴瓦装反（下轴瓦反装为上轴瓦）；油泵或油压减压阀工作不良。

3）解决措施。在选择新轴瓦时，应测量曲轴轴颈尺寸，如果有必要应研磨曲轴颈部；检查油泵和减压阀的工作状况，如果有必要应修复或更换；检查轴瓦润滑油孔是否与缸体以及连杆的润滑油孔在一条线上；避免发动机长时间低速运转；定期检查润滑油内是否含燃油或冷却液等杂质。

图 1-68　轴瓦沿轴向的材料剥落

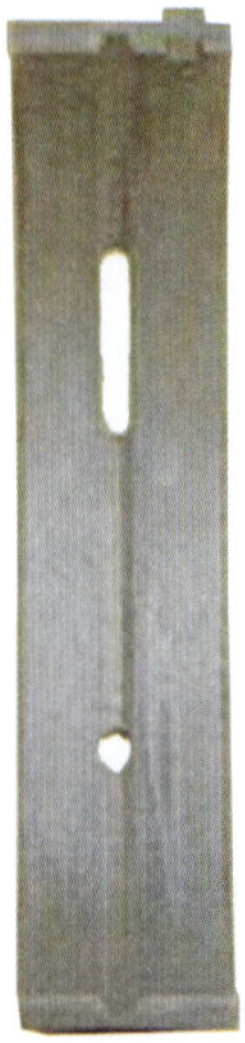

图 1-69　气蚀

（2）气蚀

1）现象。轴瓦表面部分区域被腐蚀，一些腐蚀穿透轴瓦合金层而达到钢背，如图 1-69 所示。

2）原因。气蚀是低压油蒸气泡在轴瓦抗摩擦合金层上瞬间爆炸形成的。发动机工作中，加载在轴瓦上的载荷在强度和方向上迅速变化，导致轴瓦上的润滑油膜压力迅速改变。这种压力变化随转动次数的增加越来越高，使得轴瓦和曲轴颈部的变形也变大。曲轴润滑油孔中润滑油流速过快，凹槽、窄沟和尖角等不连续的面引起的润滑油流速改变，也会引起轴瓦腐蚀。轴瓦气蚀主要有以下四种情况：吸气引起的腐蚀，发生在曲轴运动之后；换气引起的腐蚀，发生在曲轴运动之前；气穴流动引起的腐蚀；气穴撞击引起的腐蚀。

3）解决措施。根据发动机制造商的推荐，使用黏度合适的润滑油；保持正确的润滑油油压；避免润滑油被污染；检查轴瓦装配间隙。

（3）装配间隙过大

1）现象。轴瓦侧面边界部分的抗摩擦层合金变形或移位，引起微粒刮伤轴瓦表面，如图1-70 所示。

图 1-70　间隙过大造成轴瓦抗摩擦层熔化

2）原因。如果曲轴或曲轴颈部尺寸比推荐的最小值还小，而轴瓦内腔尺寸比推荐的最大值还大，则会导致润滑油间隙比允许的值大。间隙过大使得曲轴没有液态动力支承，曲轴与轴瓦表面接触，引起轴瓦抗摩擦层熔化或表面变形。

3）解决措施。检查轴瓦、连杆以及曲轴轴颈的直径尺寸是否符合规定；按照规定的连杆螺栓转矩，根据制造商的建议时间更换螺栓；保持发动机润滑油充足。

（4）固体杂质侵入轴瓦表面

1）现象。外界杂质侵入轴瓦的抗摩擦合金层，导致合金层移位，轴瓦表面也会出现刮伤，如图 1-71 所示。

2）原因。润滑油中的灰尘、污垢、磨屑以及金属颗粒吸附在轴瓦表面上，使抗磨合金材料移位。这些合金材料或微粒到达曲轴上，引起了局部摩擦，从而破坏了润滑油膜。在解体发动机的维修工作中，装机前或装机后，若发动机各部件清洗不彻底，杂质将会遗留在发动机内部。金属元件磨损后也会使发动机各部件的工作环境恶化。

3）解决措施。安装新轴瓦；进行发动机其他维修工作时，应仔细清洗各部件；如果有必要，研磨曲轴；按照规定的里程或时间间隔更换发动机油和滤清器，保持滤清器和曲轴箱的清洁。

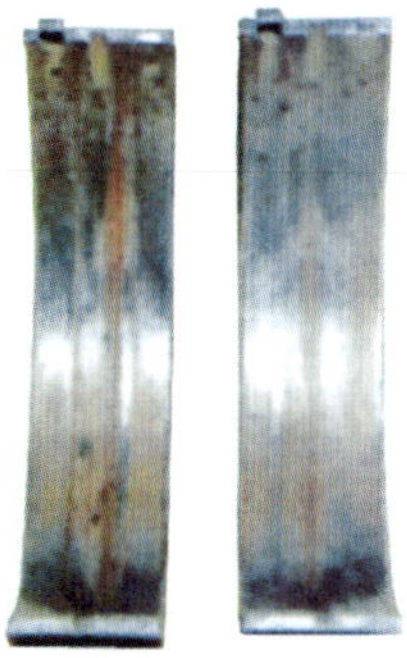

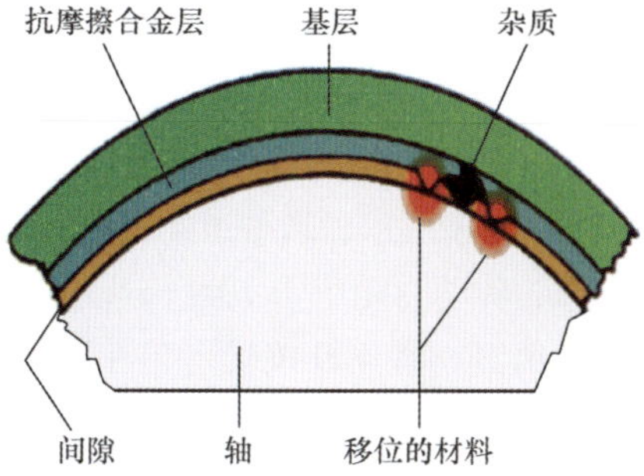

图 1-71　合金层移位且轴瓦刮伤

27 轴瓦的刮削方法

刮配的目的是使各个轴瓦与轴颈之间具有良好的接触面和正常的配合间隙。新轴瓦和使用过的旧轴瓦的刮配方法基本相同。旧轴瓦表层合金已硬化，表面还可能镶嵌着较多硬粒杂质，所以，在刮配时要将表层的旧合金层刮去。通常只刮削巴氏合金轴瓦，具体刮配方法如下：

1）将曲轴放在专用的支架上。

2）在连杆轴颈表面涂上一层薄薄的红丹油或其他有色涂料。将连杆按正确的位置和方向装配到轴颈上，均匀扭紧连杆螺栓，紧度以能转动连杆且稍有阻力为好。

3）转动连杆几圈后，松开螺栓，拆下连杆，观察轴瓦表面与轴颈的接触情况。若轴瓦染色不均匀且不均匀部位在两端部，则应将染有色迹的凸出部分刮去。

4）在刮削的时候，通常以左手握住连杆盖或连杆，右手握住活塞环并持平，运用手腕的力量使活塞环由外向里刮配。刮削的要求：刮削的方向应经常变换，第一次的方向应与轴瓦轴线成30° 角；第二次的方向也与轴瓦轴线成30°角，但朝向另一边。在刮削过程中，活塞环一定要锋利，刮削的力量要适当，用力过大会产生波纹：要刮大留小、刮重留轻，重迹重刮、轻迹轻刮，起刀和落刀要准、轻、稳，如图1-72所示。

5）刮配好的轴瓦要用细砂纸蘸机油擦拭一遍，使表面光滑。

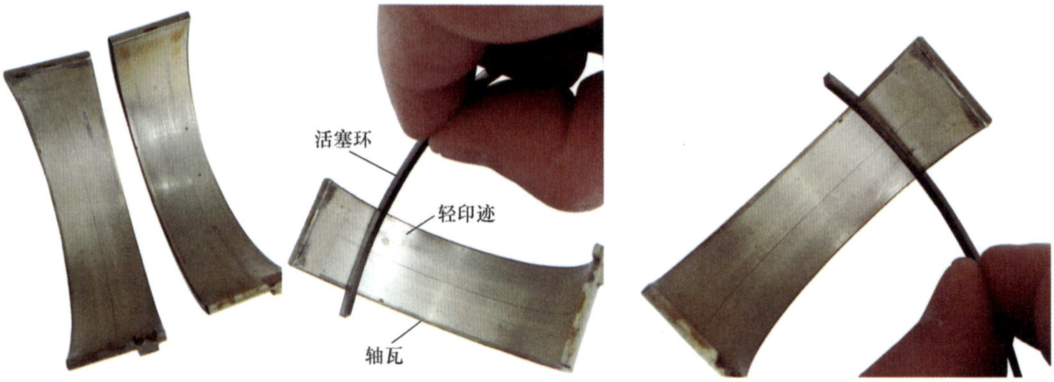

图1-72　轴瓦的刮削

6）刮配好的轴瓦与轴颈的接触面积应在75%以上且接触点要分布均匀，轴瓦的圆度和圆柱度误差应为0.02~0.03mm，配合间隙应符合技术说明书规定的要求。

7）经验法检查如图1-73所示，当单道主轴承的配合间隙符合标准时，曲轴的转动力矩小于10N·m。当连杆轴承的配合间隙符合标值时，将连杆按规定装在轴颈上，然后用手甩动连杆小头，连杆应能转动1.25~1.75圈。

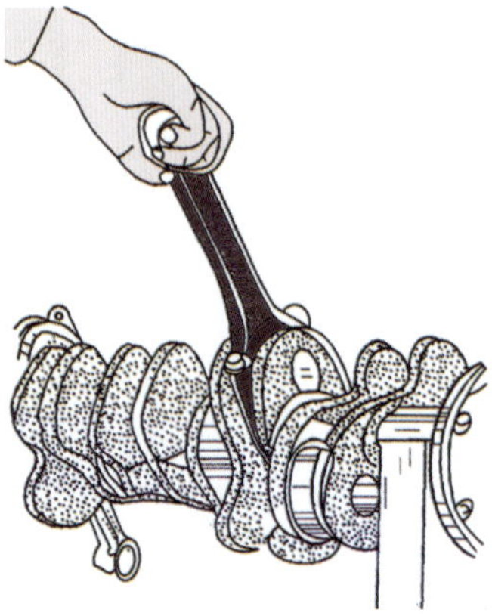

图1-73　检查连杆轴承配合间隙

28 新款油底壳的结构与拆装

新款大众发动机的油底壳用铝合金（AlSi12Cu）制成。其内部安装了机油泵，并额外加强了曲轴箱的强度（底板效应）。油底壳的上部件通过螺栓紧固在曲轴箱上，且两者之间敷涂了液体密封剂。油底壳下部件由薄钢板深度拉深，冲压并经表面催化处理，其内部安装油位传感器 G266 和放油螺栓。油底壳的下部件通过螺栓紧固到油底壳的上部件上，且两者之间敷涂了液体密封剂。油底壳内集成了一个用聚胺材料制成的蜂窝状内芯，此内芯能够在车辆以运动方式行驶时防止机油形成漩涡，如图 1-74 所示。

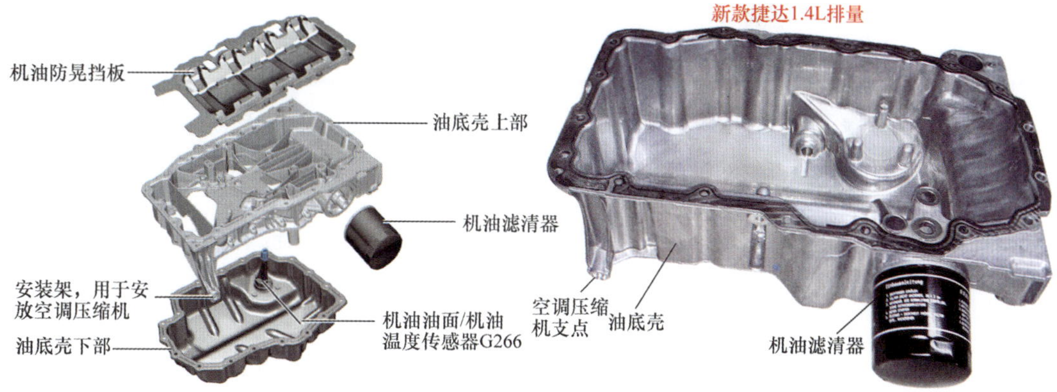

图 1-74　油位传感器

油底壳的拆卸安装方法如下：

1）机油滤净后按⑳ ~ ①的顺序松开并拧出螺栓，如图 1-75 所示。

2）安装时，用密封剂清除剂冲洗密封面，去除密封剂。

3）用平刮刀刮去油底壳上部件上的残留密封剂。

4）去除油底壳下部件上的残留密封剂，可使用旋转式塑料刷，如图 1-76 所示。

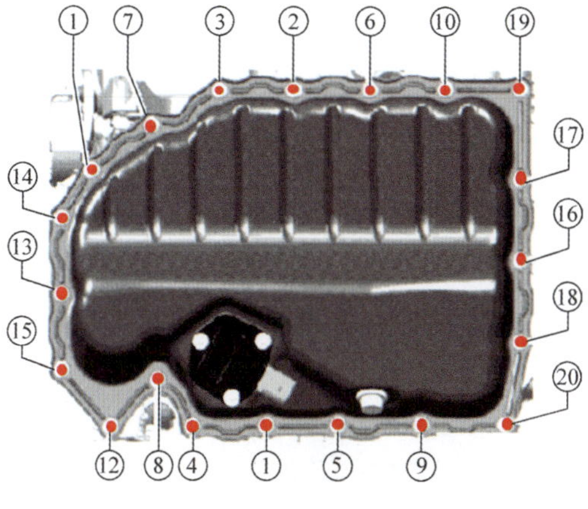

图 1-75　拆卸油底壳螺栓的顺序

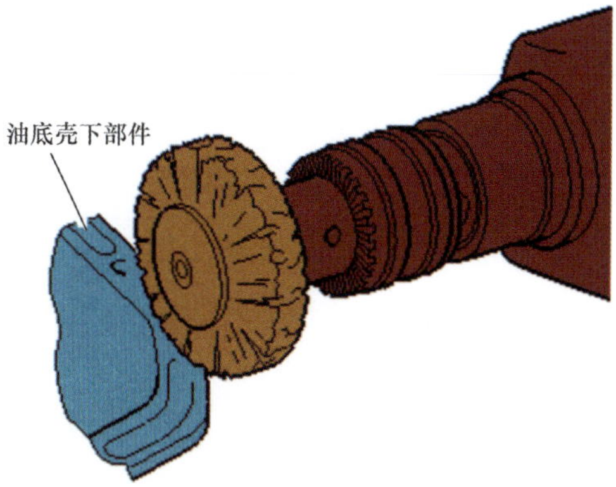

图 1-76　旋转式塑料刷清除残留密封剂

5）在前部标记处切开管口（管口直径约为 3mm），如图 1-77 所示。

6）如图 1-78 所示，将硅胶密封剂涂敷到油底壳下部件的干净密封面上，密封剂带的厚度为 2~3mm。注意：油底壳必须在涂抹硅胶密封剂后 5min 内安装好。

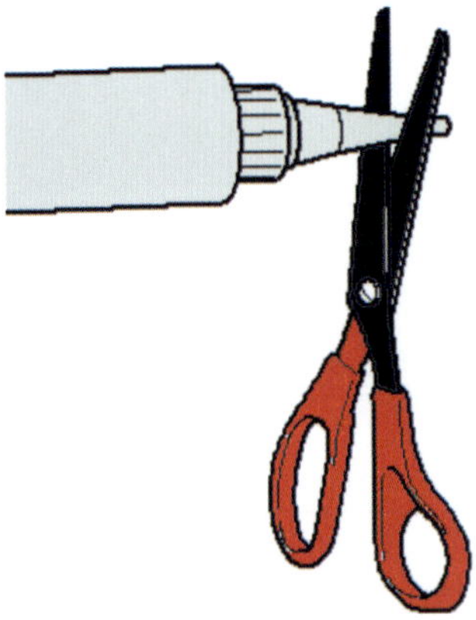

| 图 1-77　在标记处切开管口 |

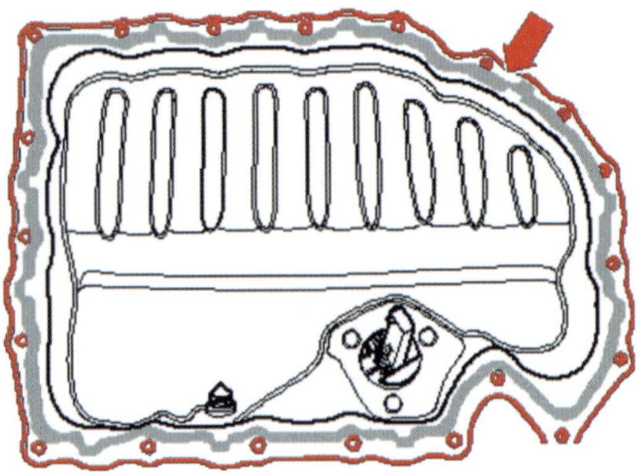

| 图 1-78　硅胶密封剂涂敷到油底壳下部件 |

7）按顺序①～⑳对角交叉，分 3 步按如下方式拧紧螺栓：①用手拧紧螺栓；②用 15N · m 的力矩拧紧螺栓；③继续转动螺栓 90°。

8）装配油底壳后，必须让密封剂干燥约 30min，然后才能加注发动机机油并检查油位。

29 缸压检测

气缸密封性是表征发动机技术状况的重要指标，其诊断参数主要有气缸压缩压力、曲轴箱窜气量、气缸漏气率、进气管真空度等。

气缸压力表是检测气缸压缩压力的一种专用压力表，它一般由压力表头、导管、单向阀和接头等组成，如图 1-79 所示。发动机气缸压力表接头有两种：螺纹接头可以拧在火花塞孔内，一般配软导管；另一种是锥形或阶梯橡胶接头，可以压紧在火花塞或喷油器的孔内，橡胶接头一般配硬导管。

| 图 1-79　气缸缸压表 |

（1）操作步骤

1）测量气缸压缩压力时，应将发动机运转至正常工作温度（冷却液温度为 80~90℃）后熄火进行。

2）拆卸发动机罩。

3）使用起拔器 T10094A 拆下点火线圈。

4）从熔丝架中取出燃油泵控制单元的熔丝。

5）汽油机需要拆除全部火花塞，将节气门全开；柴油机需要拆除全部喷油器。然后把气缸压力表的锥形橡皮头扶正压紧在火花塞（喷油器）孔上，用起动机转动曲轴 3~5s（转速应符合原厂规定）。待压力表指针指示并保持最大压力后停止转动，记录压力表指示的读数。按下单向阀按钮，使压力表指针回零。按上述方法依次进行测量，每缸测量次数不少于 2 次，然后取各次测量结果的平均值。

6）汽油直喷发动机压缩压力值：新的为 1.0~1.5MPa 过压；磨损极限为 0.7MPa 过压；所有气缸间允许相差 0.3MPa。

7）气缸压力表装有通大气的单向阀，在测试气缸压力之后，单向阀关闭，使压力表指针位置保持不变以便读数。读数后按下单向阀，使气缸压力表指针回零。

（2）诊断标准 以发动机处在海平面为准，汽油机的气缸压缩压力应符合原厂规定的范围或不低于原厂规定的标准值的 10%；柴油机的气缸压缩压力应符合原厂规定的范围或不低于原厂规定的标准值的 20%。为保证发动机运转平稳，各缸的压力差为汽油机不超过其平均值的 10%，柴油机不超过其平均值的 8%。

（3）结果分析 如果测得的气缸压缩压力超过原厂规定，其原因一般为燃烧室内积炭过多、气缸衬垫过薄或缸体与缸盖结合平面经多次修理磨削过甚所至。

如果测得的气缸压缩压力低于原厂规定，可向该缸火花塞（喷油器）孔内注入 20~30mL 新机油后再进行测量，根据测量结果采取相应措施：

① 若第二次测出的压力比第一次高，接近标准压力，则表明是气缸、活塞环、活塞磨损过大或活塞环对口、卡死、断裂及缸壁拉伤等原因造成气缸不密封。

② 若第二次测出的压力与第一次基本相同，即仍比标准压力低，则表明进、排气门或气缸衬垫密封效果差。

③ 若两次检测结果均表明某相邻两缸压力都相当低，则说明两缸相邻处的气缸衬垫烧损窜气。

第 2 章　配气机构

30 配气机构的组成

配气机构主要由气门组件和气门传动组件组成。其中气门组件由气门、气门座圈、气门导管、气门弹簧、气门弹簧座、气门锁片等组成；气门传动组件由凸轮轴驱动件（包括正时齿轮、正时链条、正时带）、凸轮轴、气门挺杆、摇臂及摇臂轴总成等组成，如图 2-1 和图 2-2 所示。

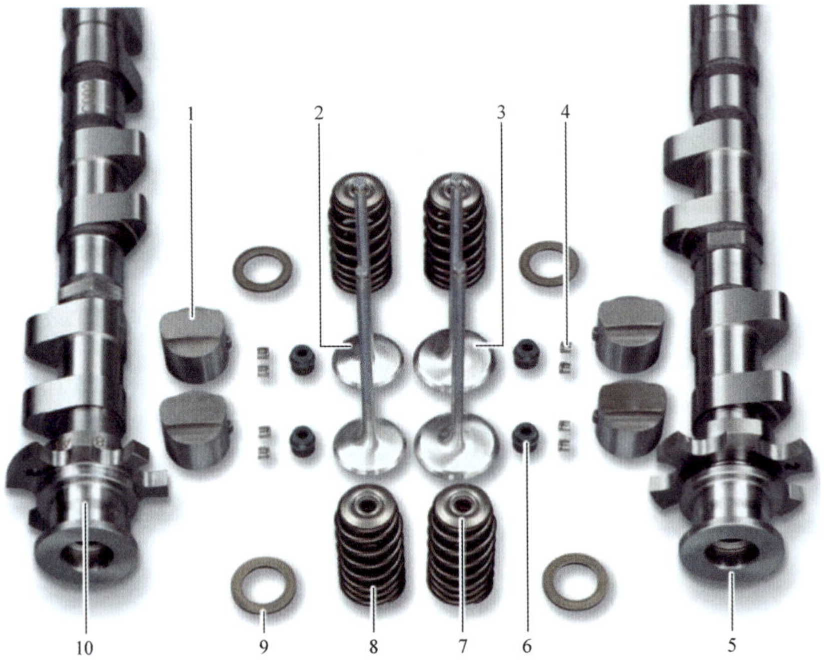

图 2-1　气门组件

1—带有 HVA 的室式挺杆　2—排气门　3—进气门　4—气门锁夹　5—进气凸轮轴　6—气门杆密封件　7—上部气门弹簧座　8—气门弹簧　9—底部气门弹簧座　10—排气凸轮轴

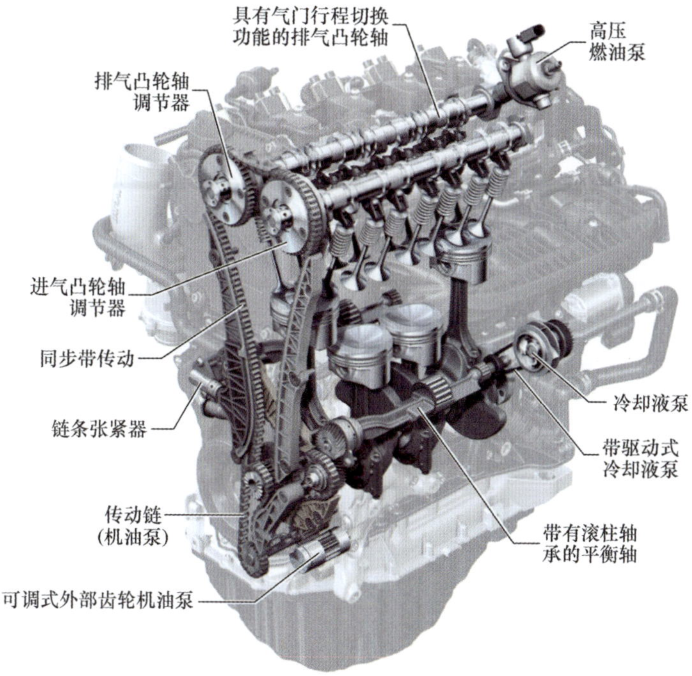

图 2-2 气门传动组件

31 复合式凸轴轮的结构和故障排除

（1）结构 凸轮轴的作用是驱动和控制发动机各缸气门的开启和关闭，使其符合发动机的工作顺序、配气相位及气门开度的变化规律等要求。

现在采用多种不同的技术制造复合式凸轮轴。其中一种是经典的轴毂连接方式，各个元件以结构连接方式或摩擦连接方式固定在轴上，如图 2-3 和图 2-4 所示。

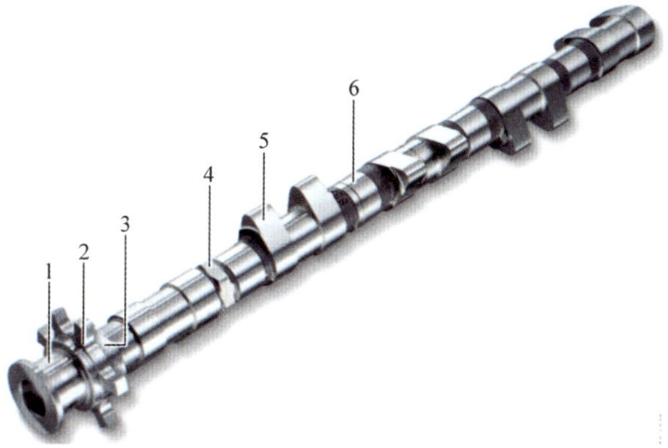

图 2-3 凸轮轴结构

1—轴颈和用于轴向导向的止推面 2—凸轮轴传感器的参考基准 3—用于安装专用工具的双平面 4—扳手宽度面 5—凸轮 6—轴颈

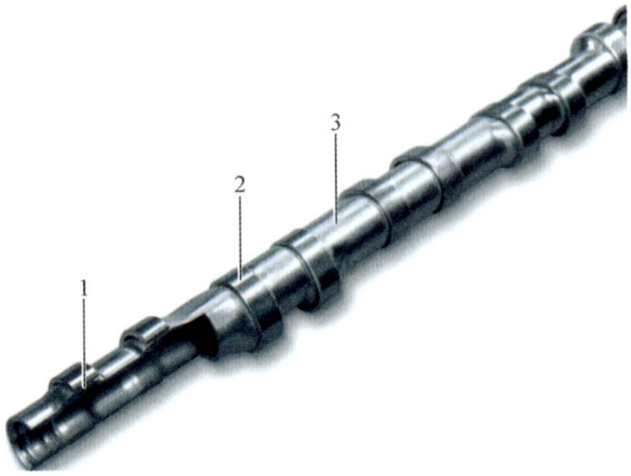

图 2-4　凸轮内部剖开图

1—轴管的加宽部分　2—环形凸轮　3—轴管

此外，还可以通过热压配合的方式固定组件，或者加宽轴身以产生附着力；也可以通过焊接或钎焊的方式固定各种部件。

复合式凸轮轴具有以下优点：

1）重量最多可减轻 40%。这又会带来下列影响：①降低耗油量；②改善振动特性；③改善噪声情况；④减轻其他系统组件的重量。

2）可以组合使用不同材料。

3）可以采用新的凸轮材料和结构。

4）加工成本低。

凸轮形状即凸轮横截面轮廓，它决定了气门行程曲线。气门行程曲线通常是确保整个转速范围内最佳气缸进气的折中方案。

凸轮随动件沿凸轮轮廓一起移动，并将运动传至气门。

在基圆区域内时，气门处于关闭状态。当气门机构带有机械调节装置时，基圆和凸轮随动件之间存在间隙。接触到凸轮工作面时，气门开启或关闭。工作面倾斜度越大，气门开启或关闭的速度就越快。工作面也可呈曲线形状。具有直线工作面的凸轮也称作切线凸轮。

尤其是与滚子式气门压杆一起使用时，凸轮工作面呈中空形式（凹形）。因此，使用了带有烧结凸轮的复合式凸轮轴。只有使用无需修整的烧结凸轮，才能获得滚子式气门压杆所需要的凹形工作面。而使用平顶桶状挺杆时，凸轮工作面呈凸曲线形式，这种凸轮也称作谐运动凸轮。

凸轮顶部是气门完全开启点。凸轮顶部越宽，气门开启时间就越长。但可能会产生一定弧度，凸轮随动件会因加速度而从凸轮上有弧度处抬起。从基圆至凸轮顶部的距离为凸轮行程，如图 2-5 所示。

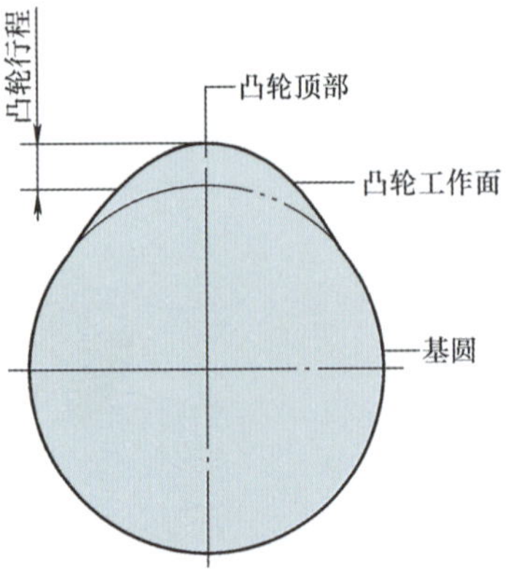

图 2-5　凸轮横截面

（2）故障排除　故障实例：例如，热车时发出“唧咕”“唧咕”的声响，急踩加速踏板之后响声尤为明显。

故障诊断过程如下：

1）发动机热车后正时带部位发出“唧咕”“唧咕”的声音，分析认为如下部位可能会发出这种声音：①发电机产生异响；②正时带产生异响；③张紧轮产生异响；④水泵产生异响；⑤发动机机械异响。

2）拆掉发电机传动带后，起动发动机进行检查，异响依然存在，从而排除发电机异响。

3）按照一汽－大众 HST 文件对正时带机构进行组装，再次起动发动机，异响仍然存在；用水浇到传动带上，声音没有改变；用胶带缠到张紧轮上装上试车，如图 2-6 所示，异响依旧存在；更换张紧轮和正时带做试验，响声依然没有排除。

4）用听诊器仔细听水泵部位声音，响声不明显。

5）检查机油油位、压力均正常，怠速时机油压力为 340kPa（标准为在怠速时不小于 200kPa），2000r/min 时为 390kPa（标准为 2000r/min 时不大于 700kPa）；拆检发动机缸盖，发现凸轮轴有异常磨损，第 2、第 3、第 4 道轴瓦磨损较严重。经仔细检查发现，瓦盖表面比较粗糙，从而导致凸轮轴异常磨损，如图 2-7 所示。

图 2-6 张紧轮

图 2-7 凸轮轴磨损

故障原因：凸轮轴磨损，导致发动机产生异响。

故障处理方法：更换新的气缸盖，故障排除。

建 议

对于发动机异响部位的确定，可依靠螺钉旋具或者听诊器进行诊断。对于怀疑产生异响的零件，可采用停止工作排除法、浇水改变摩擦因数等方法进行相关试验后进行诊断；根据先易后难的原则逐步排除故障原因。

32 凸轮轴轴向间隙的测量

凸轮轴轴向间隙的测量方法如下：

1）拆卸凸轮轴瓦盖。

2）将用于检测的凸轮轴插入凸轮轴外壳中。

3）将千分表用通用千分表支架固定在凸轮轴外壳上，如图 2-8 所示。

4）用手将凸轮轴压向千分表。

5）将千分表调零。

6）从千分表上推开凸轮轴，读取测量值：轴向间隙为 0.100~0.191mm。

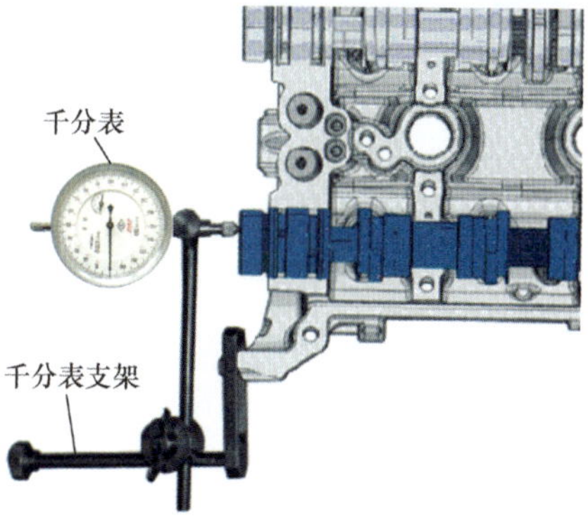

图 2-8 凸轮轴轴向间隙测量

33 滚子式气门压杆或摇臂的结构和故障排除

压杆也是采用间接传动方式的气门机构部件，如图 2-9 所示。但是，它不支承在轴上，而是一端直接支承在气缸盖上或一个 HVA 元件上，另一侧靠在气门上。凸轮轴的凸轮从上面压向压杆中部，压杆的惯性矩和刚度在很大程度上取决于压杆的结构形式。

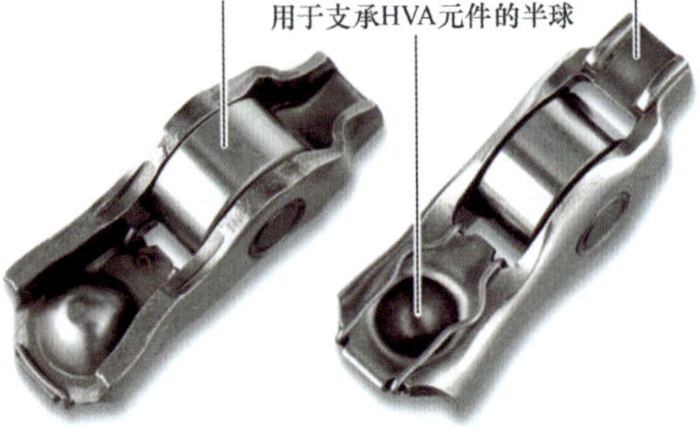

图 2-9　滚子式气门压杆或摇臂

短压杆的惯性矩较小，气门侧的质量也比桶状挺杆小。使用滚子式气门压杆时，凸轮运动通过一个滚动轴承滚子而非滑动面传递。与滑动面压杆或桶状挺杆气门机构相比，这种结构可减小摩擦功率，尤其是在对降低耗油量有较大影响的低转速范围内，其效果更加明显。但是，减小摩擦功率会明显降低针对凸轮轴扭转振动的减振作用，这对链条传动机构有影响。

故障实例：用户反映其车发动机有异响。

检查分析：维修人员试车发现，该车在怠速时发动机有“哒哒哒”的异响，类似气门机构的异响。用听诊器判断，声音在 3 缸进气门附近比较明显。气门机构异响常见的原因包括气门间隙不当、气门弹簧损坏、气门弯曲、凸轮轴磨损、液压挺杆失效和油压低等。

1）首先测量油压。冷车怠速和热车怠速时，油压与标准值相差甚远。但与同型车对比，数据却基本一致，所以油压与异响的关系还暂时不能明确。

2）将发动机充分冷却后，决定在这个状态下检查气门间隙和摇臂的工作情况。转动曲轴，晃动摇臂，检查 3、4 缸进、排气门的间隙，未见异常。但是在转动曲轴时，当凸轮轴转到某一位置时，会听到“咔”的一声脆响，这是很不正常的。仔细观察发现，3 缸进气门的一个摇臂会出现异响，摇臂上的滚轮与摇臂之间的间隙明显比其他缸的小，而且摇臂上有明显的磨损痕迹。

3）继续转动曲轴，发现这个摇臂的滚轮不仅间隙大会转动，还存在径向圆跳动，并伴随有异响，可见这个滚轮有问题。滚轮与轮轴之间有滚针，相当于一个滚针轴承。如果滚针缺失，就会出现这个现象，这很有可能就是异响的原因。为什么第一次检查气门间隙时没有发现摇臂滚轮的异常呢？这是因为当时转动曲轴时没有特别注意这个异响，也没有考虑到滚轮存在异常的可能性。而且当时火花塞没有拆下，所以转动曲轴时很费力，转速慢，所以也很难听到声音。可见，对于气门机构异响，特别是复杂的气门机构，转动曲轴可能给诊断带来线索，拆掉火花塞后，转动速度快，更容易模拟异响出现的效果。

4）拆卸缸盖检查，发现油道的量孔已经被油泥堵塞，这是凸轮与摇臂之间润滑不良的直接原因。检查摇臂发现，滚针轴承已经完全损坏，轴承的外圈与轴已经有很大的旷量。

故障排除：彻底清洗润滑油道，更换气门摇臂，试车确认故障彻底排除。

34 液压气门间隙补偿器（HVA）的结构与更换

凸轮通过压杆开启气门时，还会通过球头对 HVA 元件内的活塞施加作用力。活塞通过压力室内的机油支承在固定式压力缸内。

由于在气门开启行程中从压力室向外挤出机油，因此气门关闭后凸轮和压杆之间就会存在间隙。弹簧可防止发生这种情况，它将活塞和球头向上推，从而使压杆始终靠在凸轮上。在此过程中，压力室内由于体积增大而产生抽吸作用，阀球克服其弹簧的作用力离开球座，机油从储油室充入压力室内。压力室充满机油后，阀球就会封住压力室。

气门下次开启时重复上述过程。从技术角度来看，在元件内会进行机油小循环，其结构如图 2-10 所示。

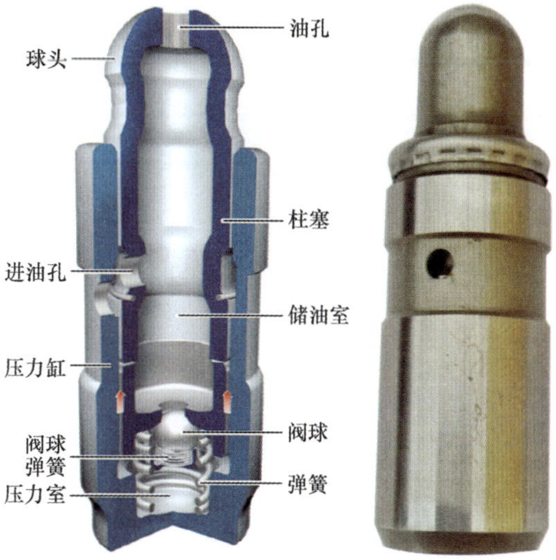

图 2-10 液压气门间隙补偿器的结构

（1）更换液压气门间隙补偿器的注意事项

1）将液压挺柱浸入干净的机油中，抽动柱塞若干次，去除氧化膜及杂质，使柱塞灵活。通过推杆座排出空气，并用漏降测试装置，在挺柱塞栓上施加 200N 的压力，在滑下 2mm 左右以后，测量 1mm 的漏降时间。在温度为 20℃时，应为 50s/mm。

2）安装新的液压挺柱后，大约 30min 内不允许起动发动机，否则气门可能会撞到活塞，要等到液压元件入位后，才能起动发动机。

3）在气门传动机构工作后，小心地至少转动发动机 2 圈，以确保在起动时不会顶住气门。

4）将液压挺杆浸入干净的机油中，使用专用工具反复按下柱塞 5~6 次。如果在尝试 3 次后柱塞可被压下，则应更换新的液压挺杆，如图 2-11 所示。

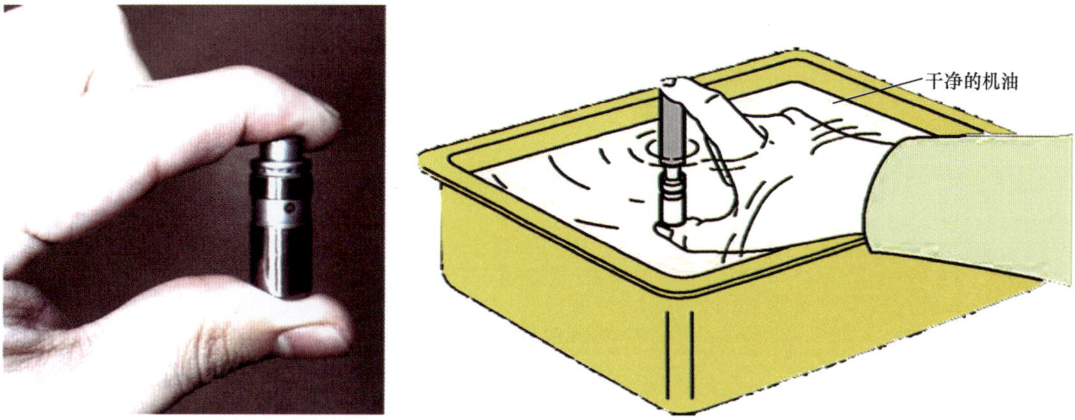

图 2-11 检查液压挺杆

（2）液压气门间隙调节器换发动机机油程序

1）使用 SST 将单向球压下，如图 2-12 所示。

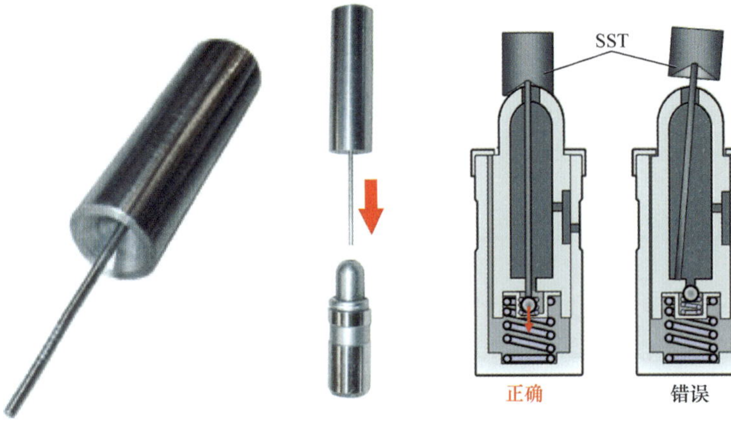

图 2-12　将单向球压下

2）将液压气门间隙调节器浸入干净的发动机机油中，使用 SST 压缩 / 放开柱塞 5~6 次，如图 2-13 所示。

3）用手指压下柱塞，检查是否密封严密，如果柱塞在 3 次压缩后仍能被压缩，则需要更换新的液压气门间隙调节器，如图 2-14 所示。

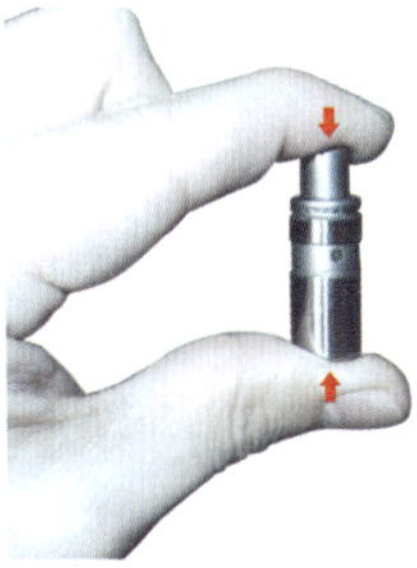

图 2-13　压缩 / 放开柱塞

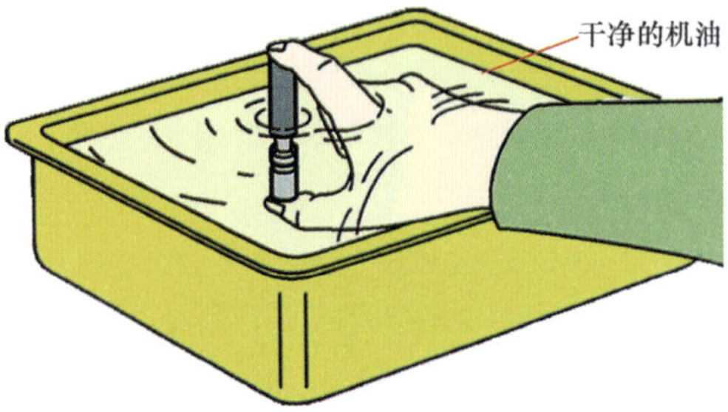

图 2-14　检查是否密封严密

35 气门的结构和故障排除

（1）气门的结构　气门导管的功用是对气门的运动进行导向，保证气门做直线往复运动，使气门与气门座或气门座圈能正确贴合。

气门与气门导管和气门弹簧共同构成一个总成，如图 2-15 所示。

气门主要分为单一金属气门、双金属气门和空心气门。气门的结构如图 2-16 所示。

1）单一金属气门。单一金属气门由一种材料制成，通过锻造方式形成所需形状。

2）双金属气门。双金属气门的气门杆和气门头单独制造，最后通过摩擦焊接方式接合在一起。这种结构的优点是可以分别为气门杆和气门头选择最合适的材料。双金属气门用于排气门，因为这种优点对其特别有利。因此，可使用最适应高温条件的材料制造气门头，而采用很耐磨损的材料制造气门杆。

气门杆用于气门在气门导管内导向，气门杆从固定气门锁夹的凹槽处直至内圆角过渡处或刮油边处。为避免磨损，气门杆采用镀铬表面。

如果气门杆端部带有用于气门自由转动的凹槽，则与气门锁夹接触的区域必须进行淬火处理，以免磨损。这些凹槽与气门锁夹形成结构连接，气门弹簧可支承在该部位。

3）空心气门。空心气门用于排气门侧，以便降低内圆角和气门面附近的温度。为此，气门该区域采用空腔结构，如图 2-17 所示。

为传导热量，气门杆空腔体积大约 60% 的部分填充有可自由移动的金属钠。钠在 97.5℃时熔化，并根据发动机转速在气门空腔内产生相应的“振动”作用。内圆角和气门头处产生的部分热量通过液态钠传至气门导管并进入冷却循环回路，从而显著降低气门温度。

空心气门可采用单一金属或双金属气门结构。

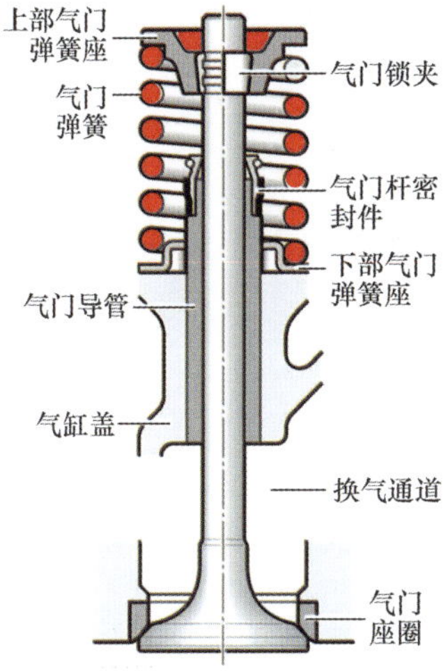

图 2-15　处于安装状态的气门

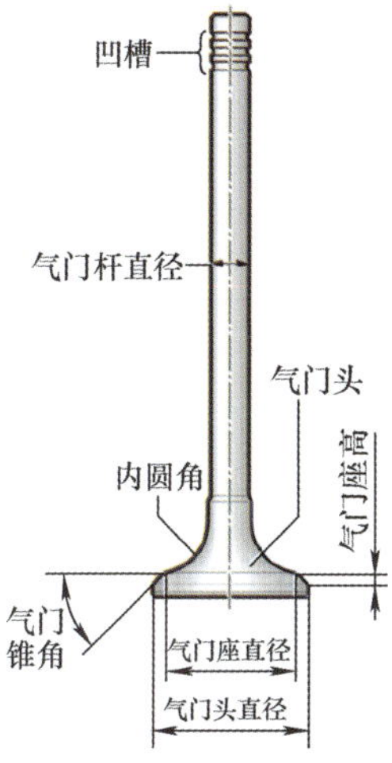

图 2-16　气门的结构

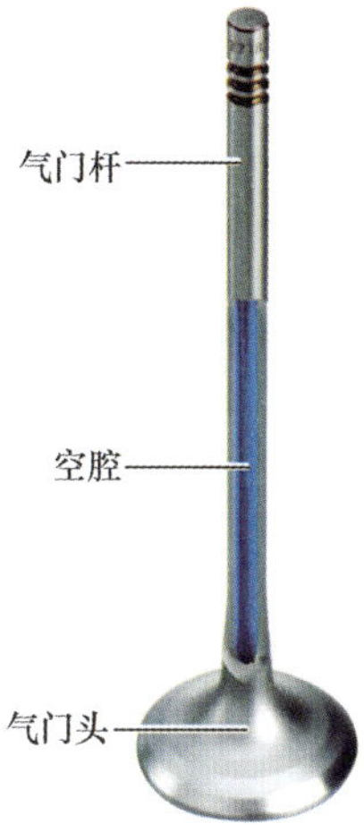

图 2-17　空心气门

（2）故障排除　故障实例：一辆轿车在行驶里程达 10000km 时出现冷车起动困难、怠速抖动的故障，在 4S 店没有找出故障原因。

故障诊断：考虑该车只行驶 10000km，发动机气门不可能损坏，积炭的可能性最大。用内窥镜检查，发现燃烧室及进气道积炭较多，如图 2-18 所示。建议车主使用可以溶解积炭的燃油添加剂除炭，如图 2-19 所示。使用一瓶燃油添加剂并行驶烧完一箱汽油后，故障排除。

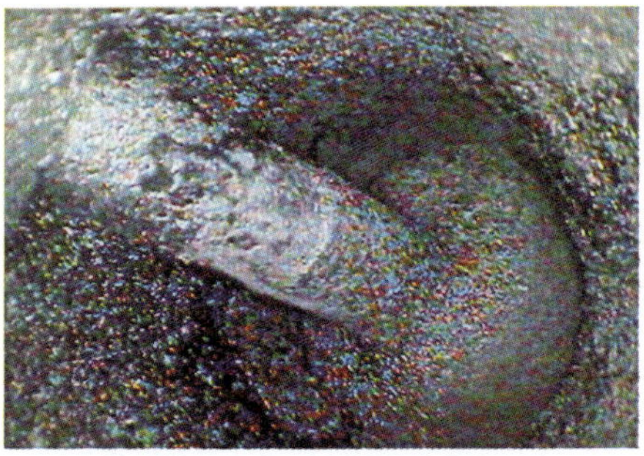

图 2-18　气门积炭清洗前

图 2-19　气门积炭清洗后

36 气门座圈的结构与更换

进、排气道口与气门密封锥面直接贴合的部位称为气门座。其功用是与气门头部一起对气缸起密封作用，同时接受气门头部传来的热量，起到对气门散热的作用。

铝气缸盖和大多数铸铁气缸盖均镶嵌由合金铸铁或粉末冶金或奥氏体钢制成的气门座圈，如图 2-20 所示。在气缸盖上镶嵌气门座圈，可以延长气缸盖的使用寿命。也有一些铸铁气缸盖不镶气门座圈，而是直接在气缸盖上加工出气门座。

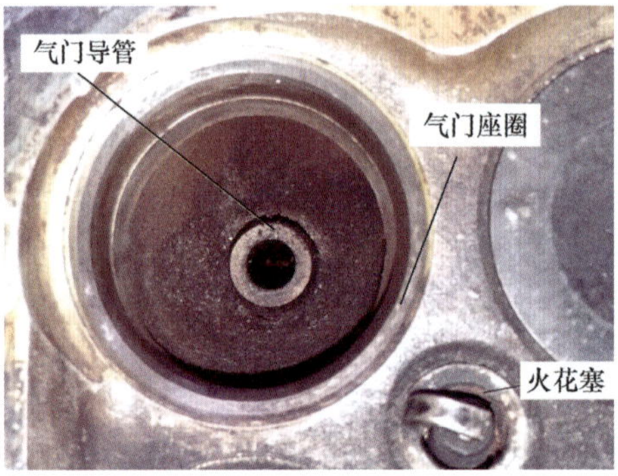

图 2-20 气门座圈及其安装位置

气门座圈是单独制成的零件，以一定的过盈量压入气缸盖上的座孔中，其外圆面可以是圆柱面，也可以是锥角不超过 12° 的圆锥面。在气门座圈的外圆面上加工有环形槽，当气门座圈压入座孔后，气缸盖材料由于塑性变形而嵌入环形槽内，可以防止气门座圈脱落。

气门座或气门座圈的锥角与气门锥角相适应，一般气门锥角比气门座锥角小 0.5° ~1° 。其作用是使二者不以圆锥面的全宽接触，这样可以增加磨合，并能切断和挤出二者之间的任何积垢或积炭，保持锥面良好的密封性。但是，若在气门锥面上镀敷铬钴耐磨合金，气门座或气门座圈经过电感应法硬化处理后，气门与气门座圈则采用相同的锥角。

气门座的镶换：当气门座有裂纹、松动、烧蚀或磨损严重时；或经多次加工修理，将新气门装入后，气门头部顶平面仍低于气缸盖燃烧室平面 2mm 以上时，应镶换新的气门座。

1）拆卸旧气门座，注意不要损伤气门座承孔。

2）选择新气门座。用外径千分尺测量气门座外径，用内径量表测量气门座承孔内径，并根据气门座和缸盖承孔的材质选择合适的过盈量（一般为 0.07~0.17mm）。

3）气门座的镶换。对检查合格的新气门座进行冷却，时间不少于 10min，同时加热气门座承孔，然后在气门座外侧涂上一层密封胶，将气门座压入承孔中。

37 气门座的铰削

（1）铰刀类型 常用的气门铰刀一般有 15°、30°、45°、75° 四种规格。每种规格有直径不同的铰刀数只，以适应不同直径气门头部的需要。铰刀有粗、精铰刀之分，粗铰刀在刃上有锯齿状缺口，如图 2-21 所示。

75° 铰刀用于铰削气门座上平面角，以使气门头部下沉量符合 0.50~1.0mm，并使气门工作斜面下移，铰后的切削面与平面的夹角为 15°；30° 或 45° 铰刀为气门工作面铰刀，根据气门工作角度选用一种。15° 铰刀的作用是扩大气门座孔内径，使气门工作面斜面上移，如图 2-22 所示。

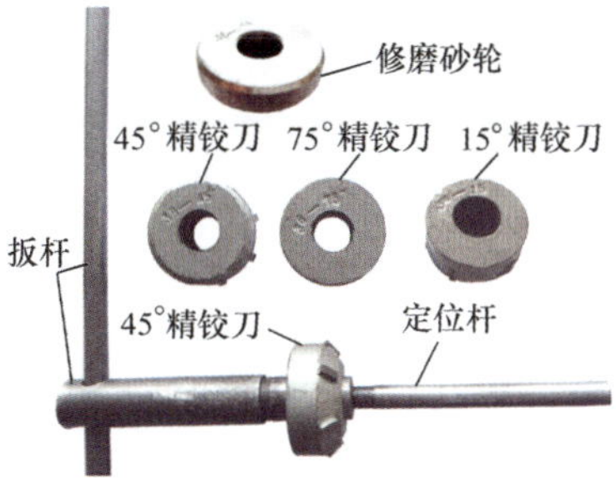

图 2-21　气门铰刀

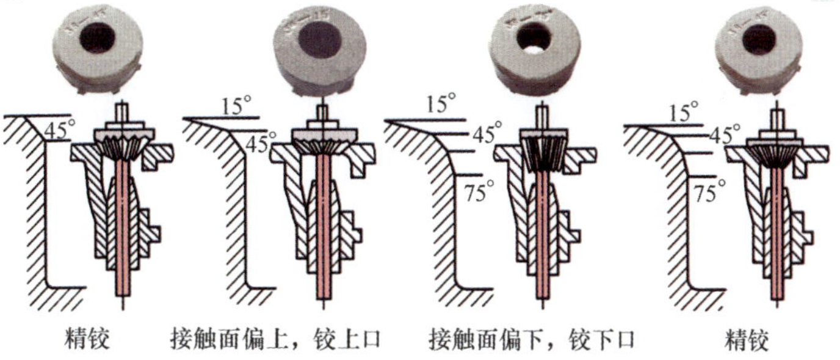

图 2-22　气门座铰销顺序

（2）操作过程

1）根据气门导管内径选择铰刀导杆，导杆以轻易插入气门导管内，无旷动量为宜。导杆插入气门导管内部分有的加工成约 0.25mm 的锥形，以保证气门座工作锥面的轴线与导管轴线重合。

2）把砂布垫在铰刀下，磨除座口硬化层，以防止铰刀打滑和延长铰刀使用寿命。

3）用与气门锥角相符的精铰刀铰削工作锥面，直到凹陷、斑点全部去除并形成 2.5mm 以上的完整锥面为止。铰削时，两手用力要均衡并保持顺时针方向转动。

4）气门座和气门的选配，一般是新气门座用旧气门，旧气门座配新气门。用相配的气门进行涂色试配，观察印迹。接触环带应在气门和斜面的中部靠里位置，若过上或过下，可用 15° 或 75° 铰刀铰削。接触面宽度一般进气门为 1.0~2.0mm，排气门为 1.5~2.0mm，如图 2-23 所示。

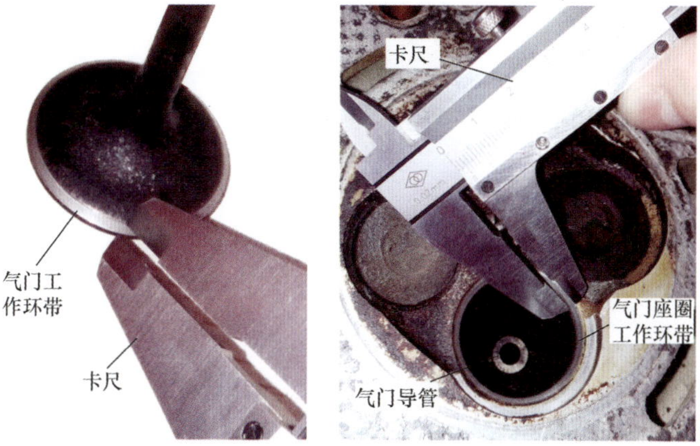

图 2-23　接触环带测量

5）最后用与工作面角度相同的细刃铰刀进行精铰，并在铰刀下垫细砂布修磨，以降低气门座口的表面粗糙度值。

（3）气门座的磨削 气门座铰削完毕后，一般还要进行磨削，磨削工艺如下：

1）根据气门工作面锥度和尺寸选用砂轮。

2）修磨砂轮工作面达到平整，并将其与轴孔的同轴度误差控制在 0.025mm 之内。

3）选择合适的导杆，卡紧在气门导管内，磨削时导杆应不转动。

4）光磨时应保证光磨机正直，并轻轻施加压力，光磨时间不宜太长，要边磨边检查。

38 气门的研磨

气门工作面经光磨或更换新气门座经过磨削后，为使它们达到密合，还需要相互研磨。气门的研磨有两种方法：一种是手工操作；另一种是使用气门研磨机，如图 2-24 所示。

（1）机器研磨

1）研磨前应先用汽油清洗气门、气门座和气门导管，将气门按顺序排列或在气门头部打上记号，以免气门位置错乱。

2）在已配好的气门工作面涂上一层薄薄的粗研磨砂；在气门杆部涂上机油并装入气门导管内，调整各转轴，对正气门座孔。

3）连接好研磨装置，调整气门升程，进行研磨，一般研磨 10~15min 即可。研磨好的工作面应成为一条光泽完整的圆环，如图 2-25 所示。

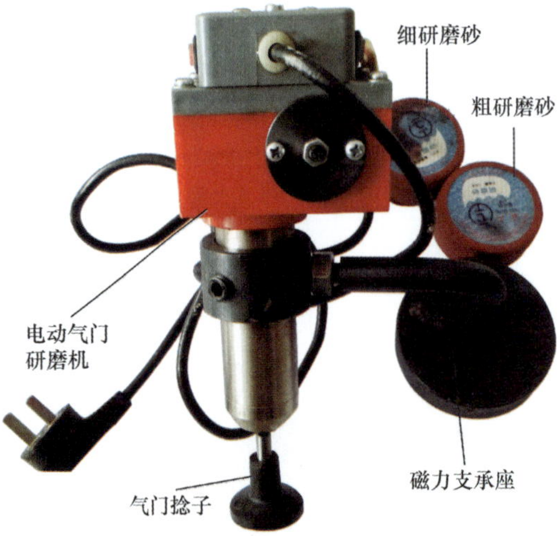

图 2-24 电动研磨机与粗、细研磨砂

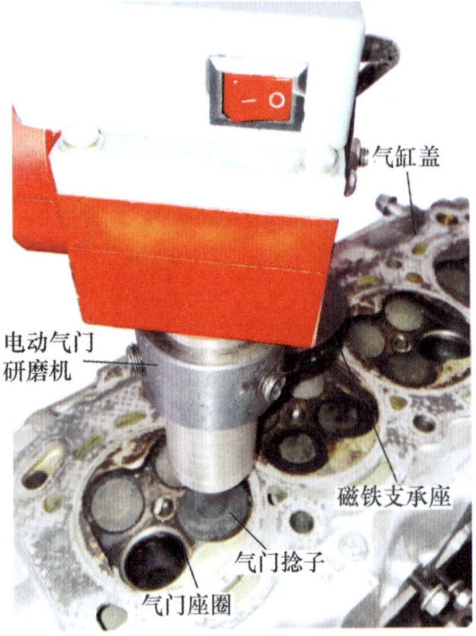

图 2-25 连接好研磨装置

4）当气门工作面与气门座工作面磨出一条较完整且无斑痕的接触环带时，可以将粗研磨砂洗去，换用细研磨砂继续研磨。当工作面出现一条整齐的灰色环带时，再洗去细研磨砂，涂上润滑油，继续研磨几分钟即可。

（2）气门密封性的检查 气门和气门座经过修理后，都要进行密封性检查，具体方法如下。

1）划线法。

①检查前，将气门及气门座清洗干净，用软铅笔在气门工作面上沿径向均匀地划上若干条线。

② 将气门与相配气门座接触，略压紧并转动气门 45° ~90° ，取出气门，察看铅笔线条；如铅笔线条均被切断，如图 2-26 所示，则表示密封良好，否则应重新研磨。

2）拍击法。将气门与相配气门座轻轻敲击几次，察看接触带，如有明亮的连续光环，则为合格。

3）涂红丹油法。在气门工作面上涂抹上一层轴承蓝或红丹油，然后用橡皮捻子吸住气门在气门座上旋转 1/4 圈，再将气门提起，若轴承蓝或红丹油布满气门座工作面一周且无间断，又十分整齐，则表示密封良好。

4）渗油法。将煤油或汽油浇在气门顶面上，5min 内检查气门与气门座接触处是否有渗漏现象，无渗漏即为合格。

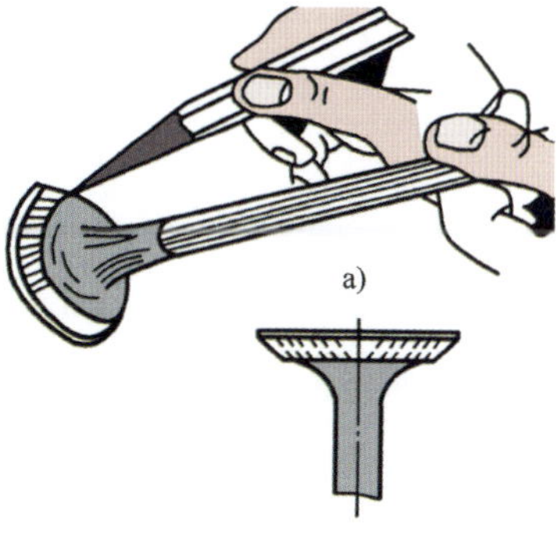

图 2-26 铅笔划线检查

39 气门导管的结构和安装

气门导管的功用是对气门的运动进行导向，保证气门做直线往复运动，使气门与气门座或气门座圈能正确贴合。此外，它还将气门杆的热量部分地传给气缸盖。

当气门杆在导管中运动时，其温度可高达约 500K。它的润滑也仅靠配气机构飞溅出来的机油进行润滑。因此，气门导管易磨损。为了改善气门导管的润滑性能，气门导管一般用含石墨较多的铸铁或粉末冶金制成，以提高自润滑性能。在以一定的过盈量将气门导管压入气缸盖上的气门导管座孔之后，再精铰气门导管孔，以保证气门导管与气门杆的正确配合间隙。

一般气门导管上端孔口有倒角，以减少进入导管孔内的机油量，如图 2-27 所示。排气门导管下端孔加工有排渣槽，以便刮除气门杆上的沉积物或积炭。有的气门导管在外圆面上加工有卡环槽，嵌入卡环，可防止气门导管在工作时松落。

气门杆与气门导管孔需要润滑，但进入气门导管孔内的机油又不能太多，否则将使机油消耗量增加。为了控制和减少机油消耗量，现在汽车装有气门油封。

气门导管的拆卸是从燃烧室方向向外用专用工具铳出。其安装是从缸盖上端向燃烧室方向用专用工具铳入或压入。

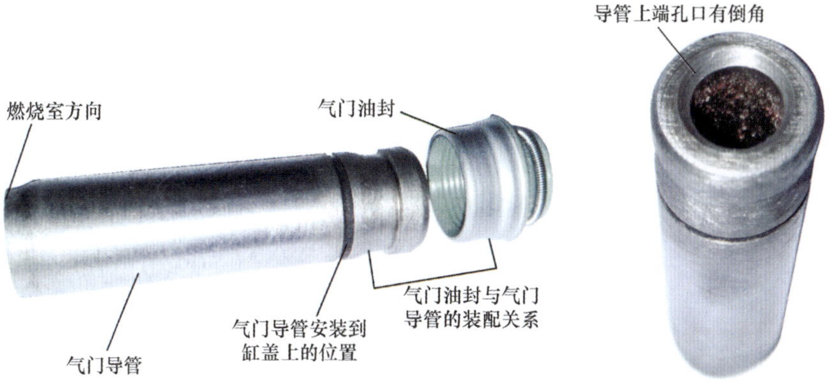

注: 拆卸气门导管时，从燃烧室方向用专用工具向外冲出

图 2-27 气门导管的结构

40 气门与气门导管间隙检测

1）如图 2-28 所示，将千分表和通用千分表支架固定在气缸盖上。

2）把气门插入气门导管内，气门杆末端必须和气门导管齐平。

3）确定旷摆间隙，磨损极限为 0.8mm。

4）如果超过磨损极限，则用新气门重复测量。

5）如果仍旧超过磨损极限，则应更换气缸盖。提示：气门导管不能更换。

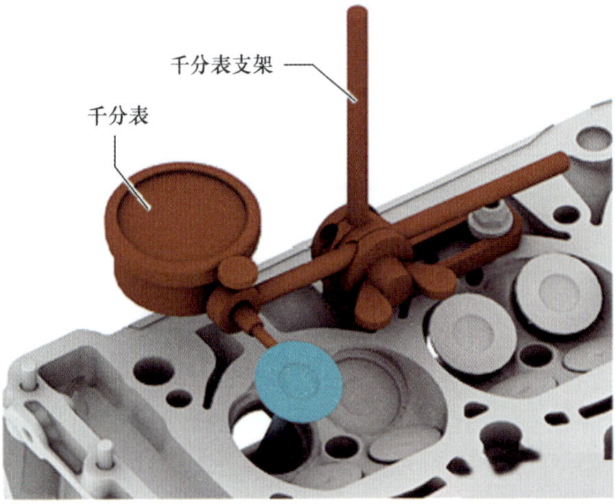

图 2-28　气门与气门导管间隙测量

41 气门弹簧的结构

气门弹簧的功用是保证气门在关闭时能与气门座或气门座圈紧密贴合，并克服气门开启时配气机构产生的惯性力，使传动件始终受凸轮控制而不相互脱离。

气门弹簧一般为等螺距圆柱形螺旋弹簧，如图 2-29 所示。当气门弹簧的工作频率与其固有的振动频率相等或为整数倍时，气门弹簧就会发生共振。共振时将使配气定时遭到破坏，使气门发生反跳和冲击，甚至使弹簧折断。为防止共振的发生，可采取下列结构措施：

（1）采用双气门弹簧　在柴油机和高性能汽油机上，广泛采用每个气门安装两个直径不同、旋向相反的内、外弹簧的方法。由于两个弹簧的固有频率不同，当一个弹簧发生共振时，另一个弹簧能起到阻尼减振作用。采用双气门弹簧可以减小气闸弹簧的高度，而且当一个弹簧折断时，另一个弹簧仍可维持气门工作。弹簧旋向相反，可以防止折断的弹簧卡入另一个弹簧圈内，使其不能工作或损坏。

（2）采用变螺距气门弹簧　高性能汽油机采用变螺距单气门弹簧，它的固有频率不是定值，从而可以避开共振。

（3）采有锥形气门弹簧　锥形气门弹簧的刚度和固有振动频率沿簧轴线方向是变化的，因此可以消除发生共振的可能性。

安装变螺距气门弹簧和锥形气门弹簧时，应该使螺距小的一端和锥形大端朝向不动的气缸盖顶面。

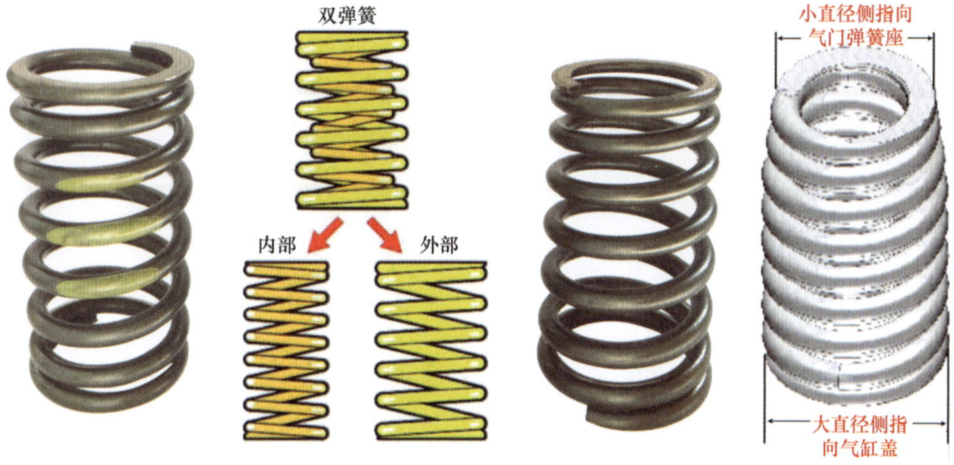

变螺距气门弹簧　双气门弹簧　锥形气门弹簧　亲款捷达的气门弹簧

图 2-29　气门弹簧

42 气门油封的拆装

（1）拆卸

1）在装有气缸盖的情况下拆卸气门室盖。

2）取出滚子摇臂并将其顺序放置在干净的垫板上，同时注意滚子摇臂不要混淆。

3）用火花塞扳手 3122 B 旋下火花塞。

4）拧出紧固螺栓 T10340，将相应气缸的活塞置于“下止点”处，如图 2-30 所示。

5）安装气门弹簧工具 3362 及压块 3362/1，如图 2-31 和图 2-32 所示。

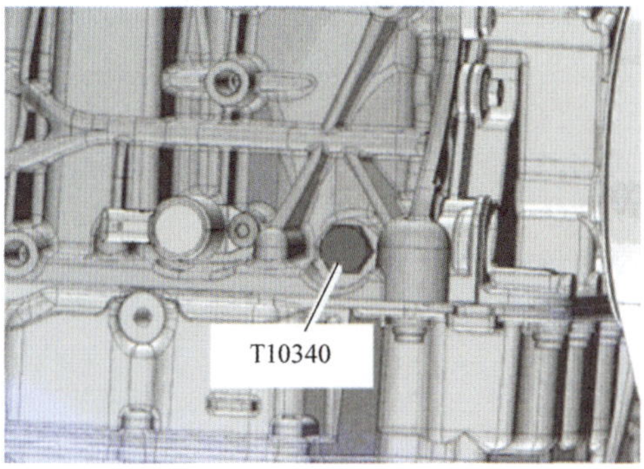

图 2-30　拧出紧固螺栓 T10340

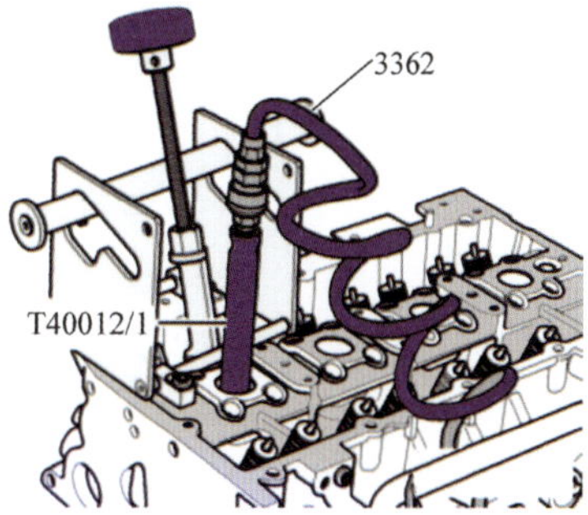

图 2-31　安装气门弹簧工具

6）将适配器 T40012 旋入火花塞螺纹中。

7）对压力软管与至少 600kPa 的压缩空气装置进行连接，并拆下气门弹簧。

8）用气门油封钳 VAS 6770 拔出气门杆密封圈，如图 2-33 所示。

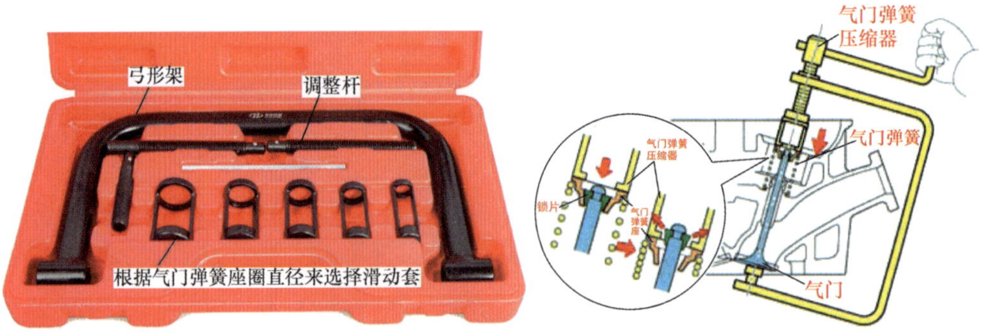

图 2-32　手动气门弹簧拆装工具

(2) 安装

1）将随附的塑料套筒插到相应的气门杆上，这样可以避免损坏新的气门杆密封环。

2）将新的气门杆密封圈 B 装入气门杆密封圈安装工具 3365 中，如图 2-34 所示。注：也可使用气门油封专用工具，如图 2-35 所示。

3）给气门杆密封圈密封唇涂上油并小心地按压到气门导管上。

4）装凸轮轴箱。

5）调整配气相位并安装火花塞。

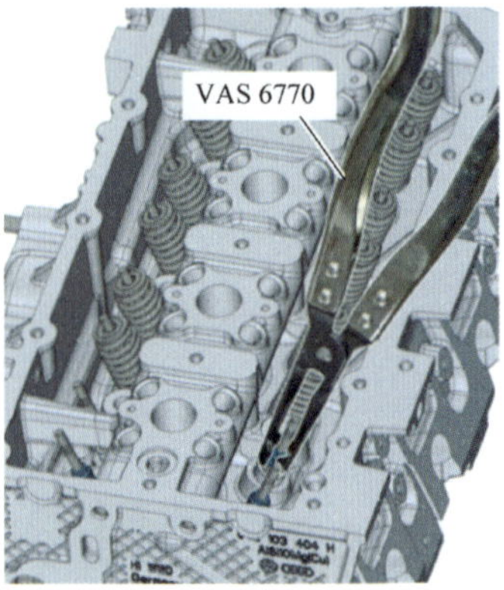

图 2-33　拆下气门油封

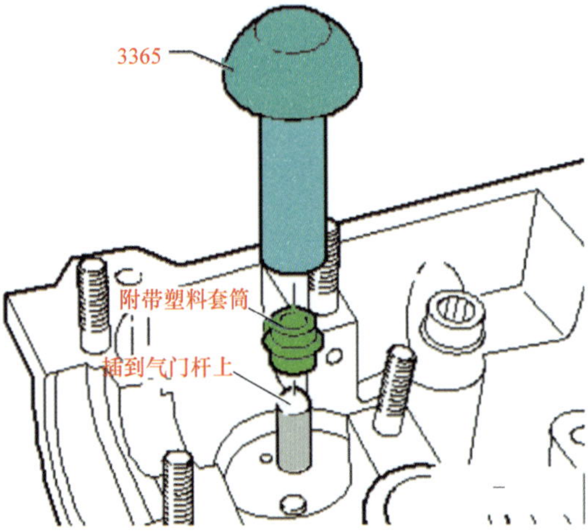

图 2-34　将新的密封圈装入气门杆

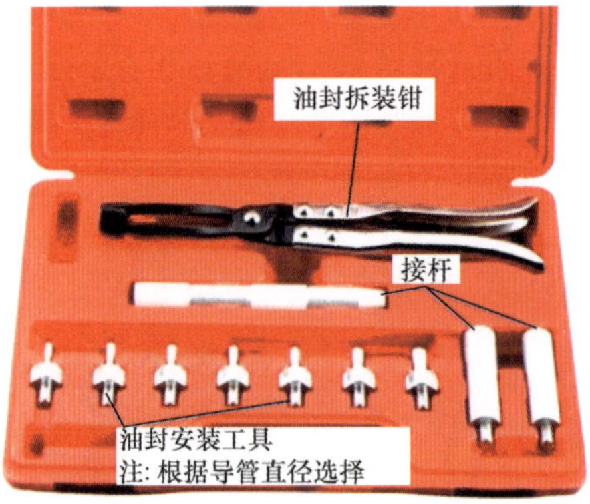

图 2-35　气门油封拆装工具

43 气门间隙的调整

1）拆下气门室盖，旋转曲轴带轮，确定第 1 缸是否处于压缩上止点位置。转动曲轴带轮对正标记，即说明第 1 缸处于上止点位置；是否是压缩上止点，还需用辅助方法判断，如观察分气门状态、顶置凸轮轴发动机的凸轮位置等。

2）按“双排不进”的规律快速确定可调气门。以直列发动机（点火顺序为1→5→3→6→2→4）为例，根据该发动机的做功循环表可知，当第1缸处于压缩上止点时，第5缸处于压缩行程初始阶段，第3缸处于进气行程，第6缸处于排气上止点位置，第2缸处于排气行程，第4缸处于做功行程后期。再由检查与调整气门间隙的基本原则可确定：第1缸的“双”气门可调，第5缸和第3缸的“排”气门可调，第6缸的两气门均“不”可调，第2缸和第4缸的“进”气门可调。

3）再旋转曲轴360°，按“不进双排”的规律快速确定可调气门。第1缸两气门均“不”可调，第5缸和第3缸的“进”气门可调，第6缸处于压缩上止点时，其“双”气门可调，第2缸和第4缸的“排”气门可调。多缸发动机可调气门规律见表2-1。

表2-1 发动机气门间隙调整规律

发动机类型	活塞处于上止点的气缸	可调气门对应气缸				点火顺序	气缸由前至后排列序号
		双	排	不	进		
直列三缸	1缸压缩上止点	1	2	—	3	1→2→3	1→2→3
	1缸排气上止点	—	3	1	2		
直列四缸	1缸压缩上止点	1	3	4	2	1→3→4→2	1→2→3→4
	4缸压缩上止点	4	2	1	3		
直列五缸	1缸压缩上止点	1	2	4、5	3	1→2→4→5→3	1→2→3→4→5
	1缸排气上止点	4、5	3	1	2		
直列六缸	1缸压缩上止点	1	5、3	6	2、4	1→5→3→6→2→4	1→2→3→4→5→6
	6缸压缩上止点	6	2、4	1	5、3		
V型六缸	1缸压缩上止点	1	6、5	4	3、2	1→6→5→4→3→2	左：1→3→5
	4缸压缩上止点	4	3、2	1	6、5		右：2→4→6
V型八缸	1缸压缩上止点	1	5、4、2	6	3、7、8	1→5→4→2→6→3→7→8	左：1→2→3→4
	6缸压缩上止点	6	3、7、8	1	5、4、2		右：5→6→7→8

4）对可调气门的气门间隙进行检查与调整。多数发动机的气门间隙都是用装在摇臂上的调整螺钉来调整的，如图2-36所示。将与规定气门间隙相等的塞尺插入可调气门的气门间隙中，用手前后移动塞尺，如感到有适当的阻力，则说明气门间隙符合标准。若移动塞尺时，感觉无阻力或阻力过大，应松开锁紧螺母，转动调整螺钉，直到气门间隙符合规定后，再将锁紧螺母拧紧。有些无摇臂总成的发动机，可通过改变挺杆内的垫片厚度来调整气门间隙。

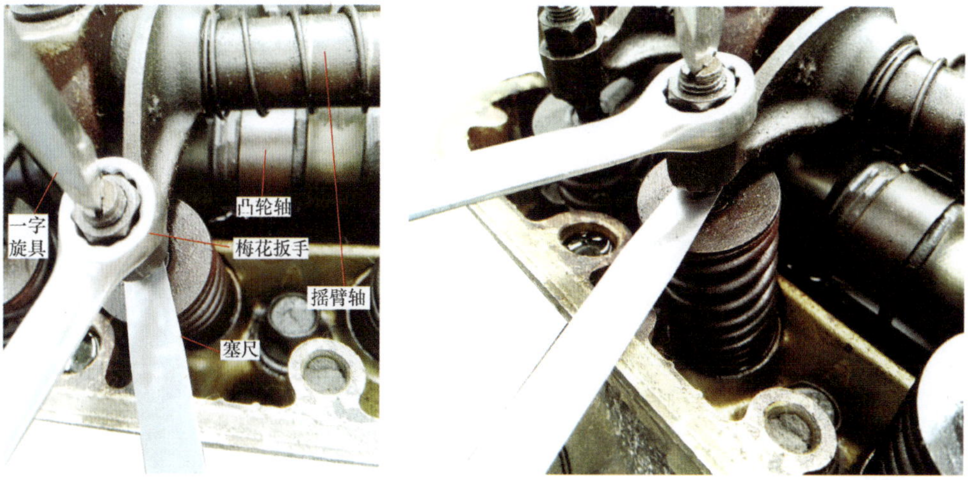

图2-36 调整气门间隙

44 大众、奥迪自动调整的滚子摇臂 RSH 结构

RSH 是 Rollen Schlepphebel 的缩写，其含义为“滚子摇臂”技术，这项隶属于气门总成，并用于实现凸轮轴间接驱动进、排气门的装置，除被应用于大众、奥迪的发动机上，也被其他汽车厂商广泛运用，凭借的便是其颇为先进的技术特点，但其技术含量低于液压挺柱。

（1）滚子摇臂的组成 滚子摇臂由一个具有杠杆作用的钢板型材和一个带有滚珠轴承的凸轮滚柱组成，其一端被固定在液压挺柱上，另一端则定位于气门上。当凸轮轴通过“滚子”对摇臂施加作用力后，由摇臂完成对进、排气门的驱动，如图 2-37 所示。

图 2-37 自动调整的滚子摇臂结构及安装位置

RSH 采用的液压技术，既可消除凸轮与摇臂之间的间隙，又能通过飞溅油液对凸轮与摇臂接触的部位加以润滑，因此一定程度上减少了配气机构的摩擦损失，并使发动机噪声降低，同时减小了运动惯量，使驱动凸轮轴消耗的发动机功率减少，从而使运行更加平稳、经济。

（2）液压元件的结构 液压元件包括一个柱塞、一个液压缸、一个柱塞弹簧，如图 2-38 所示。液压元件的油道与发动机的润滑油道相连通，一个小球和下油室中的压缩弹簧构成一个单向阀。

（3）工作过程

1）间隙调整。当存在气门间隙时，柱塞由柱塞弹簧从气缸中压出，直到滚轮贴到凸轮上。在柱塞被压出时，下油室中的油压减小，单向阀打开，机油进入。当下油室和上油室之间的压力达到平衡时，单向阀被关闭，如图 2-39 所示。

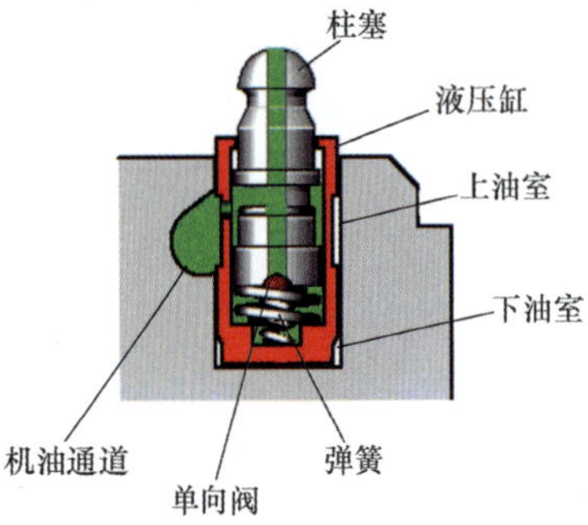

图 2-38 液压元件的结构

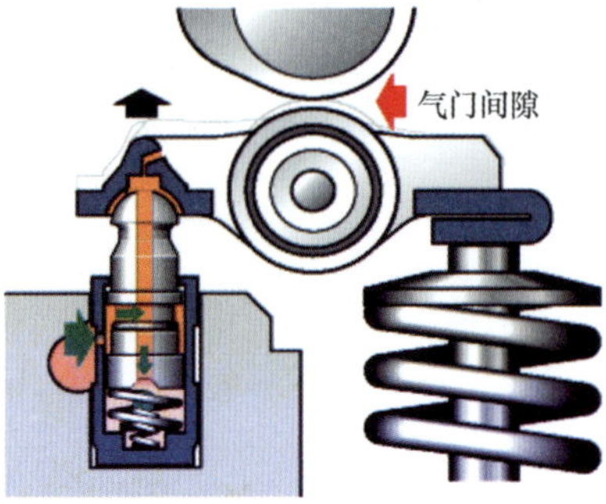

图 2-39 间隙调整

2）气门升程。当凸轮紧贴滚轮时，下油室中的压力上升，由于封闭的机油不可压缩，柱塞无法被继续压入液压缸。此时，间隙调节器的作用如同一个刚性元件，它支承滚轮摇臂，使相应的气门打开，如图 2-40 所示。

3）润滑。润滑由间隙调节器中的润滑油道来完成，润滑油是通过滚轮摇臂中的一个孔喷到滚轮表面的，如图 2-41 所示。

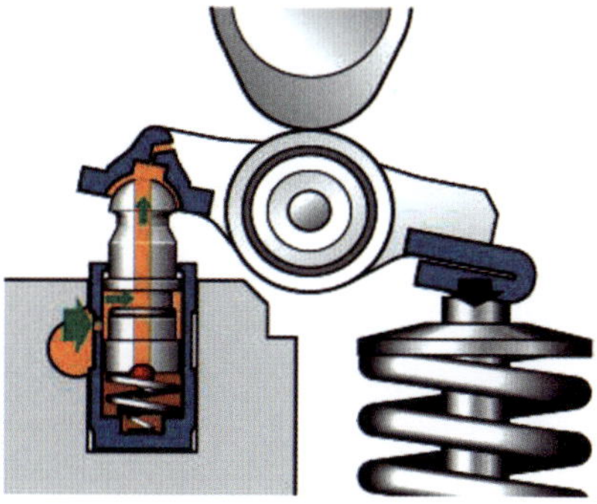

图 2-40 气门升程

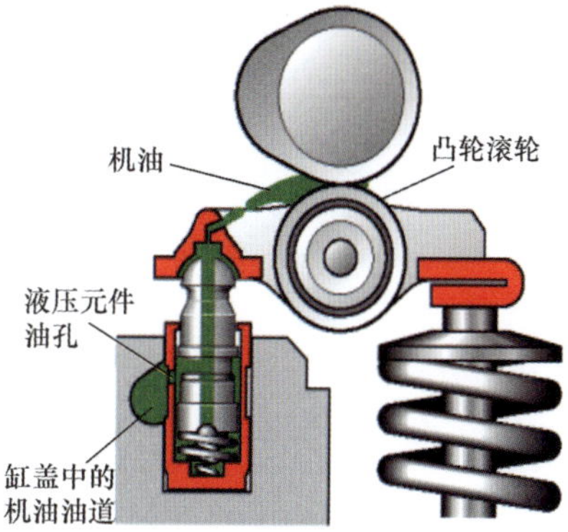

图 2-41 间隙的润滑

（4）故障排除 故障实例：冷车起动后，发动机上部发出“哒哒”的异响，行驶大约 15min 异响消失；热车发动机转速达 2500r/min 以上时，加速和减速均有异响。

使用专用工具 VAG1342 检测机油压力在标准范围内；拆检气门室盖，发现凸轮轴、摇臂、气门挺杆腐蚀且表面变成红褐色，有的气门挺杆在缸盖内腐蚀很难取出。更换液压挺杆后试车，怠速下“哒哒”异响消失。

故障原因分析：由于车辆加注了劣质机油，导致机油变质，造成气门挺杆腐蚀，也可能造成连杆与活塞销磨损间隙过大而导致异响。

45 大众、奥迪电子可变气门升程 AVS 结构、原理与故障检测

德国公司对 V 型发动机进行改进，推出了最新的奥迪气门升程系统（AVS, Audi Valvelift System），大大降低了油耗（可降低 7%）。新款大众直喷车型也采用此气门升程系统。AVS 系统与本田可变气门 i-VTEC 系统相似。

AVS 通过排气凸轮轴上的电子气门升程切换以及进气和排气凸轮轴上的可变气门正时，实现了对每个气缸气体交换的优化控制。较小的凸轮轮廓仅用于低转速，何时使用凸轮轮廓以及使用哪个凸轮轮廓，均存储在图谱中。其气门升程的变化如图 2-42 所示。

此功能有以下好处：①优化气体交换；②防止废气回流到之前的 180° 排气缸；③入口打开时间更早，填充程度更佳；④通过燃烧室内的正压差减少余气；⑤提升响应性；⑥能在较低转速和较高增压压力下达到更高的转矩。

（1）AVS 的结构 为了在排气凸轮轴上两个不同的气门升程之间相互切换，此凸轮轴有四个可移动的凸轮件（带有内花键）。每个凸轮件上都装有两对凸轮，其凸轮升程是不同的。通过电执行器对两种升程进行切换。电执行器接合每个凸轮件上的滑动槽，并移动凸轮轴上

的凸轮件，如图 2-43 所示。这表明，每个凸轮件有两个执行器用于在两种升程之间来回切换。凸轮轴中的弹簧加载式球体将凸轮件锁定在各自的端部位置，凸轮轴的滑动槽和轴向推力轴承会限制凸轮件的移动。因为设计包含了凸轮轴上的一对凸轮，所以滚轮摇臂棘爪的接触面更加窄小。

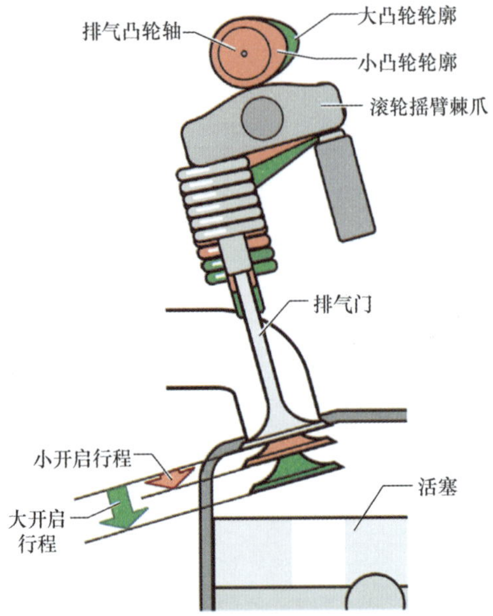

图 2-42 气门升程的变化

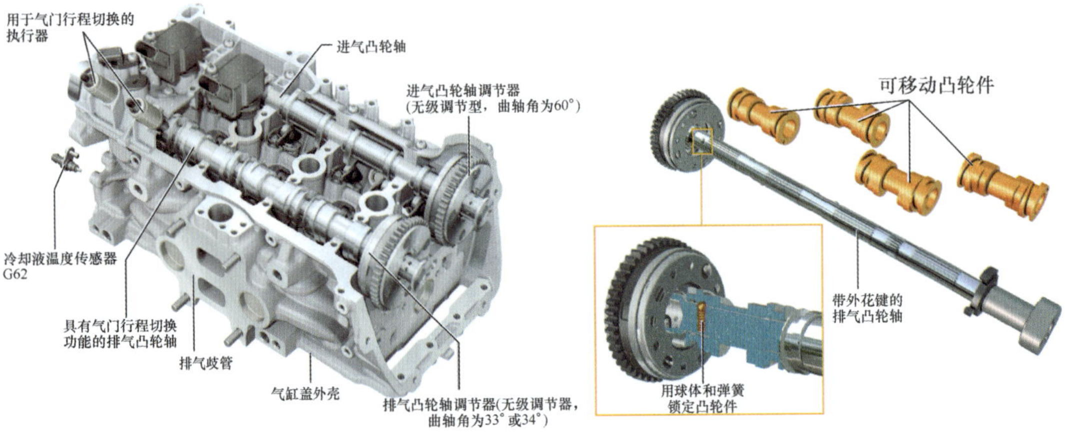

图 2-43 AVS 的结构

（2）凸轮块 凸轮块是用于气门升程切换的执行器。在两个电执行器（1~4 缸的排气凸轮执行器 A、B）的辅助下，每个凸轮件在排气凸轮轴上在两个切换位置之间被来回推动，如图 2-44 所示。每个气缸的一个执行器切换到更大的气门升程，另一个执行器切换到更小的气门升程。每个执行器由发动机控制单元 J623 的接地信号起动，通过主继电器 J271 提供电压，执行器的电流消耗约为 3A。

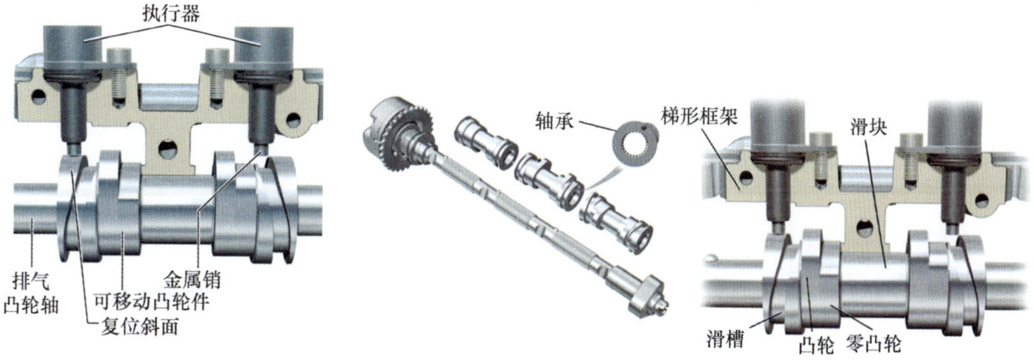

图 2-44 凸轮块

（3）气门升程调节执行元件 每个执行器（1~4 缸的排气凸轮执行器 A、B）都包含一个电磁线圈，如图 2-45 所示。金属销通过导管被向下移。在收缩位置和伸展位置，金属销通过一个永磁铁被固定在执行器壳体中的相应位置。

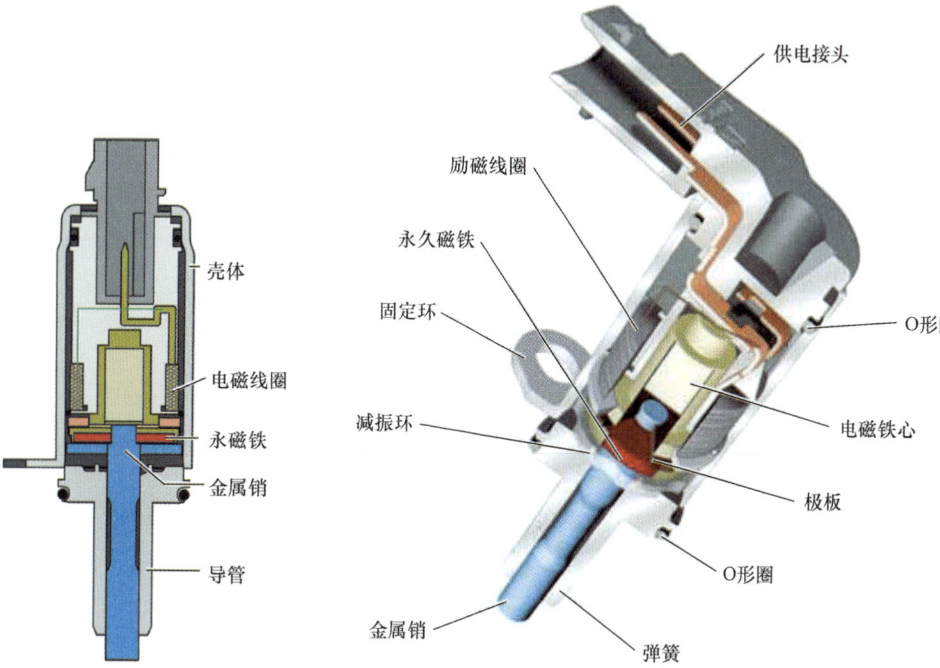

图 2-45 气门升程调节器

功能：当电流通过执行器电磁线圈时，金属销在 18~22ms 中被移动。伸展的金属销接合到排气凸轮轴上凸轮件的相关滑动槽中，并通过凸轮轴的旋转推动滑动槽到相应的切换位置。销通过机械方式在滑动槽（相当于一个复位斜面）的作用下缩进去。当凸轮件的两个执行器被起动时，总是只有一个执行器上的金属销移动，如图 2-46 所示。

发动机控制单元根据重置信号得知金属销的当前位置。当复位斜面推动执行器的金属销回到元件的导管中时，将生成一个重置信号。发动机管理系统可根据哪个执行器发出重置信号来确定相关滑动装置的当前位置，如图 2-47 所示。

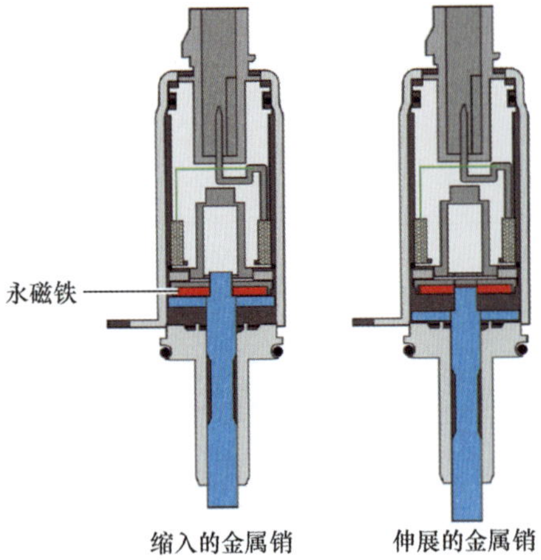

图 2-46 执行器工作原理图

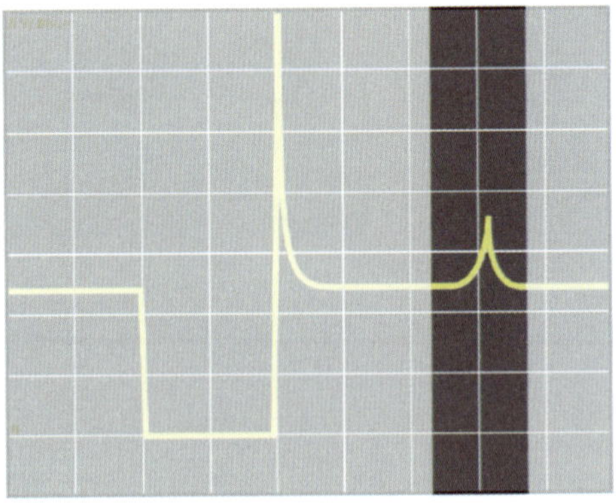

图 2-47 重置信号

(4) 气门切换工作原理

1) 低发动机转速范围内的凸轮轴位置如图 2-48 所示。为了使这个负载范围内的气体交换性能更佳，发动机管理系统通过凸轮轴调节器将进气凸轮轴提前、将排气凸轮轴延迟。气门升程切换至更小的排气凸轮轮廓，而且右侧执行器移动金属销，它接合滑动槽，并将凸轮件移至小凸轮轮廓，如图 2-49 所示。

气门现在沿着较小的气门轮廓上下移动。两个小凸轮的位置在某种程度上是交错的，确保气缸两个排气门的开启时间是错开的。这两项措施会导致在废气被从活塞中排到涡轮增压器中时，废气气流的脉动减小，从而可在低转速范围达到较高的增压压力。

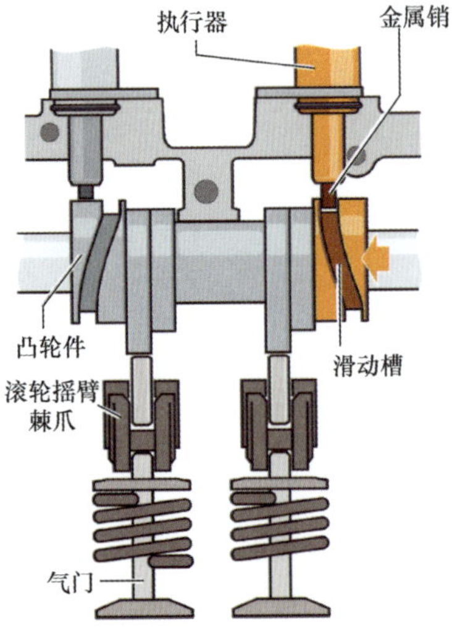

图 2-48 低发动机转速范围内的凸轮轴位置

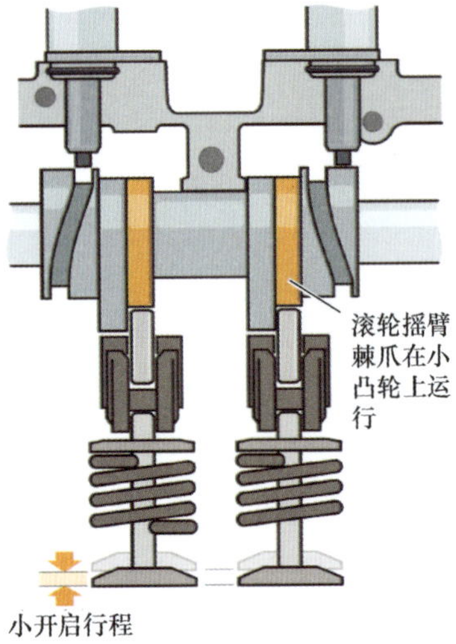

图 2-49 凸轮件移至小凸轮轮廓

2) 部分负载和全负载下的凸轮轴位置如图 2-50 所示。当驾驶人加速，并从部分负载改变为全负载时，气缸内的气体交换必须适应更高的性能需求。发动机管理系统通过凸轮轴调节器将进气凸轮轴提前、将排气凸轮轴延迟。为达到最佳的气缸填充性能，排气门需要最大的气门升程。为了实现此目的，左执行器被起动，由左执行器移动其金属销，金属销通过滑动槽将凸轮件移向大凸轮，如图 2-51 所示。排气门现在以最小的升程打开和关闭，凸轮件也通过凸轮轴中的弹簧加载式球体被固定在此位置。

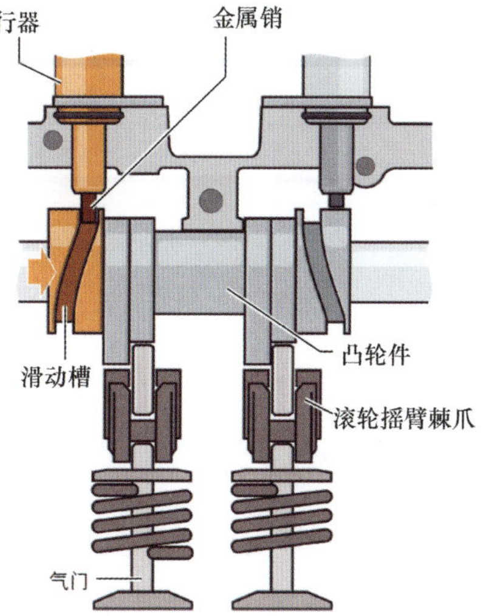

图 2-50　部分负载和全负载下的凸轮轴位置

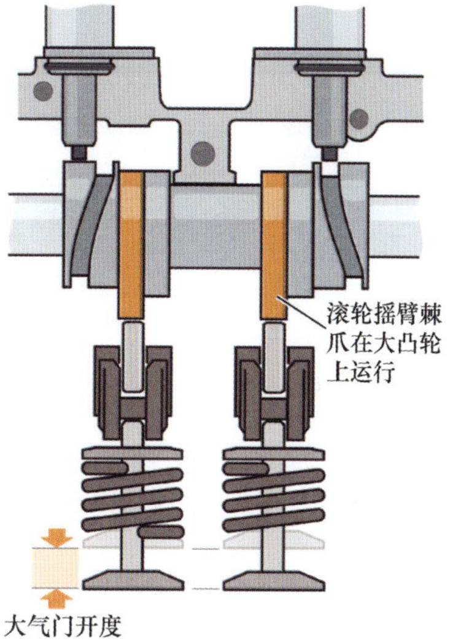

图 2-51　凸轮件移向大凸轮

（5）出现故障时系统的表现

1）如果一个或多个执行元件失效了，那么发动机控制单元首先会多次试图去切换到另一个凸轮轮廓形状。如果无法实现这个调整，那么这个无法调节的凸轮件就保持原位。

2）所有其他的凸轮件都会切换到较大的凸轮轮廓上，在发动机的整个工作过程中，这些凸轮件都保持在这个位置上。

3）针对出故障的执行元件，会有一个相应的故障记录。在下次起动发动机时，仍会试图调整所有的凸轮件。

4）需要检查和评估两个切换状态，可以听到系统的这个检查过程，且每次发动机起动后都会执行这个检查过程。如果该系统失效了，则会有一个相应的故障记录。根据故障的性质情况，“敏感”的驾驶人可能会觉察出发动机怠速有轻微抖动或者在加速时发动机的响应特性发生了变化。

5）由于该系统出故障时废气排放情况并未变差，而且也未出现真正影响行驶性能的缺陷，所以电子油门故障指示灯 K132 和废气警告指示灯 K83 都不会亮起，但是会有相应的故障记录。

（6）两级气门升程系统的实现　在发动机高负载的情况下，AVS 系统将凸轮向右推动 7mm，使角度较大的凸轮得以推动气门顶杆；在此情况下，气门升程可达到 11mm，以提供燃烧室最佳的进气流量和进气流速，实现更加强劲的动力输出，如图 2-52 所示。而在发动机低负载的情况下，为了追求发动机节油性能，此时 AVS 系统则将凸轮推至左侧，以较小的凸轮推动气门顶杆。此时，气门升程可在 2~5.7mm 之间进行调整，由于采用了不对称的进气升程设计，因此空气以螺旋方式进入燃烧室；再搭配特殊外廓的燃烧室和活塞头设计，可让气缸内的油气混合状态进一步得到优化。

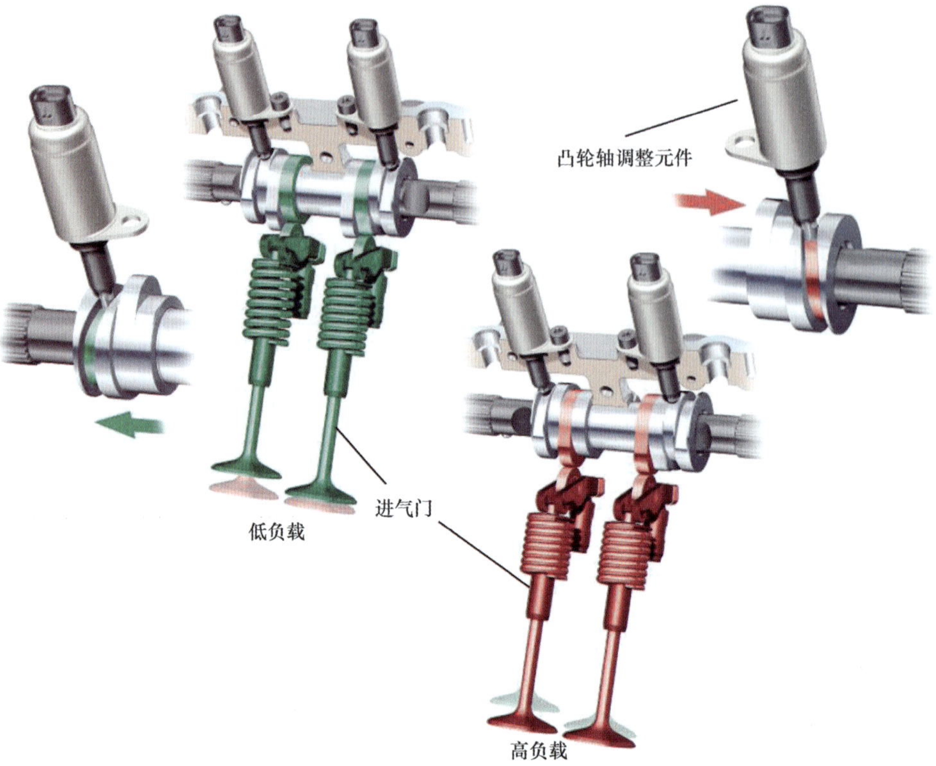

图 2-52 两级气门升程系统的实现

奥迪 AVS 可变气门升程系统可以在 700~4000r/min 的转速之间工作，AVS 系统的最大优点在于可降低 7% 的油耗。特别是以中转速域进行定速巡航时，AVS 系统的节油效果最为明显。在 AVS 系统的辅助下，气缸的进气流量控制程度较以往更为精准。一般发动机仅由节气门来控制进气流量，在低负载的情况下，节气门不完全开启所形成的空气阻力，往往会造成不必要的损失。而应用 AVS 系统后，即便是在低负载的情况下，节气门也能维持全开，从而由 AVS 系统精确地控制进气流量。

46 奥迪气缸关闭结构与原理

奥迪 4.0 大排量汽油发动机大多数情况下都工作在较低负荷区，因此节流损失很大，因为节气门的开度较小。这就导致了发动机效率很低，且单位燃油消耗很不理想。

在高负荷时，一台无节流损失的 4 缸发动机的单位燃油消耗比一台有节流损失的 8 缸发动机要低。这就是要采用气缸关闭（也叫按需停缸）的根本原因。

因此，气缸关闭的基本要求是：被关闭气缸的气体交换阀必须保持关闭状态。否则，过多的空气就会进入排气装置内，发动机会快速冷却下来。

若关闭 4 个气缸，那么由于减少了点火频率，8 缸发动机的运行平稳性就下降了。此外，气缸的关闭和接通，应尽可能让人感觉舒适（避免出现负荷波动）。奥迪气门关闭结构如图 2-53 所示。

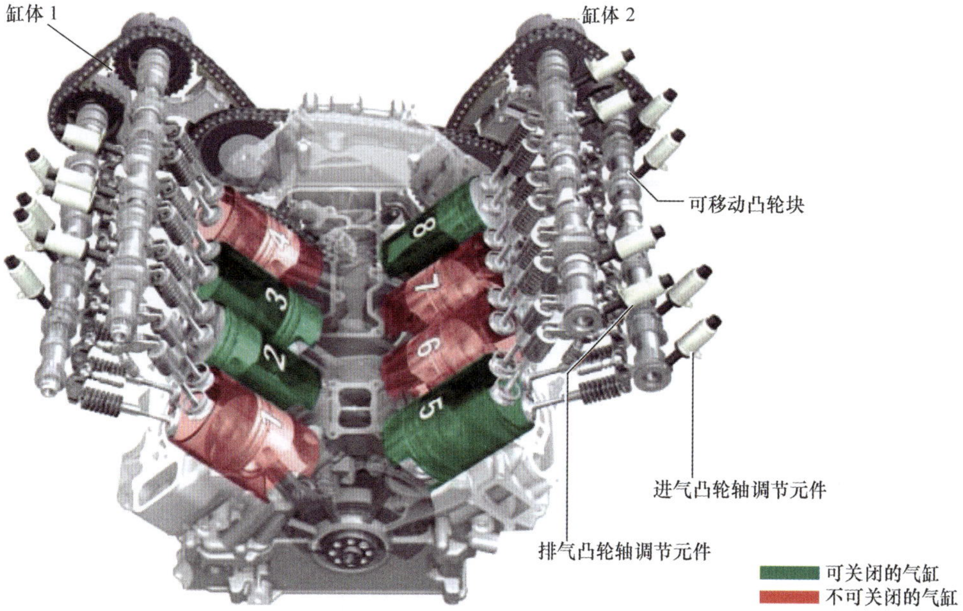

图 2-53 奥迪气门关闭结构

(1)工作原理 气缸关闭是使用奥迪公司开发的可变气门升程系统（AVS）来实现的。根据点火顺序，总是将 2、3、5 和 8 缸关闭。在气缸关闭时，换气阀保持关闭状态，同时仪表会显示关闭气缸提示，如图 2-54 所示。

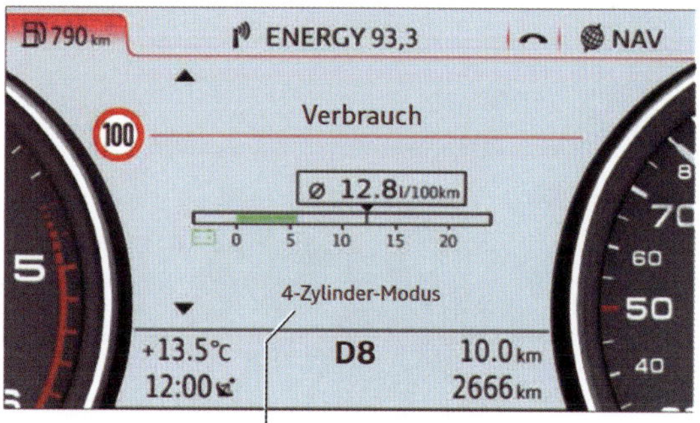

图 2-54 气缸关闭提示

在此期间，喷射系统和点火系统也一直是关闭着的。在气缸关闭期间，点火和燃烧后，排气阀是关闭着的，废气就被“包围在里面了”。

被关闭的气缸起着空气弹簧作用，已被关闭的气缸内的温度保持在一个较高的水平。

发动机可能出现振动，但是这个振动会被新开发的“主动式发动机悬置”基本吸收。为了能在激活气缸关闭功能时不让乘员感觉到有不适的噪声，就采用了新开发的主动噪声控制（ANC）系统。

(2)4 缸模式的使用条件

1）发动机转速不能处于怠速水平(运行平稳性的要求)。

2）发动机转速为 960~3500r/min。

3）机油温度不低于 50℃。

4）冷却液温度不低于 30℃。

5）变速器最低在 3 档位置。

6）对于自动变速器来说，在 S 模式也可以使用 4 缸模式；在奥迪驾驶模式选择系统的“dynamic”状态下，也可以使用 4 缸模式。

(3)驾驶风格的识别　气缸关闭系统有自己的控制逻辑，该逻辑会监控节气门位置、制动踏板位置和驾驶人的转向动作。如果从这些数据中判断出是一个不规则模式，那么在某些情形下就会阻止出现气缸关闭，因为只关闭几秒钟的话，燃油消耗是会增大而不是降低的。

(4)功能　借助于可变气门升程系统 AVS（如 2.8L V6 FSI 发动机上就使用了该系统），就可以实现气缸关闭了。但是，2.8L V6 FSI 发动机上的可变气门升程系统 AVS 只是用于完全展开或者关闭气门升程，而 4.0L V8 TFSI 发动机上的 AVS 不是用来调节气门升程的。

如果已经激活了气缸关闭功能，那么 2、3、5、8 缸就会被关闭，但所有其他气缸是无法关闭的。只要激活了气缸关闭功能，就会有 4 个气缸被关闭，绝不会只关闭 1~3 气缸。

(5)8 缸模式　在这种工作模式下，气缸关闭功能是不工作的（没有激活）。可变气门升程系统 AVS 的可移动凸轮块就位于气门工作着的位置上，如图 2-55 所示。

8 缸模式时的点火顺序：1 → 5 → 4 → 8 → 6 → 3 → 7 → 2。

(6)4 缸模式　通过相应的凸轮调节元件的切换，其金属销即可进入可移动凸轮块的槽内，于是凸轮块就被移动了，这使得滚子摇臂在一个“平凸轮”上运动。

这个所谓的平凸轮是没有凸起部位的，那么相应的气门也就不会有升起和下降的往复运动了。于是，被关闭了的气缸上的所有气门就都静止不动了。

在 4 缸模式下，点火系统和燃油喷射系统也均被关闭，废气就被“包围在里面了”。被关闭的气缸起着空气弹簧的作用。4 缸模式下的点火顺序：1 → 4 → 6 → 7，如图 2-56 所示。

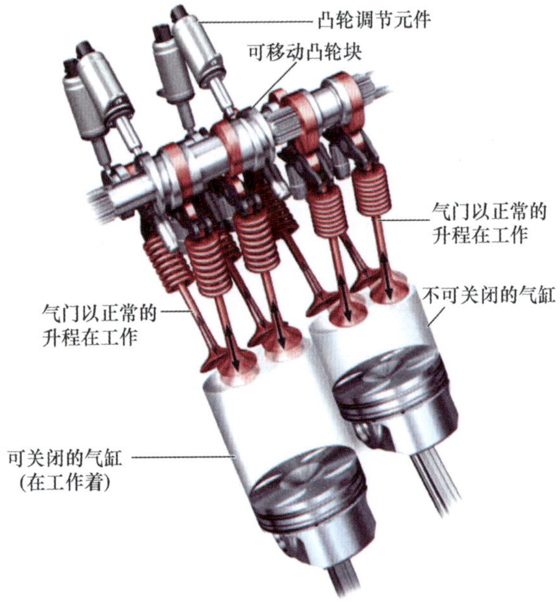

图 2-55　8 缸工作模式

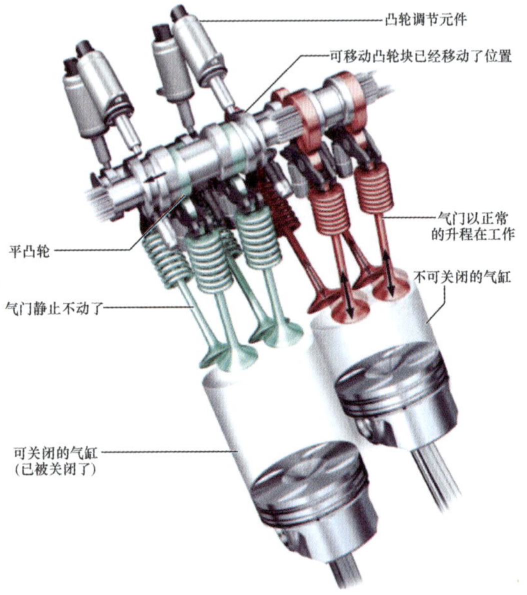

图 2-56　4 缸工作模式

47　奥迪主动式发动机悬置

奥迪 4.0 除了具有气缸关闭功能外，还开发了一个重要部件：主动式发动机悬置。该系统与四缸模式时的主动噪声控制（ANC）系统一样，也是用于提高行驶舒适性的，具体就是在一个较宽的频率范围内都能消除振动。其安装位置、结构如图 2-57 和图 2-58 所示。

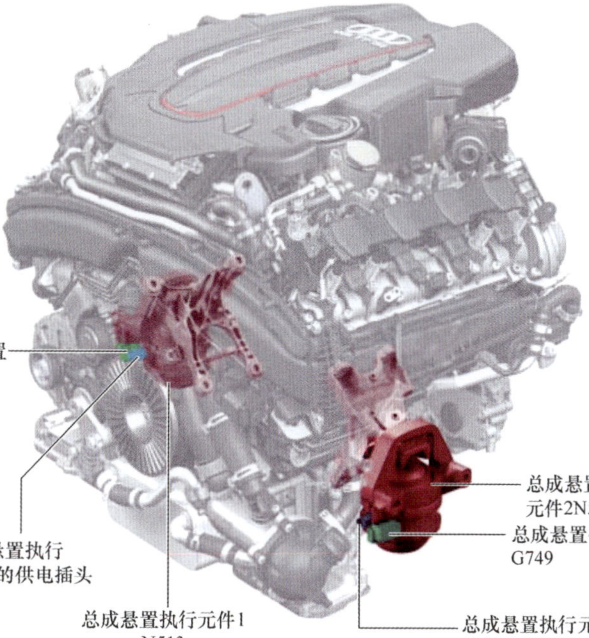

图 2-57 主动式发动机悬置的安装位置

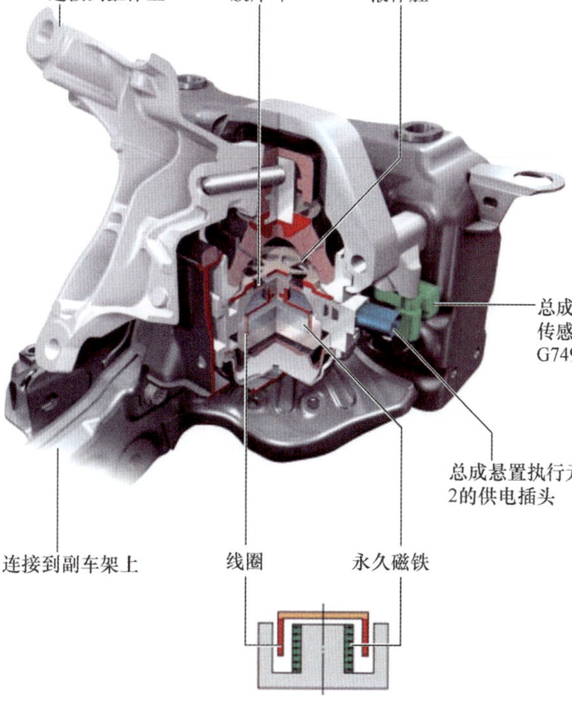

图 2-58 主动式发动机悬置的结构

（1）作用 ①将总成固定在车上；②支承驱动力矩；③隔离发动机振动；④减小发动机振动。

（2）工作原理 在接通了点火开关后，该系统便处于可用状态。发动机起动后，该系统即被激活。即使发动机在以 8 缸模式工作，也会向扬声器发送信号。这样做是为了在切换到 4 缸工作模式时，让乘员感觉不出有过渡过程。

因此，该系统在工作时必须反应迅速，尤其是在某些特殊情况下更是如此，如起停系统关闭了发动机，或者音响系统内输出的噪声突然降低时。

主动噪声控制 (ANC) 系统一直处于激活状态，不论此时音响系统是处于接通状态、关闭状态，声大、声小还是没声。

如果发动机工作在 4 缸模式，那么因为点火脉冲减半，所以会使得车身振动更加剧烈。这个剧烈振动是通过产生反向振动来抵消的。反向振动由主动式液压发动机悬置来产生，其频率范围为 20~250Hz，如图 2-59 所示。

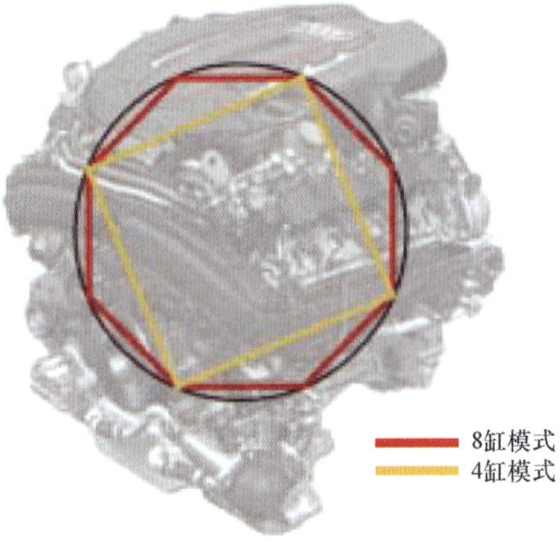

图 2-59 8 缸和 4 缸工作状态

（3）功能 从发动机传来的振动由总成悬置传感器 G748 和 G749 来测量，这两个传感器安装在车身处的发动机悬置旁。传感器对测量值进行换算，换算值就作为模拟电压信号（0.2~0.8V）发送给总成悬置控制单元 J931，这些电压值会被加入特性曲线中来考虑。另外还有一个重要的输入量——曲轴转速，发动机控制单元是通过一根单独的导线获知曲轴转速的。

曲轴的转速信号直接传给发动机控制单元，J931 将计算出的控制信号（PWM 信号）发送给总成悬置执行元件（N513，N514），这样就可以根据需要，由主动式发动机悬置产生一个反向振动。

如果这两种振动在合适的时间点彼此相遇，那么就消除了干扰振动。发动机悬置内的反向振动是这样产生的：膜片环做一定的上下运动，这个运动会被传递到液体腔内的液体（乙二醇）中，所产生的振动从这里被传递到发动机悬置，如图 2-60 所示。

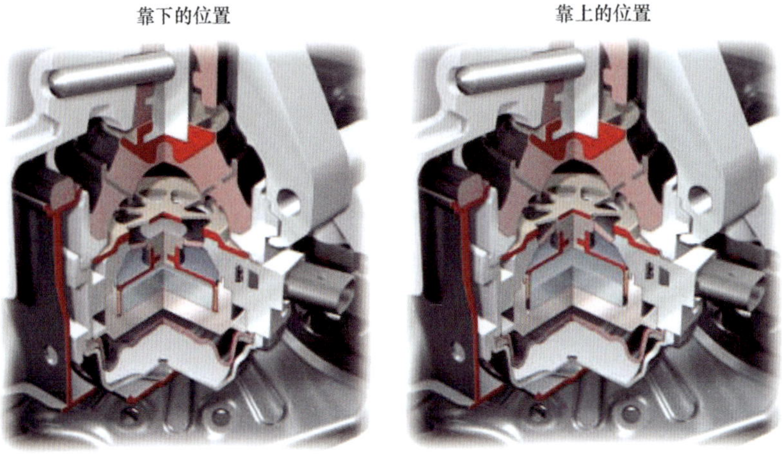

图 2-60 发动机悬置的工作原理

膜片环与电磁线圈是刚性连接的。电磁线圈由总成悬置控制单元 J931 用正弦信号来操控。如果信号的频率或者振幅发生了变化，那么线圈上下运动的速度也会发生变化，这样就能在发动机悬置内产生预期的振动。控制单元内对控制信号的计算是实时的。

（4）系统诊断 该系统具备完全自诊断功能，诊断仪通过地址码 47- 音响系统来调用控制单元。

48 大众、奥迪 EA888 可变相位系统

（1）结构 迈腾 EA888 发动机的配气正时调节单元是液压叶片式调节器，它利用机油泵提供的机油压力进行工作，配气系统结构如图 2-61 所示。调节器叶片驱动的转子与进气凸轮轴固定，“外转子”与正时链轮制成一体，由曲轴通过正时链条驱动。进气凸轮轴与“定子”正时链轮之间最大可产生 60° 曲轴转角的相位差。进气凸轮的旋转相位由发动机控制单元根据转速及负荷等参数进行控制，进气凸轮配气调节系统的结构如图 2-62 所示。注：内转子与凸轮轴刚性地连在一起；外转子与链轮刚性地连在一起；锁销用于机械锁止。

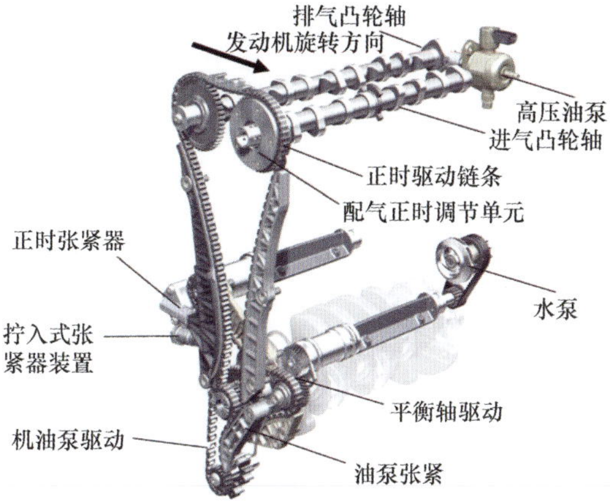

图 2-61 EA888 系列发动机链条驱动的配气系统结构

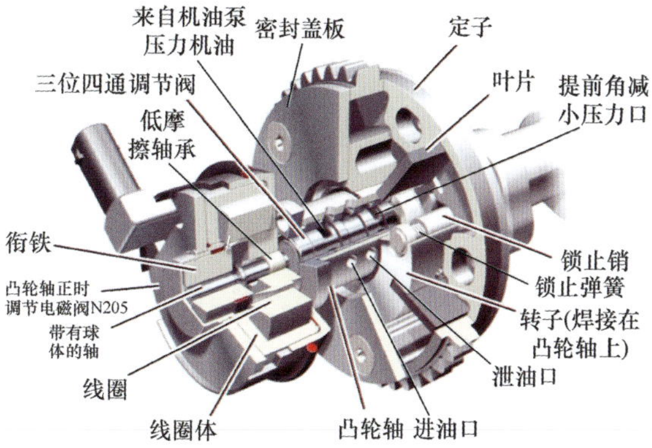

图 2-62 进气凸轮配气调节系统的结构

三位四通阀通过阀芯移动，将来自机油泵的机油压力以及泄油通道分配给凸轮轴正时调节单元的“提前腔”及“滞后腔”，使调节器“叶片”在机油压差的作用下，相对凸轮轴旋转方向“提前”或“滞后”转动。图 2-63 所示为三位四通阀的实际油路连通情况。

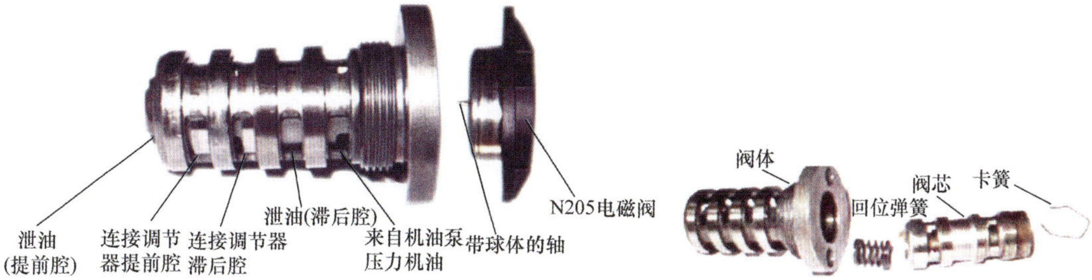

图 2-63 三位四通调节阀

三位四通阀及N205电磁阀安装在进气凸轮轴的轴端，发动机控制单元J623通过控制N05电磁阀的占空比，来改变电磁阀的通电电流大小。发动机控制单元J623根据“凸轮轴位置传感器G40”信号，闭环控制N205电磁阀的通电占空比。发动机熄火时，由“锁止销”将调节器转子锁止在最大“延迟”位置。发动机起动后，当“提前”腔压力达到50kPa以上时，“锁止销”解锁，开始进行配气相位调节，相位角度由发动机控制曲线决定。

三位四通阀的阀芯在电磁力及弹簧力的作用下，可分别处于图2-64~图2-66所示的三个位置。

图2-64所示“滞后”调节状态：电磁阀通电电流“较小”，电磁阀通电，阀芯顶出通道B与主油道接通，建立压力凸轮轴向延迟关闭方向调整进气门晚关，以增加进气量。

图2-65所示“控制”调节状态：电磁阀通电电流“中等”。

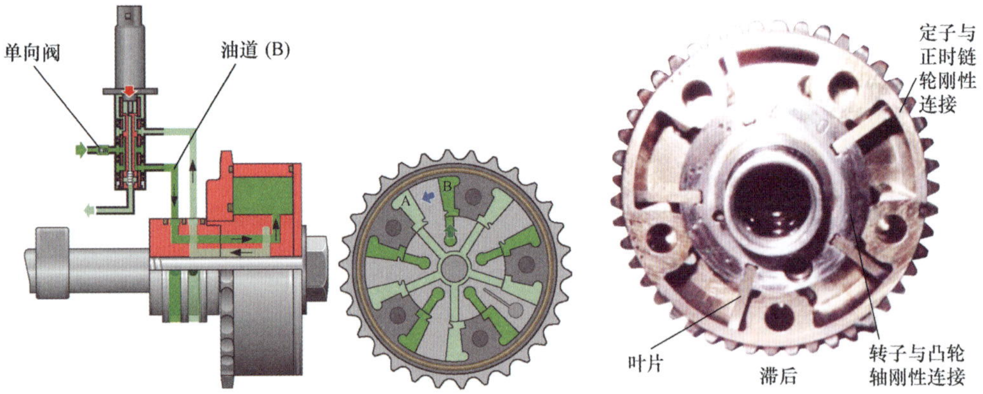

图2-64　滞后调节

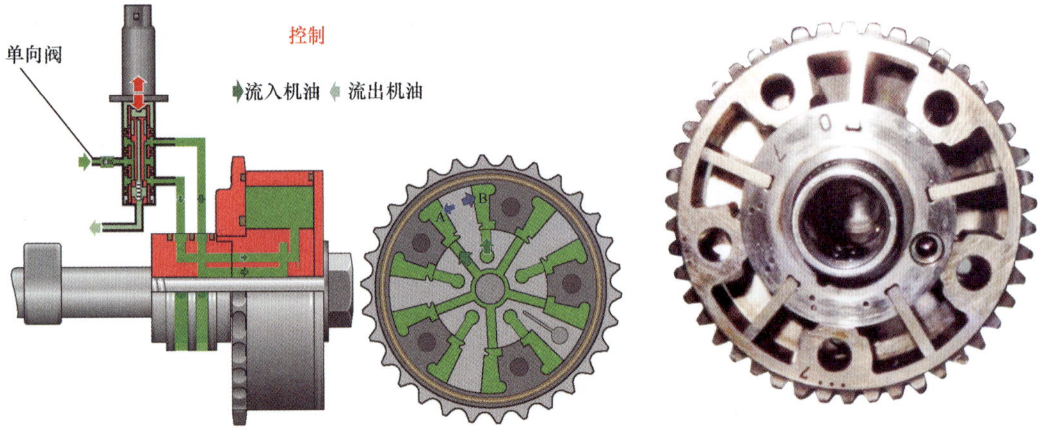

图2-65　控制调节

图2-66所示“提前”调节状态：电磁阀通电电流“较大”，电磁阀断电，阀芯回缩通道A与主油道接通，建立压力凸轮轴向提前关闭方向调整进气门早关，避免进气回流。

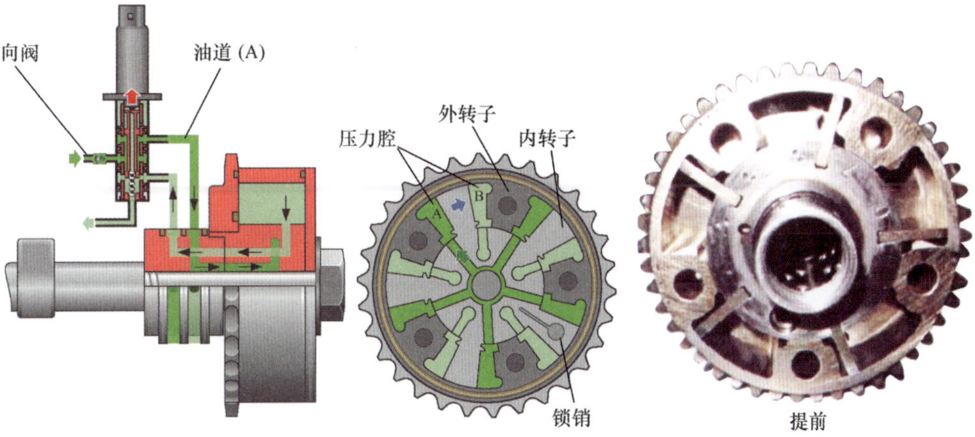

图 2-66 提前调节

发动机控制单元 J623 利用各种传感器（如转速、凸轮轴位置、冷却液温度传感器等）信号与发动机运转模型计算得到相位要求，继而通过执行器 N205 控制三位四通中央阀左右移动，从而控制凸轮叶片两端压力来实现凸轮轴移动，达到改变相位的要求。该三位四通中央阀的初始位置为左侧凸轮轴滞后位置，如图 2-67 所示。电磁阀 N205 占空比小时，三位四通中央阀芯处于左侧滞后位置，占空比大时处于右侧提前位置。

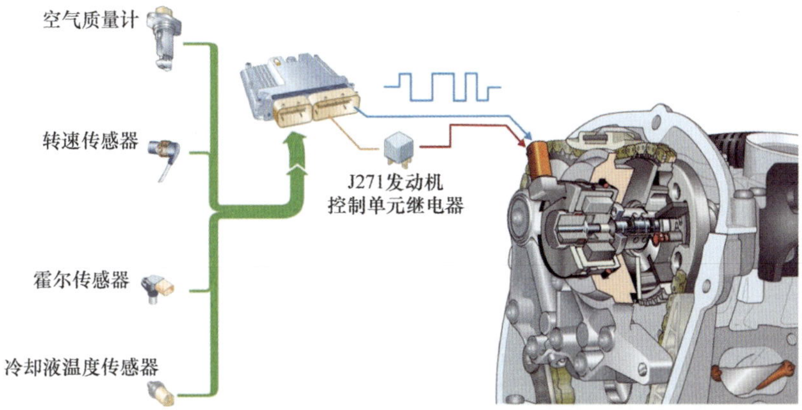

图 2-67 N205 电磁阀控制原理图

起动时，凸轮轴要求滞后到最迟，以满足易起动的要求；怠速时，要求凸轮轴滞后在 28° 左右，以保证怠速稳定，运转无抖动；部分负荷和急加速工况时，要求凸轮轴调整提前以满足转矩要求；全负荷时，需要大功率凸轮轴调整滞后以满足功率要求。注：电磁阀 N205 的阻值约为 7.3Ω，关闭点火开关，测量插头 1 号脚应有约为 12V 的电压。

凸轮轴调整机构是利用机油压力控制叶片位置的。发动机 ECU 根据各种传感器信号及工况控制电磁阀的开闭，从而控制前、后腔压力来改变叶片位置，以实现改变凸轮轴配气相位的目的。发动机怠速时，机油压力为 0.12~0.16MPa；发动机转速为 2000r/min 时，机油压力为 0.27~0.45MPa。

（2）常见故障 配气正时链条张紧器损坏，造成正时链条“跳齿”，配气正时错乱。由于正时链条是利用机油压力来张紧正时链条的，机油泵故障会使机油压力不正常，从而造成张紧器的损坏，如图 2-68 所示。这些故障会造成发动机起动困难和怠速不稳等常见故障。

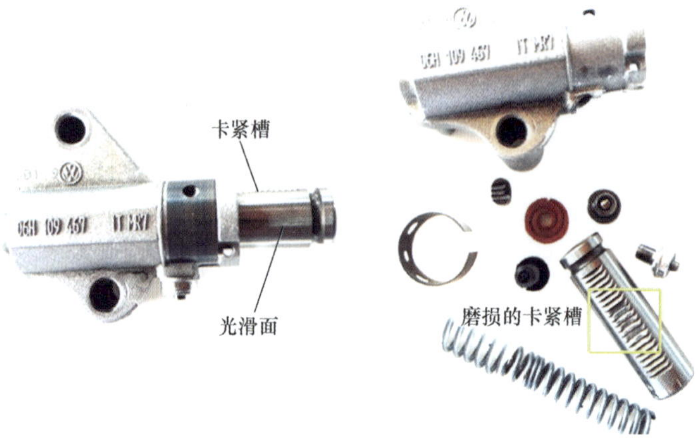

| 图 2-68　张紧器损坏 |

在出现 P150D 这一故障记录后，必须确定链条是否真的被拉长了，方法如下：

1）打开正时机构壳体盖上的保养开口，如图 2-69 和图 2-70 所示。

2）用手转动发动机，直至链条张紧器的柱塞伸出至最大位置处。

3）查一查链条张紧器柱塞上可以见到的齿的个数。所谓的可以见到的齿，是指位于链条张紧器壳体右外侧的所有齿。需要注意的是，被正时机构壳体盖盖住的齿有时也要计算在内。

4）把齿的数目输入诊断仪内。

5）如果有 P150D 这个故障记录，且在链条张紧器的柱塞伸出至最大位置处时，位于链条张紧器壳体右外侧的齿有七个或者更多的话，那么必须更换正时链条。

6）更换链条后，要通过故障导航为链条拉长识别功能进行初始化。

7）初始化完成后，清除故障存储器。

| 图 2-69　保养开口 |

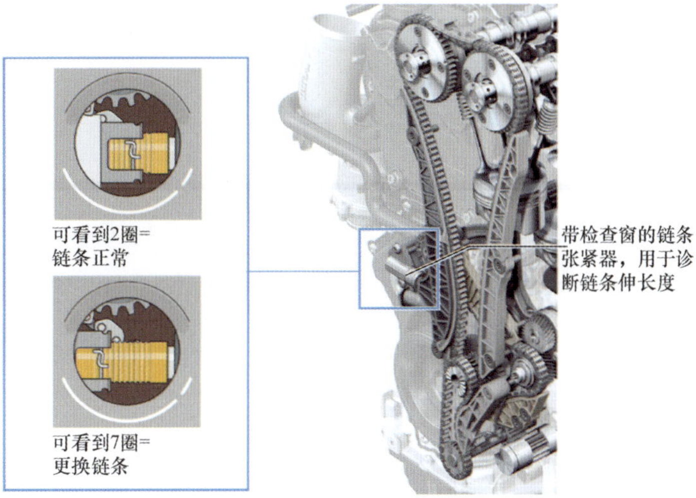

图 2-70 检测张紧器

49 正时跳齿

一辆新款北京现代朗动轿车，配备 G4FC 型 1.6L 发动机搭载 A6GF1 型自动变速器，行驶里程为 6000km。车辆正常行驶中发动机故障灯点亮，并感觉动力有所下降。

（1）故障分析 维修人员首先连接专用诊断仪进行检测，发现发动机系统存有故障码 P0O11——进气凸轮轴正时提前。根据故障码含义，说明正时机构存在错位，其可能的原因包括正时齿轮没对正、可变进气机构 VVT 内部故障、可变进气系统机油控制阀 OCV 卡滞、机油污染或液位较低等。因该车发动机正时齿轮为链条驱动，从外侧无法直观判断是否错位，所以维修人员本着先易后难的排查方法，首先检查了机油油量和油质、OCV 阀及阀的供电电压，均未见异常。

接下来借助诊断仪读取数据流，发现进气凸轮轴的目标位置和实际位置偏差很大，如图 2-71 所示，由此可以判断进气凸轮肯定已经错位。拆下气门室盖，发现进气凸轮轴正时齿轮出现跳齿，如图 2-72 所示。虽然根据经验判断，只错了一个齿并不会造成“顶气门”，但为了安全起见，维修人员还是测量了各缸的气缸压力，均正常。

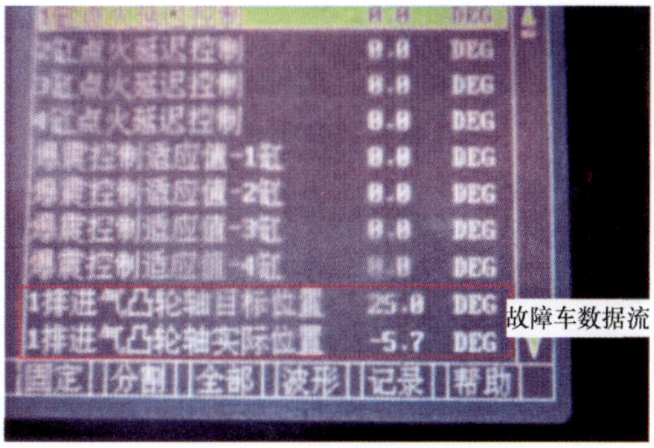

图 2-71 正时系统数据

将两根凸轮轴全部拆下（对正时齿轮不用拆下凸轮轴），终于发现了故障点。原来进气凸轮轴 2 缸位置的轴瓦出现了严重磨损，如图 2-73 所示，工作过程中进气凸轮轴摩擦阻力加大，使进、排气凸轮轴的旋转不同步，造成跳齿。

（2）故障排除 更换气缸盖总成，试车后故障排除。

| 图 2-72　错位的正时标记 |

| 图 2-73　严重磨损的凸轮轴 |

50 凸轮轴相位

一辆雪佛兰景程轿车在行驶里程达 8 万 km 时，发动机故障灯点亮。

（1）故障分析　检测发动机控制单元，有历史性故障码 P0341——进气凸轮轴位置传感器性能异常。故障码可以清除，但是试车发现，发动机运转一段时间后，该故障还会出现。

凸轮轴位置传感器有三个端子，分别是 5V 参考电压、搭铁和信号。传感器为磁感应器件，与变磁阻信号轮配合产生信号，信号轮与凸轮轴连接。当变磁阻转子的轮齿转过凸轮轴位置传感器时，所引起的磁场变化使凸轮轴位置传感器的电子装置产生脉冲信号。凸轮轴每转一圈，传感器便输出一个周期的脉冲信号，传感器的输出频率取决于凸轮轴的转速。发动机控制单元通过这种脉冲信号来确定凸轮轴的相位。

凸轮轴相位用以确定点火和喷油的时刻。如果出现 P0341 故障码，发动机控制单元就不能马上确定喷油时刻，所以起动机运转的时间往往会很长。

（2）故障原因　凸轮轴传感器或变磁阻转子物理性损坏；凸轮轴传感器或变磁阻转子磨损或松动；进气和排气凸轮轴位置传感器或变磁阻转子安装不当；进气、排气凸轮轴位置传感器和变磁阻转子之间有异物以及进气或排气凸轮轴位置传感器与变磁阻转子之间的间隙超出正常范围。

查看维修手册得知，发动机控制单元分别通过曲轴位置传感器和凸轮轴位置传感器记录这两种轴的实际转数，并将它们存入转数计数器中。计数器中的数据达到 256 时便被清零，然后重新从 0 开始计数。如果在 4min 内，凸轮轴的计数与曲轴的计数相差过大，则判定它们之间的相位关系存在异常。由此看出，如果凸轮轴相对曲轴的机械位置不正确，就会出现上述故障码。这样看来，正时系统出现故障的可能性最大。检查正时带的安装，发现正时标记没有对准，如图 2-74 所示，也就是说，凸轮轴相对曲轴的位置不正确。

该款发动机为双顶置凸轮轴，相位执行器与凸轮轴之间的连接完全靠螺栓的扭紧力来实现，如图 2-75 所示，没有通常使用的半圆键或花键。安装相位执行器时，需要使用专用工具，在两根凸轮轴后端固定凸轮轴，如图 2-76 所示。然后在相位执行器之间安装专用工具，定位相位执行器，如图 2-77 所示，这样才能保证安装位置的正确。

图 2-74 正时标记没有对准

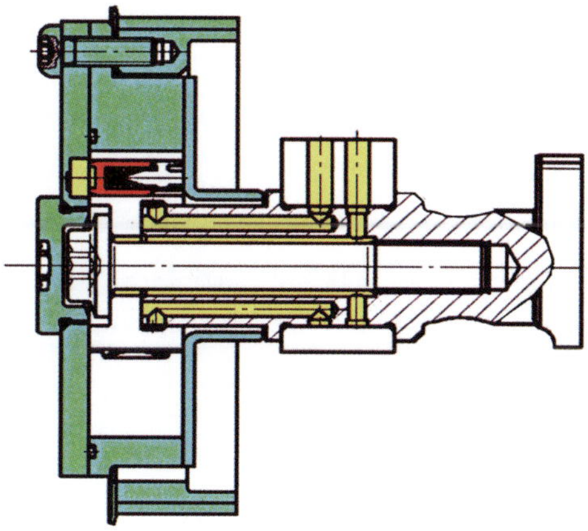

图 2-75 相位执行器的安装

图 2-76 正时标记没有对准时凸轮轴的固定方法

图 2-77 正时标记没有对准时相位执行器的固定方法

如果不了解安装方法、不使用专用工具，或者是在没有使用专用工具定位的前提下，松开了凸轮轴相位执行器的螺栓，则很容易造成凸轮轴相位执行器相对曲轴位置不正确的问题。

（3）故障排除 正确安装凸轮轴，故障排除。

51 配气正时

一辆东风本田 CR-V 运动型多功能车，配备 2.0L 自然吸气发动机，行驶里程为 8 万 km。该车出现起动困难的问题，每次都要打火好几次才能起动，且冷车和热车故障都存在。此外，该车还有加速无力的故障。为此更换了蓄电池、燃油滤清器、空气滤清器及火花塞，清洗了喷油器和节气门，但问题一直没能解决。

（1）故障分析 通过对用户所描述的故障现象进行分析，引起该车故障的原因可能有起动系统故障、点火系统故障、供油系统故障以及配气机构故障。

首先检查起动系统，起动瞬间蓄电池电压为 11V，说明蓄电池电量正常，起动机转速也正常，排除了起动系统存在故障的可能。连接本田专用诊断仪 HDS，观察发动机失火数据，数据显示无气缸失火，排除了点火系统存在故障的可能。拆下喷油器进行检查，4 个喷油器的喷油雾化效果和密封性能都正常；接下来检查燃油压力为 420kPa，压力正常；最后检查了燃油质量，未见明显异常，此时可以排除燃油系统的问题。

用 HDS 观察车辆运行时的数据，发现该车怠速时的进气压力为 34kPa，明显高于正常车的数据（大约为 24kPa）。于是更换了一个正常的进气压力传感器进行试验，数据还是 38kPa。检查该车的空气滤芯及进气管路，未发现异常。检查排气系统，也正常。用正时枪检查配气正时，发现正时与标准位置的闪烁较大。此时，配气机构就成了重点怀疑对象。拆开发动机检查配气机构，发现该车凸轮轴链轮的定位销孔已变形，如图 2-78 所示，凸轮轴上的定位销也已变形，凸轮轴也有断裂的迹象，如图 2-79 所示。

（2）故障排除 更换凸轮轴和链轮，起动困难及加速无力的故障现象消失。

图 2-78 定位销孔出现变形

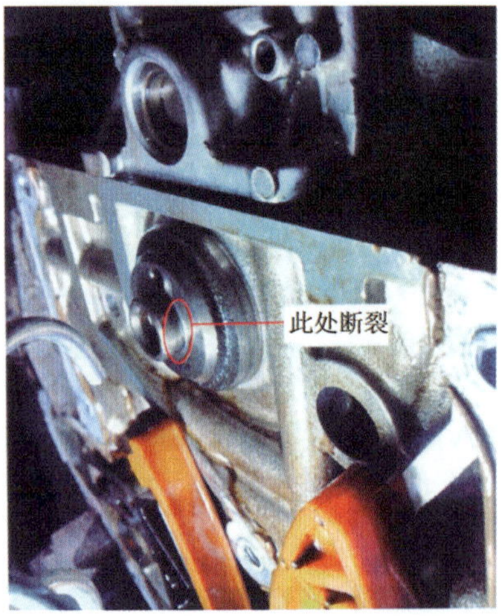

图 2-79 凸轮轴出现断裂迹象

52 新款捷达正时带的更换

（1）拆卸和安装正时带

1）拆卸右前轮罩板、空气滤清器，排出冷却液。

2）拧出螺栓，取下冷却液泵正时带护罩。

3）拧出螺栓箭头，并取下密封盖，如图 2-80 所示。

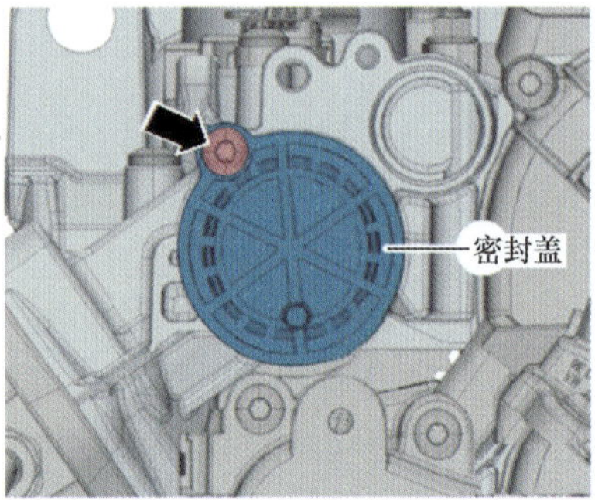

图 2-80 拧出螺栓

4）拧出螺栓 2，脱开固定卡 3，如图 2-81 所示。

5）松开固定卡箭头，取下上部正时带护罩 1。

6）将曲轴转到“上止点”位置处。

7）拆卸第 1 缸带功率输出级的点火线圈。

8）用火花塞扳手拆下第 1 缸火花塞。

9）将千分表适配接头 T10170N 旋入火花塞螺纹孔中直至极限位置。

10）将带延长件 T10170N/1 的千分表 VAS 6079 插入千分表适配接头中，并拧紧锁止螺母箭头，如图 2-82 所示。

11）沿发动机运转方向转动曲轴，直到第 1 缸的上止点，并记下此时千分表指针的位置。提示：如果曲轴转动超过上止点 0.01mm，则将曲轴沿逆时针方向转动约 45°，再沿发动机运转方向转动到第 1 缸的上止点。气缸 1 上止点的允许偏差为 ±0.01mm。

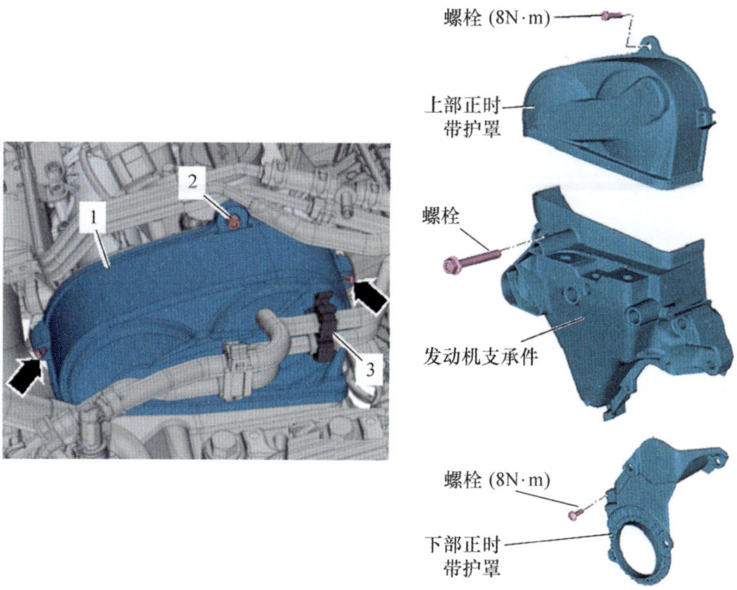

图 2-81 拆下正时带护罩

1—正时带护罩 2—螺栓 3—固定卡

12）拧出气缸体上“上止点”孔的螺旋塞，如图 2-83 所示。

13）将固定螺栓 T10340 拧入气缸体中，直至限位位置，接着用 30N·m 的力矩拧紧。

14）沿发动机运行方向转动曲轴，直至限位位置，固定螺栓 T10340 现在紧贴曲轴侧面。提示：固定螺栓 T10340 只能沿发动机运转方向固定曲轴。

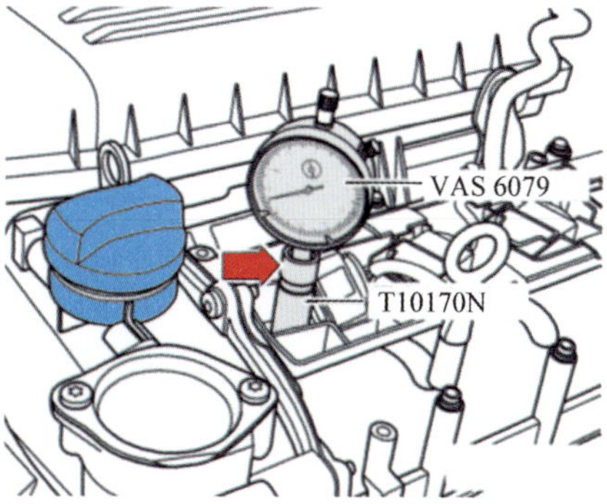

图 2-82 将千分表旋入火花塞螺纹孔中

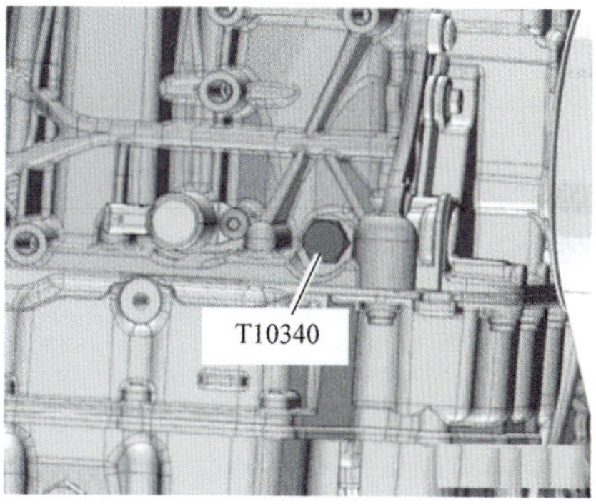

图 2-83 拧出气缸体上的上止点孔的螺旋塞

15）如图 2-84 所示，飞轮侧上方的两个凸轮轴上各有两个不对称的凹槽箭头。对于排气凸轮轴，可以通过冷却液泵正时带轮上的孔进入凸轮轴上两个不对称的凹槽箭头；对于进气凸轮轴，凹槽箭头在凸轮轴十字点画线上方（A—排气凸轮轴、E—进气凸轮轴）提示：凸轮轴上有一对对称分布的凹槽和一对不对称分布的凹槽。在“上止点”位置处，不对称分布的凹槽必须在水平中线上方。

16）如果凸轮轴的位置与上述不符，则拧出固定螺栓 T10340，接着继续转动曲轴一圈，再次转到“上止点”处。提示：必须可以轻易放入凸轮轴固定装置 T10477，不允许用敲击工具敲入凸轮轴固定装置。

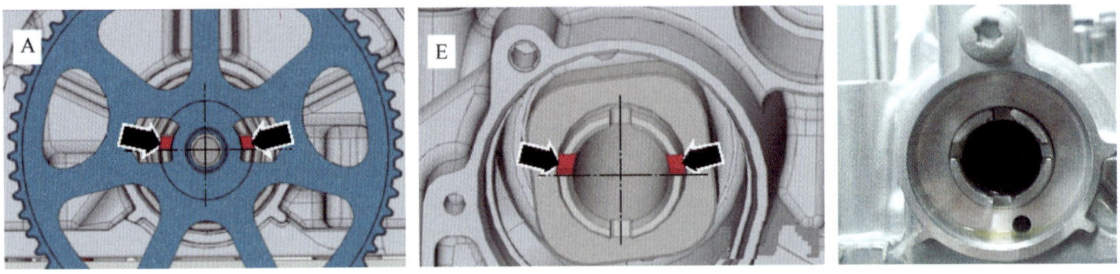

图 2-84　不对称的凹槽

17）将凸轮轴固定装置 T10477 插入凸轮轴内，并插到底，接着用力拧紧螺栓箭头，如图 2-85 所示。

18）拆卸减振器 / 曲轴正时带轮。

19）拧出螺栓箭头，并取下下部正时带护罩，如图 2-86 所示。

图 2-85　将凸轮轴固定装置 T10477 插入凸轮轴内

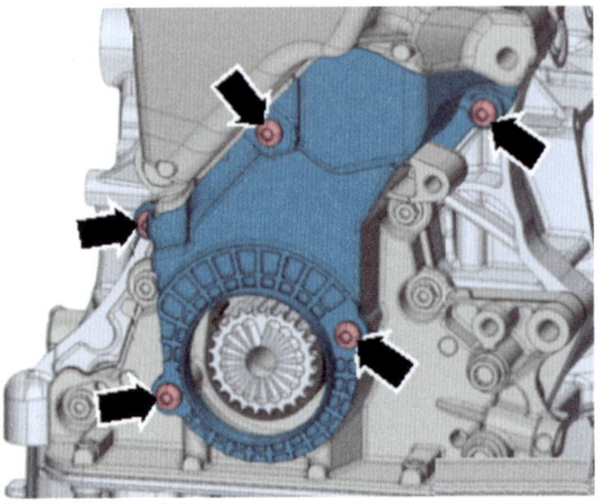

图 2-86　拆卸正时带轮

20）用扳手接头 T10500 松开螺栓 1，如图 2-87 所示。提示：在拆卸正时带前，用粉笔或记号笔标记运转方向，以便于重新安装。

21）用梅花扳手 SW30-T10499 松开偏心轮 2，使张紧轮松开。

22）拆卸正时带。

23）沿箭头方向取下正时带轮，如图 2-88 所示。

（2）安装（调整配气相位）

1）检查凸轮轴和曲轴的“上止点”位置：①第 1 缸活塞必须位于上止点，上止点允许偏差为 ±0.01mm；②在凸轮轴箱上安装凸轮轴固定装置；③将固定螺栓 T10340 拧入气缸体中，直至限位位置，接着用 30N · m 的力矩拧紧；④用固定螺栓 T10340 将曲轴卡止在气缸 1 的活塞“上止点”处，使曲轴不能转动。注意：凸轮轴固定装置 T10477 不得用作支承架。

2）张紧轮的凸缘箭头必须嵌入气缸体的铸造凹坑中，如图 2-89 所示。

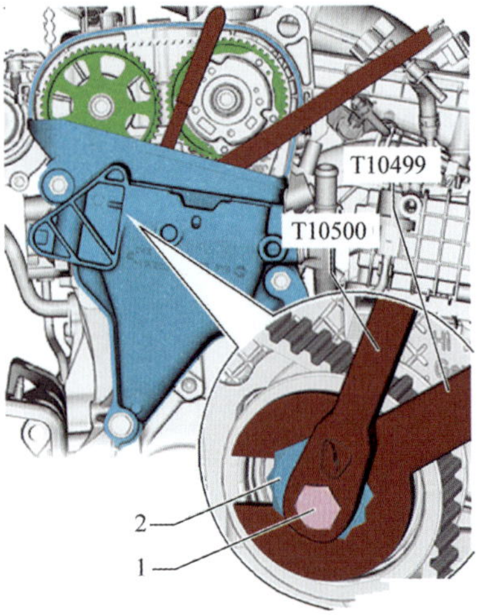

图 2-87　用扳手松开螺栓

1—螺栓　2—偏心轮

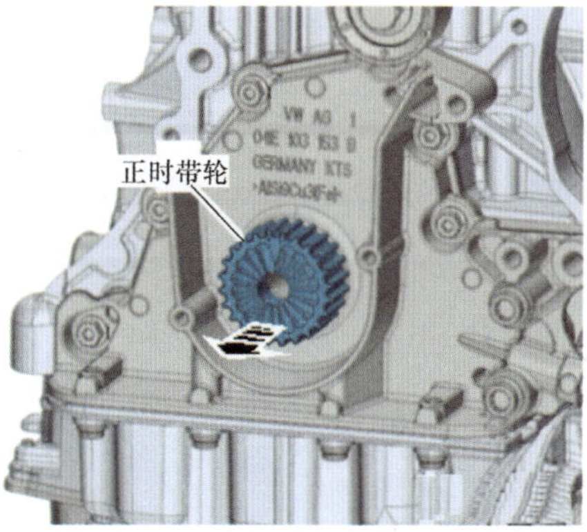

| 图 2-88 取下正时带轮 |

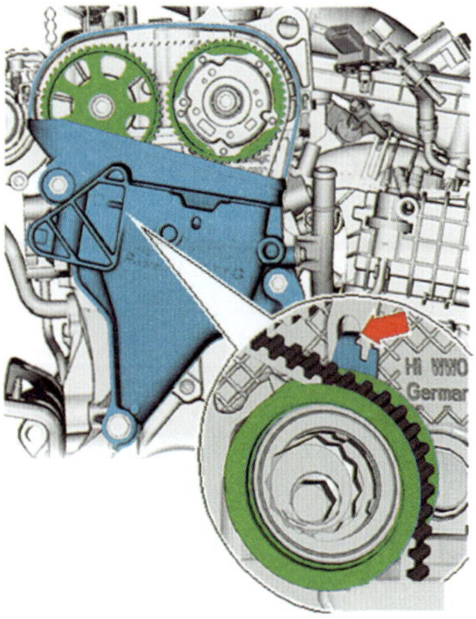

| 图 2-89 张紧轮的凸缘嵌入凹坑中 |

3）将曲轴正时带轮装到曲轴上，如图 2-90 所示。

4）向上拉正时带，将其置于导向轮 1、张紧轮 2、排气凸轮轴正时带轮 3 和进气凸轮轴正时带 4 上，如图 2-91 所示。

| 图 2-90 安装曲轴正时带轮 |

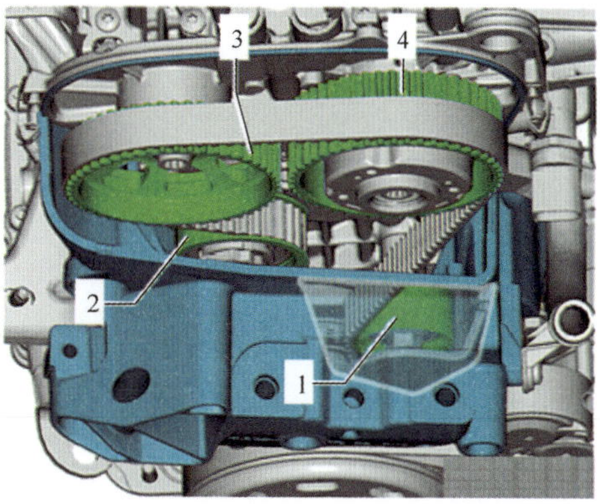

| 图 2-91 安装正时带 |

1—导向轮 2—张紧轮 3—排气凸轮轴正时带轮
4—进气凸轮轴正时带轮

5）用梅花扳手 SW30 T10499 沿箭头方向转动张紧轮的偏心轮 2，直至设定指针 3 向右侧偏离设定窗口约 10mm。

6）沿与箭头相反的方向转动偏心轮 2，直到设定指针 3 正好位于设定窗口中，如图 2-92 所示。

7）将偏心轮固定在这个位置，用扳手接头 T10500 和转矩扳手 V.A.G 1331 拧紧螺栓 1。提示：一旦继续转动发动机或运行发动机，可能会导致设定指针 3 的位置与设定窗口有稍许偏差，这不会影响正时带的张紧度。

8）用固定支架 T10172 固定凸轮轴正时带轮，以 50N·m 的力矩拧紧螺栓 1 和 2，如图 2-93 所示。

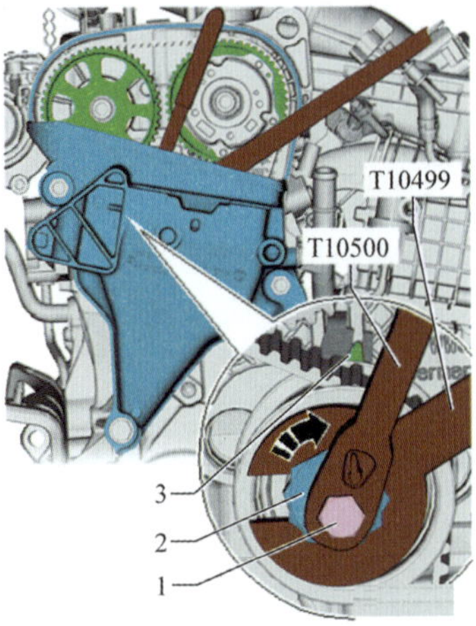

图 2-92 张紧正时带

1—螺栓 2—偏心轮 3—设定指针

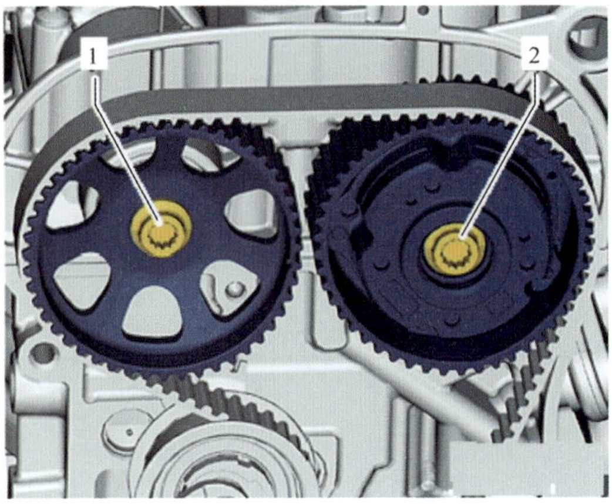

图 2-93 拧紧正时带轮螺栓

1、2—螺栓

9）拧出固定螺栓 T10340，并取下凸轮轴固定装置。

10）安装下部正时带护罩并拧紧螺栓箭头。

11）安装减振器 / 曲轴带轮。

53 大众、奥迪配气相位检查

大众、奥迪汽车配气相位检查步骤如下：

1）拆卸正时链上盖板。

2）用套筒扳手从上部使曲轴沿发动机旋转方向转动，直至标记箭头几乎全部处于上部，如图 2-94 所示。

3）将火花塞从气缸 1 上拆下。

4）将千分表适配接头 T10170/A 拧入火花塞螺纹，直至限位位置，如图 2-95 所示。

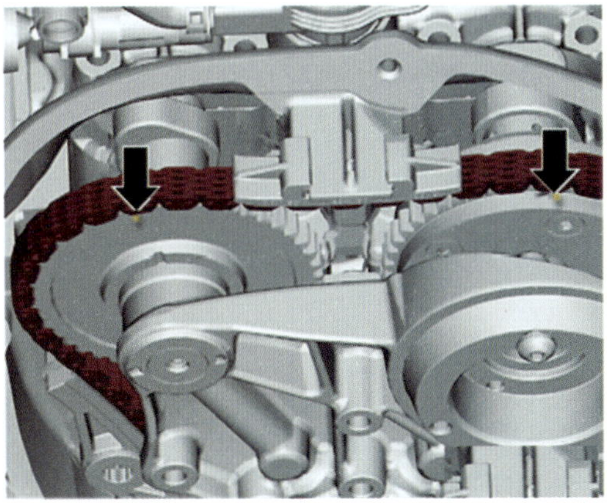

图 2-94 凸轮轴正时链轮标记处于上部

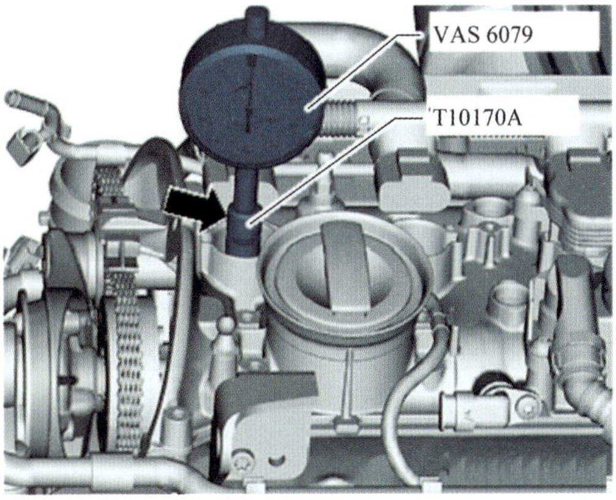

图 2-95 将千分表适配接头拧入火花塞螺纹

5）用延长件 T10170A/1 将千分表 VAS 6079 装入限位位置，并用夹紧螺母箭头夹紧。

6）沿发动机旋转方向缓慢地旋转曲轴，直到达到最大的指针摆幅。如果达到最大指针摆幅（指针换向点），则螺栓位于上止点。提示：如果曲轴转动超过上止点或多于 0.01mm，则将曲轴沿与发动机运转方向相反的方向再转动两圈；不要沿发动机旋转方向的反方向旋转发动机。

7）测量从棱边左外缘 A 至进气凸轮轴标记 B 的间距，如图 2-96 所示，额定值为 61~64mm。

8）如果达到额定值，则测量进气凸轮轴 B 上的标记和排气凸轮轴 C 上的标记之间的距离，如图 2-97 所示，额定值为 124~126 mm。提示：错开一个齿意味着与额定值偏离约 6mm，如果确定有错位，则重新挂上正时链。

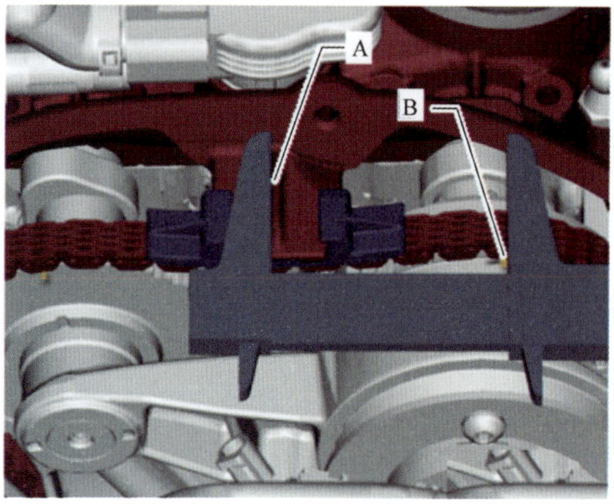

图 2-96 测量 A 至进气凸轮轴标记 B 的间距

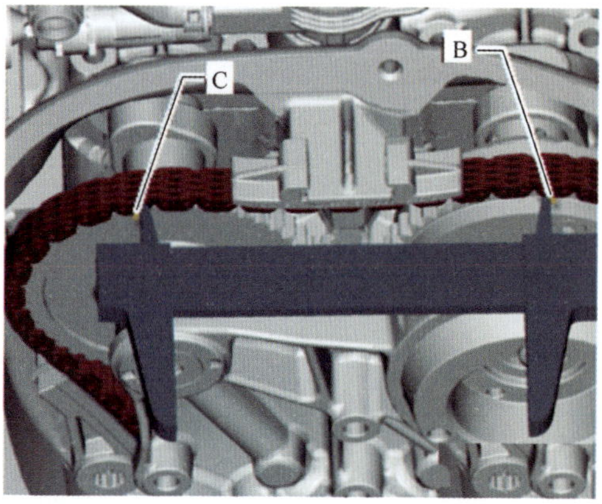

图 2-97 测量凸轮轴 B 标记和 C 标记之间的距离

54 凸轮瓦盖

一辆宝马轿车，车型为 E60，搭载 N52 发动机，行驶里程为 8 万 km，用户反映该车发动机故障灯亮。

（1）故障分析 维修人员检测发动机控制单元，发现故障码 2A80——进气凸轮轴相位调整机构故障。检查相关线路、插接器、电源和搭铁，均无异常。将进、排气电磁阀对调后再试，故障依旧。

发动机怠速运转时，测量机油油压正常。读取发动机运行数据，发现刚起动时相位调节正常，但过了一会儿，进气凸轮轴的相位就不再跟随控制指令而改变了。紧接着发动机就进入了应急模式，偏心轴角度变为 255°，发动机又平稳运行了，但故障灯却亮起。

根据电路图测量进气相位调整电磁阀的信号波形，发现发动机刚起动时波形正常，如图 2-98 所示，紧接着波形便出现了异常，如图 2-99 所示。通过以上检查，可以确定发动机控制单元、相位控制电磁阀和线路都是正常的，问题应该出在油压上。

拆下气门室盖进行检查，发现进气凸轮轴的第一道瓦盖装反了，内部油道外露，如图 2-100 所示，导致泄压。

（2）故障排除 正确安装凸轮轴瓦盖后，故障排除。

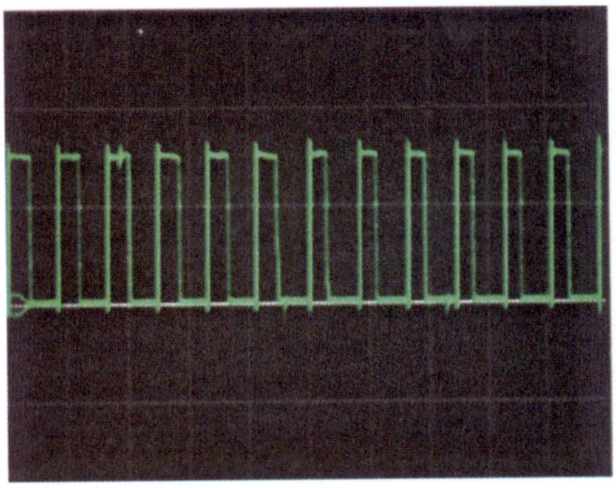

| 图 2-98 正常的相位控制信号 |

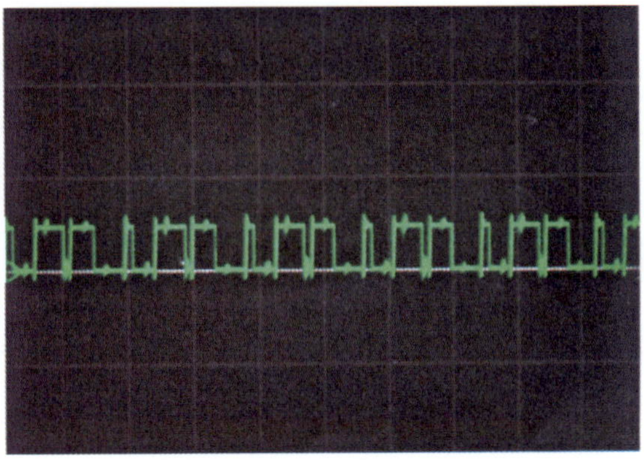

| 图 2-99 异常的相位调整信号 |

| 图 2-100 装反的凸轮轴瓦盖 |

第 3 章 燃油供给系统

55 缸内直喷发动机燃油供给系统的组成及检修注意事项

（1）缸内直喷发动机燃油供给系统的组成 大众奥迪第三代缸内直喷发动机的燃油系统主要由燃油箱、电动燃油泵、燃油滤清器、燃油低压传感器、高压燃油泵、燃油压力调节器、油轨、限压阀、高压喷油器、燃油高压传感器等组成，如图 3-1 所示。

缸内直喷燃油系统可分为低压燃油系统和高压燃油系统。低压燃油系统是指电动燃油泵至低压喷油器之间的油路系统。高压燃油系统是指高压燃油泵至高压喷油器之间的油路系统。

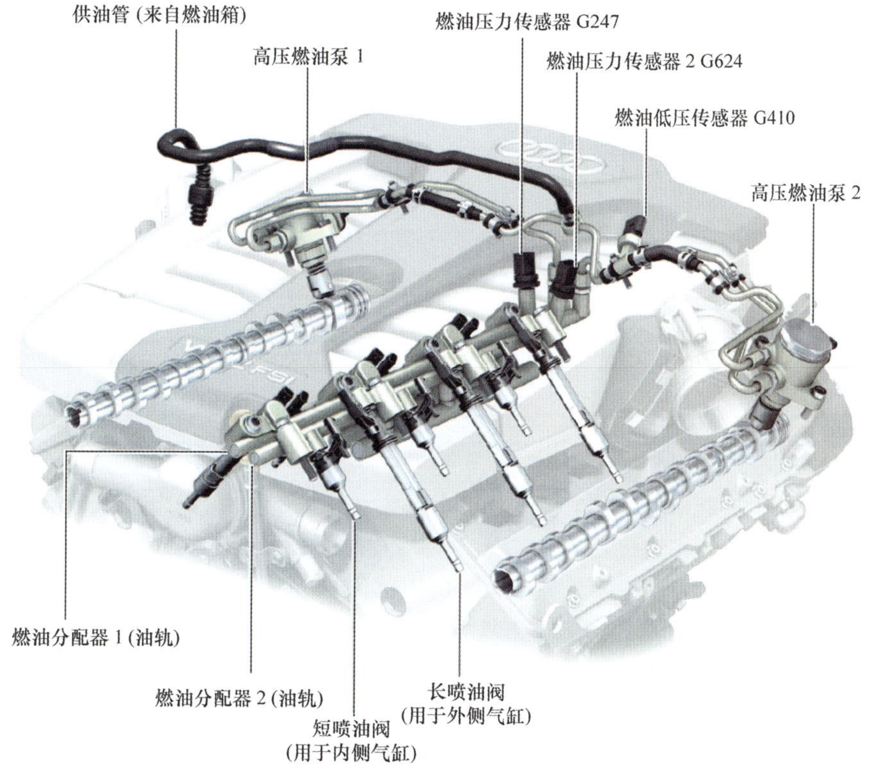

图 3-1 燃油供给系

（2）燃油系统检修注意事项

1）出于安全原因，当未断开蓄电池连接时，必须在打开燃油系统之前将燃油泵控制单元（大众是 J538）的熔丝拆下，因为燃油泵是通过驾驶人侧门控开关激活的。注：可通过拔掉油泵控制单元熔丝后，起动发动机来卸压。

2）拆下燃油系统的部件前，务必对燃油系统进行卸压。注意：高压时流出的燃油可严重灼伤皮肤和眼睛，应予以特别注意。

低压燃油系统卸压：与传统进气道喷射相同，操作时应用抹布盖住维修接口。

高压燃油系统卸压：用故障诊断仪循环操作喷油器卸压或在发动机运行后 2h，再对系统部件进行操作，操作时同样要用抹布盖住维修接口。

对于大众轿车，在发动机运转状态下，用故障诊断仪在“读取测量值块”功能下选择发动机 01-10-140，在显示区 3 中显示油压力。燃油压力从约 5MPa 降低到 0.4~0.7MPa，如图 3-2 所示，这样卸压比较慢。

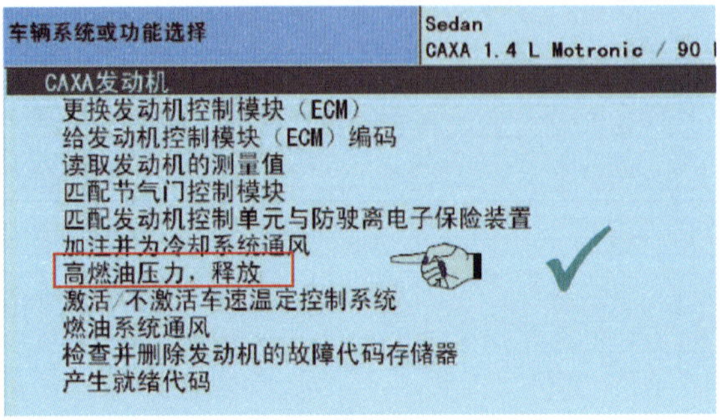

图 3-2　高压系统压力的释放

对于第二代高压泵燃油系统，可通过断开燃油压力调节阀 N276 的插头来完成高压燃油系统的卸压，调节阀断电，就会释放燃油压力。但是，对目前大量采用的第三代高压油泵来说，当燃油压力调节阀断电的时候，调节阀的阀门是关闭的。这就意味着不能通过断开插头来降低燃油压力，而应当用故障诊断仪来卸压。此外，热车卸压后应迅速操作，否则即使发动机熄火，燃油压力也会因发动机舱内燃油系统受热而可能使高压油泵内油压迅速上升到 14MPa。

具体步骤：引导性故障查询→功能 / 部件→驱动装置→ TSI 发动机→ 01- 有自诊断功能系统→发动机控制器功能→释放高压燃油的压力。

注　意

高压油路泄压可通过拔掉燃油泵控制单元熔丝或拔掉燃油泵控制单元插头，然后起动发动机着火直到发动机熄火来完成，此时高压油管中无残压。

3）燃油泵压力为 0.4~0.7MPa，压力在 10min 后不得低于 0.375MPa。燃油泵的功率消耗标准值最高为 9A。

4）更换发动机控制单元或燃油泵控制单元后必须做自适应。

5）对于大众车来说，连接好故障诊断仪、地址 01 →功能 03，可对缸内直喷发动机进行八项最终诊断测试，见表 3-1。

表 3-1　缸内直喷发动机的八项最终诊断测试

序号	项　目	时　间
1	燃油泵转	15s
2	活性炭罐电磁阀 N80 开 / 关	60s
3	凸轮轴电磁阀 N205 开 / 关	60s
4	增压压力调节电磁阀 N75 开 / 关	60s
5	增压空气循环电磁阀 N249 开 / 关	60s
6	散热风扇高速运转	15s
7	燃油压力调节阀 N276 开 / 关	几秒
8	V50 循环水泵转	60s

6）上海通用汽车对其缸内直喷汽油机的要求：喷油器一经拆卸，必须更换其密封垫；高压油管一经拆卸，也须更换密封垫，且在安装之前一定要使用不含硅树脂的润滑油润滑管路接头。但目前在大众汽车的实际操作中，这些零件若不损坏则均不更换。

例如，很多缸内直喷汽油车行驶 1 万 km 左右就会出现怠速不稳。其最常见原因是汽油品质不好，引起喷油器喷孔结胶堵塞和气门积炭卡死。按原厂规定至少应使用 97# 优质汽油，如果用 93# 汽油，则发动机内很容易积炭。如将内窥镜从火花塞孔装入，可清楚地看到是否有积炭。如果是积炭引起的怠速不稳，一般用不解体清洗发动机的清洗剂就会有很好的效果。

56 大众、奥迪双喷系统的结构及工作原理

该机型汽油缸内的高压直接喷射系统根据最高系统压力（从 15MPa 提高到 20MPa）、噪声和单套成本等方面的要求进行了全新的改进。同时，为了达到欧Ⅵ废气排放标准所规定的颗粒质量和颗粒数的排放限值，并具备进一步开辟降低 CO_2 排放的潜力，除了缸内直接喷射系统之外，还附加配备了一套进气道喷射系统，如图 3-3 所示。

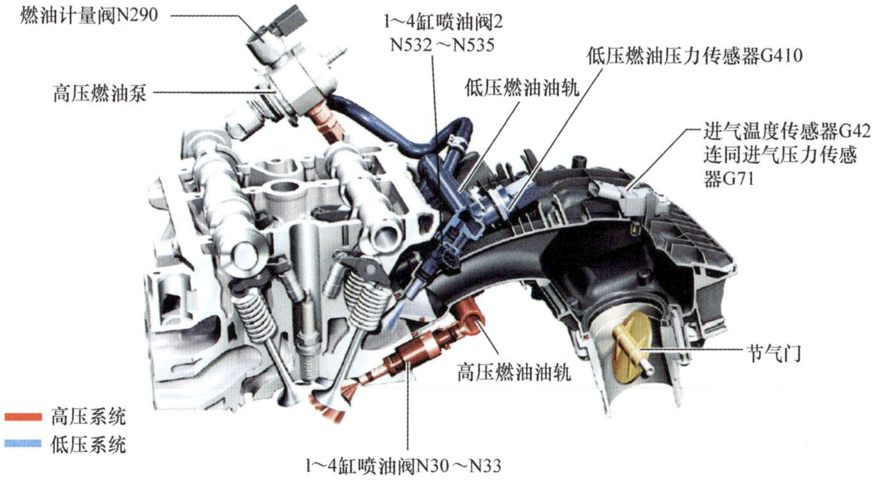

图 3-3 双喷系统

MPI 喷油器是由高压燃油泵通过一个输油接头供油的，因而在发动机以 MPI 运转时能保证高压燃油泵得到内部冷却。燃油共轨将燃油输送到 MPI 喷油器，为了将高压燃油泵输入 MPI 共轨中的燃油压力波动减小到最低程度，在输油接头中装有一个节流阀；为了调节喷油压力，在共轨上配备了一个低压传感器。MPI 喷油器被集成在可变滚流装置（VTS）法兰上，并且其喷射油束的方向与气缸盖中的滚流阀隔板相匹配。由于系统压力已提高到 20MPa，必须选配合适的高压燃油泵和高压喷油器，并且用一个钢弹簧垫圈将高压喷油器与气缸盖隔开以降低噪声。这种最新一代机型在部分负荷范围内采用 MPI 喷油器运转，而在较高负荷和发动机起动时则采用高压喷油器运转。高压共轨脱离进气管而用螺钉直接紧固在气缸盖上，它将燃油输送到高压喷油器中。高压系统通过一个量程合适的压力传感器来调节高压系统的压力。

新开发的喷油系统为发动机的运行开辟了新的自由度：能够运用高压喷油器进行单次、双

次和三次缸内直接喷射，而在发动机特性曲线场的部分负荷范围内运用MPI喷油器形成混合汽，从而进一步加强了燃油消耗方面的优势，同时确保了较低的颗粒排放。因此，这种最新一代汽油机目前就已能满足未来欧Ⅵ废气排放标准的要求。此外，为了调节不同的喷油模式，提出了以下评价标准：①效率，抗爆燃性能；②排放，特别是颗粒质量和颗粒数；③燃油湿润壁面和稀释发动机机油；④运转平稳性。

在发动机冷起动时温度极低的情况下，以及热机运转时负荷较高的情况下，采用三次缸内直接喷射能够确保燃油对发动机机油的稀释最少和废气排放最低，特别是较低的颗粒排放。在发动机起动和催化转化器加热时，运用两次缸内直接喷射形成混合气。此时，运转平稳性、燃油品质变动时的耐久性以及最低的排放是最重要的优化指标。在高负荷下，也运用两次缸内直接喷射。采用这样的喷油策略能够确保在爆燃倾向、颗粒排放和机油稀释程度等方面获得最佳的效果。

由于增压压力提高了，集成在进气管中的可变滚流装置（VTS）已经完全重新设计，其中曲柄状的整体式不锈钢转轴用于确保进气道中的椭圆形滚流阀板具有最大的抗扭刚度，而滚流阀板的位置由一个非接触式转角传感器来识别。椭圆形滚流阀板在完全打开的状态下紧贴在进气管壁上，这样进气空气流对其冲击最小。发动机电控单元借助于一个真空膜盒以气电方式操纵滚流阀板的开关操纵位置。

SRE燃油喷射系统（MPI进气道喷射系统）由高压燃油泵上的引导连接装置供油，引导连接装置是燃油低压系统的一部分。在引导连接装置的上游，燃油进入低压燃油油轨，然后再流到SRE喷油器，喷油器将燃油喷入进气歧管中，如图3-4所示。SRE喷射系统有自己的压力传感器（低压燃油压力传感器G410），用于监控供油系统。供油只通过燃油箱中的燃油系统增压泵G6，而不通过高压燃油泵。在燃油管路中使用高压燃油泵引导连接装置，也就是说，在SRE模式下，高压燃油泵泵送的燃油会被引导和冷却。在SRE模式下，高压泵通过燃油压力调节阀N276进行输油关闭。

在部分负荷情况下，主要使用进气歧管燃油喷射，燃油油滴有充分的时间雾化并与空气混合。在点火前很长时间形成混合气，从而减少了微粒质量以及炭烟的形成，减少了二氧化碳排放量，并降低了油耗。

对于高压喷射系统，由于燃油压力增至20MPa，因此有必要对其设计进行调整和改变：使用密封环，可将高压喷射器运行时的声音与气缸盖隔绝开；阀门位置稍微向后移动，改善了油气混合物的形成，并降低了阀门温度；高压燃油油轨运行时的声音与进气歧管隔绝开来，如图3-5所示。

图3-4　SRE燃油喷射系统

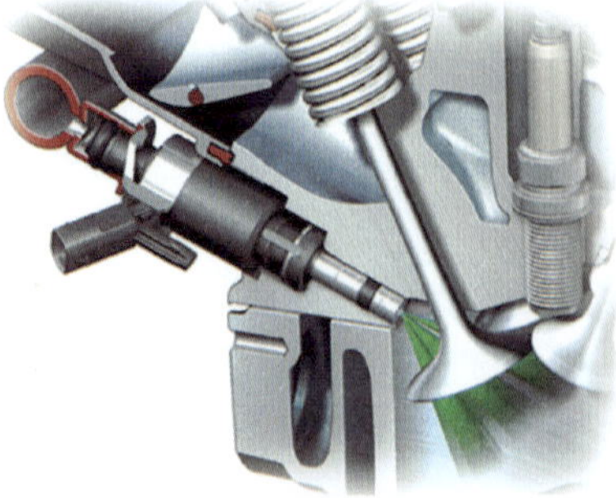

图3-5　高压喷射系统

57 丰田双喷系统的结构及工作原理

新系统 D-4S（D—直接喷射；4—四冲程汽油机；S—高档方案）是在 D-4 的基础上发展起来的，缸内直喷采用纵向双扇形喷雾，提高了缸内混合气的均质性；进气道采用高流量气道，提高了进气流量，缸内直喷提高全负荷性能的优势得到充分发挥。在此基础上，进气道又配置了 1 个喷油器，以组合喷射方式运转，进一步提高了缸内混合气的均质化，形成了理想的混合气，降低了燃烧波动和燃油消耗。组合喷射使发动机起动及催化器暖机过程中的 HC 得以降低。

汽油直喷和进气道喷射两种喷油系统如图 3-6 所示，将两者的优点集成于一体，根据功率需求，或采用单纯的缸内直接喷射运行，或采用两种系统组合运行。在低负荷和中等负荷范围内，由进气道喷射和缸内直喷共同形成了可能是迄今为止最好的混合气；而在全负荷范围内，由单纯的缸内直喷获得尽可能高的功率。同时，缸内直喷燃油汽化的冷却效果又能降低爆燃倾向，这样就能够采用更高的压缩比。原则上，这种新型汽油机采用均质混合气运行，仅仅在冷起动以后，借助于压缩行程期间附加的缸内直喷形成分层充量，以便提高废气温度和缩短催化转化器的预热时间。

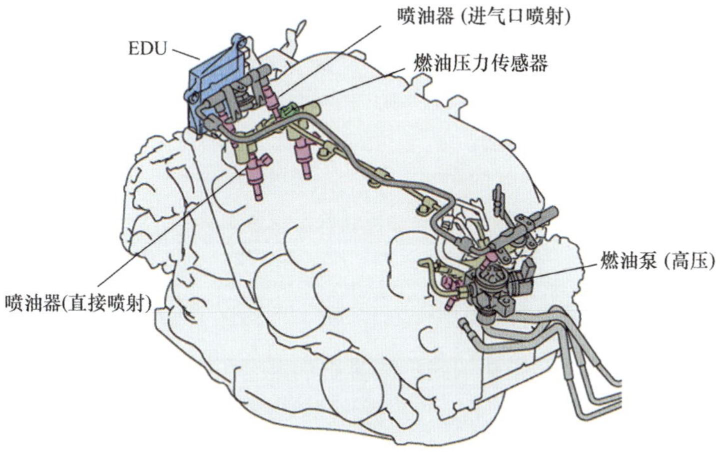

图 3-6　FSE 型发动机进气道喷射和缸内直喷组合

（1）D-4S 型缸内直喷发动机的结构特点

1）采用双扇形喷油器。新 D-4S 系统缸内喷油器以往采用横向单扇形狭缝喷孔，为提高喷雾的分散性，新系统采用纵向双扇形狭缝喷孔（下称“双扇形喷孔”），系统结构如图 3-7 和图 3-8 所示。这种喷雾在燃烧室内纵向呈扇形喷射，为提高前、后方向的扩散性，两枚喷雾向前、后两个方向喷出。进气道采用新的高流量气道，充分发挥直喷技术在高速区域的优势，流量系数比高滚流气道高 20%，但滚流比低 1/3。此外，不使用 SCV（涡流控制阀），进气阻力得以降低，在进气道上搭载一个喷油器，以改善部分负荷时的不完全燃烧问题，实现低燃油消耗和低排放。缸内喷油器喷油压力为 4~13MPa，双孔；进气道喷油器喷油压力为 400kPa，12 孔。

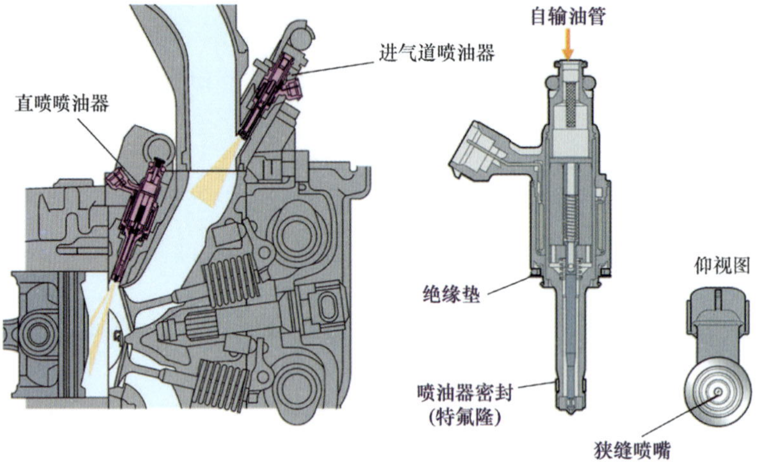

图 3-7　双扇形喷雾形状

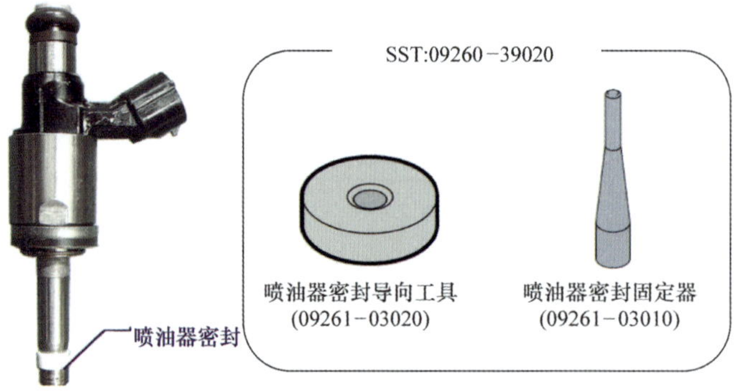

图 3-8　喷油器结构及拆装工具

2）纵向双扇形喷雾以改善缸内混合气的均质性为目的，纵向双喷雾的两个扇形雾面垂直于活塞顶面，混合气被活塞顶的凹坑导向排气门附近。横向单喷雾的扇面与活塞顶平行，被活塞导向后向排气侧的分散较弱。纵向双扇形喷雾缸内混合气的均质性更好。所以，即使采用缸内流动较弱的高流量气道，也能满足混合气均质性的要求。

（2）D-4S 系统　FSE 型发动机 D-4S 系统是缸内直喷加进气道喷射，系统的组成如图 3-9 所示。

（3）高压燃油泵　燃油通过低压泵被输送到高压泵，高压泵内的柱塞由凸轮轴上的凸轮进行驱动，并把燃油输送到高压油管中去。燃油压力通过安装在高压油管中心的燃油压力传感器加以读取，以修正输油压力。按照发动机运转条件控制最佳燃油压力的可变燃油压力控制方法已获得有效应用。此外，通过只输送必要的燃油量，以使泵吸损失减到最小。高压油泵控制如图 3-10 所示。

1）溢流控制阀关闭延迟时的工作情况如图 3-11 所示。

2）溢流控制阀关闭提前时的工作情况如图 3-12 所示。

3）ECM 通过控制溢流控制阀的关闭正时调节燃油压力如图 3-13 所示。

4）如果输油管中的燃油压力异常高，则减压阀回流一些燃油以限制压力，如图 3-14 所示。

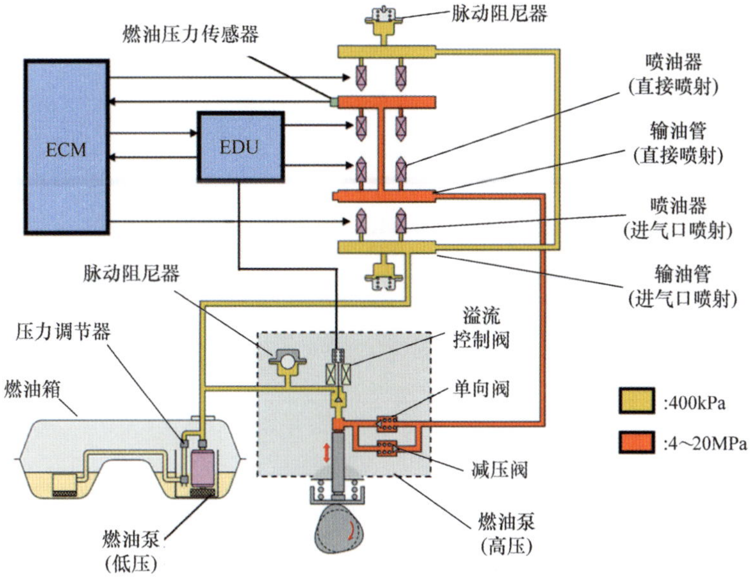

图 3-9 FSE 型发动机 D-4S 系统

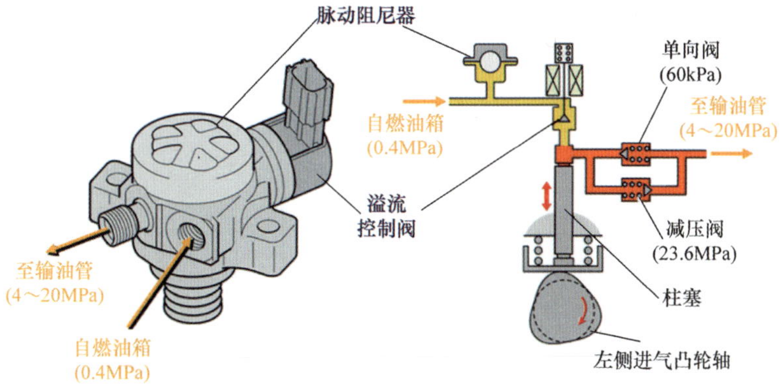

图 3-10 高压油泵控制

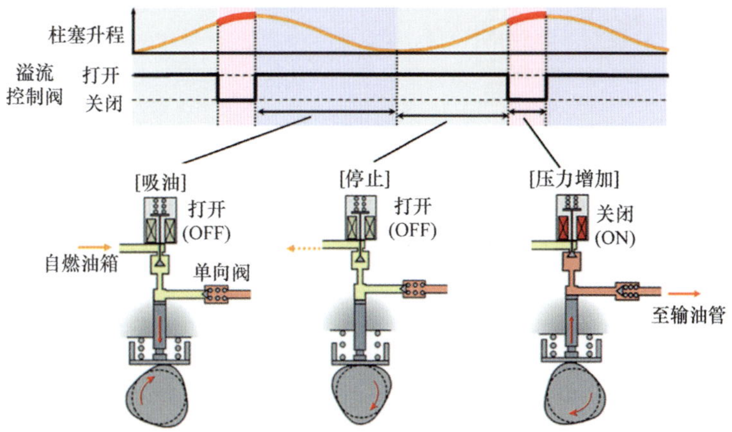

图 3-11 溢流控制阀关闭延迟

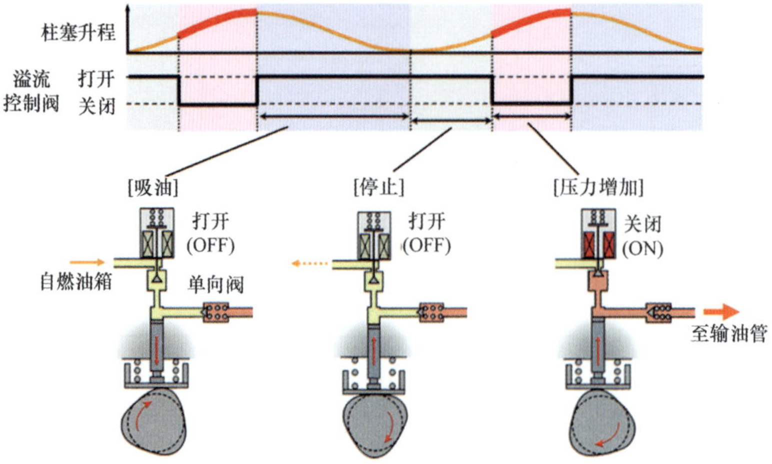

图 3-12　溢流控制阀关闭提前

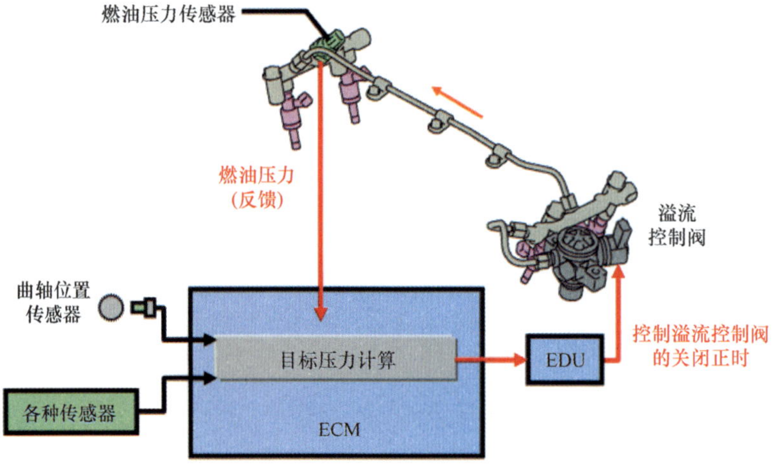

图 3-13　调节燃油压力

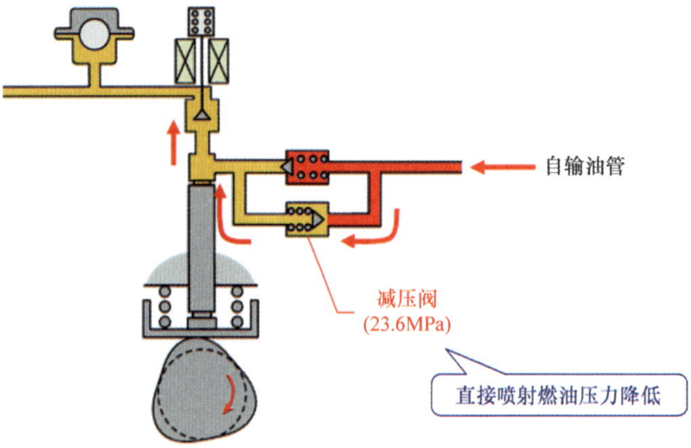

图 3-14　限制压力

（4）D-4S 发动机燃烧原理 不同转速范围内的燃烧方式如图 3-15 所示。在中转速与中负荷区域之前就进行分层燃烧；而在高转速、高负荷区域中，在进气冲程时则进行喷油，由此实现均质燃烧。此外，这种均质燃烧区域可以分为稀薄燃烧区域、理论空燃比区域和更浓空燃比区域。在分层燃烧与均质燃烧相关的区域中，分为进气冲程与压缩冲程二次喷油。图 3-16 所示为喷油控制特性。由图可知，利用与负荷及转速相适应的最佳燃烧形态，最大限度地提高燃油经济性，并同时确保转矩连续性。

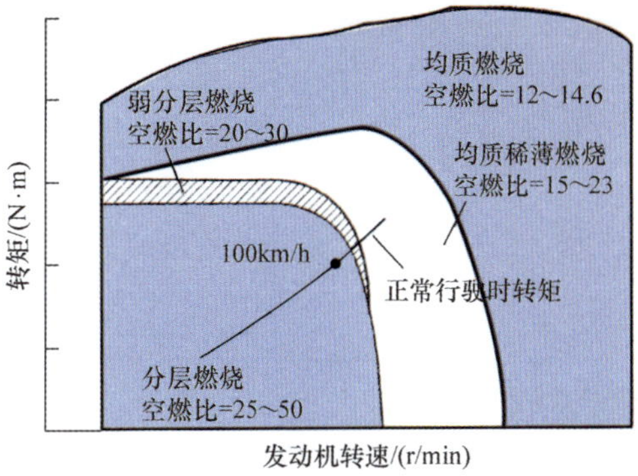

图 3-15 不同转速的燃烧方式

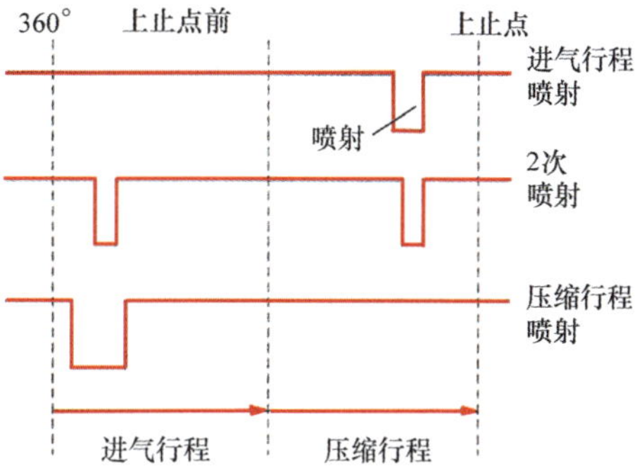

图 3-16 喷油控制

1）小负荷时（强分层燃烧）。当节气门全开时，发动机燃烧仍处于稳定状态。在分层燃烧时，即使在稀薄空燃比场合，在火花塞附近的 A/F 空燃比仍较浓。所以，NO_X 排放的峰值比通常的均质燃烧发动机更偏向较稀薄空燃比一侧。由于废气再循环逐渐增加，NO_X 排放降低，在这种条件下，当废气再循环率达到 35% 时，NO_X 约可减少 90%。

2）中负荷时（弱分层燃烧）。压缩行程喷射、二次喷射、进气行程喷射的燃烧特性如图 3-17 所示。在分层燃烧中，当增加燃油、节气门全开、过浓空燃比区域存在时，容易产生烟雾。另一方面，在进气行程中，喷射而形成均质混合气时，在分层燃烧所要求的节气门开度不变的情况下，若空气量过多，则容易熄火。这种节气门开度差，是造成压缩行程喷油与进气行程喷油之间转矩不连续的原因。为此，把燃油分为进气行程与压缩行程进行二次喷射，形成弱分层混合气，可以防止黑烟产生，处于均质燃烧区域中。

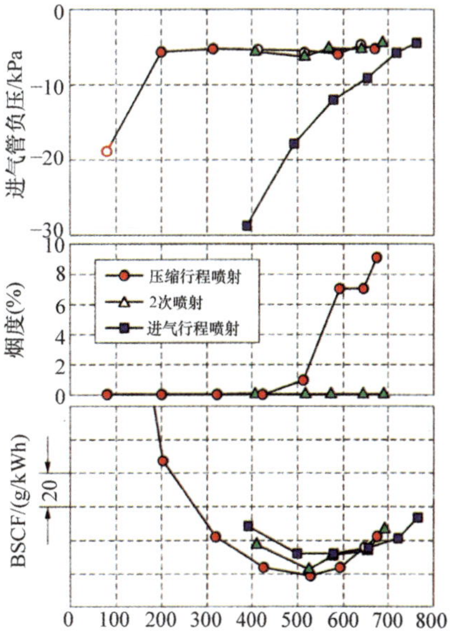

图 3-17 中负荷时的燃烧特性

3）高负荷时（均质燃烧）。高负荷时，在进气行程时进行喷油，由此实现均质燃烧。如前所述，根据不同负荷，可以分为稀薄燃烧、理论空燃比燃烧和浓空燃比燃烧。

（5）D-4S 发动机的喷射控制

1）喷射方式。D-4S 系统每缸搭载两个喷油器，一个用于气道喷射，另一个用于直喷（下称组合喷射）。依据实际工况计算出每个循环所需的喷油量，充分利用两个喷油器的特点，优化喷射比率，进行喷射控制。

2）缸内直喷和进气道喷射的比例

① 全负荷工况。缸内直喷被用于全负荷工况区，因为它能够充分利用喷入气缸汽油的汽化潜热来改善充气效率，同时由于降低了缸内充量的压力和温度，因此能够达到最大限度控制爆燃的效果，如图 3-18 所示。

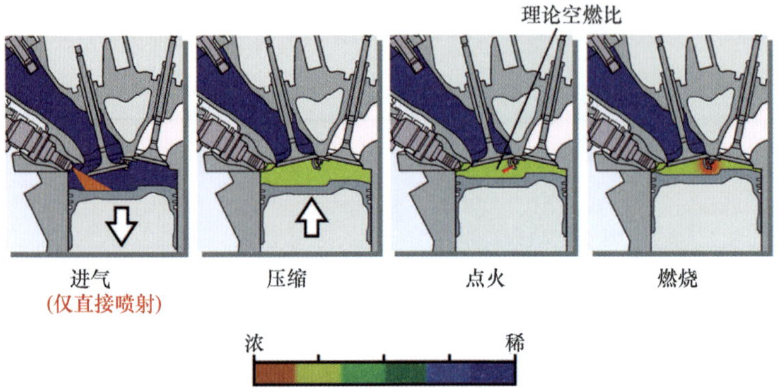

图 3-18　全负荷工况

② 低负载或中等负载工况。改变缸内直喷和进气道喷射的比例，能够在某一比例下获得比单独应用任何一种喷射方式更好的转矩波动和燃油经济性。此外，随着负荷的变动，喷射比例应该得到优化以适应负荷的变化。对空燃比分析的试验研究结果表明，30% 缸内直喷能获得比 100% 进气道喷射更均匀的空燃混合气，并且在火花塞周围区域具有稍浓的混合气，因此点火滞后期缩短，燃烧速度加快，从而改善了燃烧特性。在统计出所有行驶工况的最佳喷射比例后，就能够转化成喷射比例脉谱图。同时，由于减少了缸内直喷喷油器的积炭，因此能够确保其头部温度只有 150℃或更低，如图 3-19 所示。

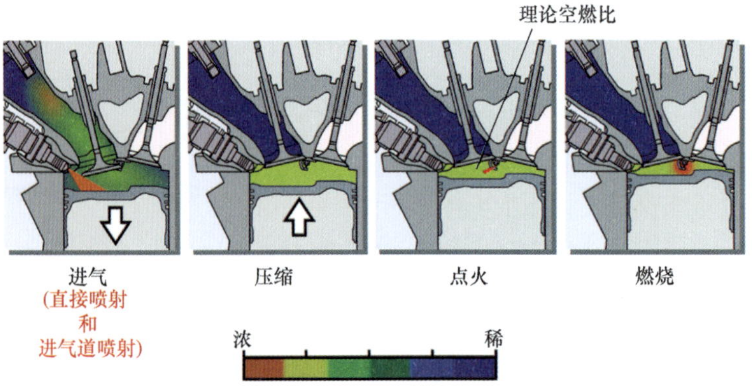

图 3-19　低负载或中等负载工况

③ 冷起动工况。虽然起动后能够利用凸轮轴传动的高压燃油泵建立起缸内直喷供油系统中的燃油压力，但是因为起动时不大可能建立起所必需的燃油流量，难以达到足够的燃油压力，因此直到缸内直喷供油系统中的燃油压力达到预先规定值之前，只实行进气道喷射，如图 3-20 所示。这样就能够改善起动时油束油滴直径，降低起动时的 HC 排放量。

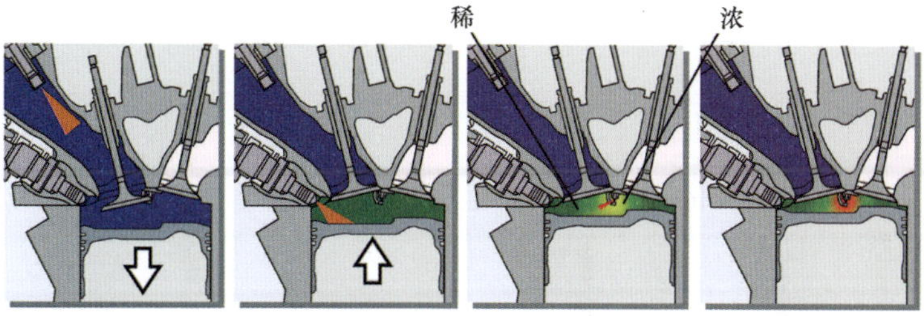

图 3-20 冷起动工况

58 大众直喷发动机燃油控制单元检测

低压燃油泵控制单元 J538 安装在电动燃油泵上面，如图 3-21 所示，其功能是控制单元通过脉宽调制（PWM，Pulse-Width Modulated）信号控制电动燃油泵，使低压燃油系统的油压达到 50~500kPa；在冷热起动时，使低压燃油系统的压力达到 650kPa。如果燃油泵控制单元失效，则无法起动发动机，油位显示不正常，其控制电路图如图 3-22 所示。

图 3-21 燃油泵控制单元 J538 的安装位置

为了调整油泵的供油量，油泵控制单元通过一个 PWM 信号控制油泵的供电电压，油泵电压在 6V 到蓄电池电压之间变换。修正油泵电压的信号由发动机控制单元提供。供油量靠发动机控制单元通过下面的方法进行检测：在油泵的工作循环内，油泵的供油量持续减少，直到高压系统的压力受到影响，发动机控制单元会对燃油泵的调制信号与存储在发动机控制单元内的调制信号进行比较，如图 3-23 所示。如果发现两个信号有偏差，则以发动机控制单元内存储的调制信号为准。

如果燃油系统燃油耗尽或在装配工作期间打开，则管路中的空气难以起动，需要对燃油供给系统进行排气。在屏幕上按“是”键继续进行，如图 3-24 所示。打开点火开关，屏幕显燃油泵起动（起动数值必须缓慢增加），然后按屏幕提示起动起动机，最后按“完成”键，如图 3-25 所示。

电路检测：打开点火开关，T10P/7、T10P/3、T10P/3 与搭铁信号电压为 12V；怠速 T10P/4 与搭铁信号电压为 0.283V，T10P/8 与搭铁信号电压为 0.215V；怠速 T10P/1 与搭铁信号电压为 12V；T5a/1 与搭铁信号电压，打开点火开关时约为 7V，怠速时在 7~12V 之间；T5a/3 与搭铁信号电压约为 0.285V；T5a/4 与搭铁信号电压约为 0.215V；T5a/2 为搭铁信号；T5a/3 与 T5a/2 端电压信号约为 0.245V，T5a/3 与车身搭铁信号电压约为 0.277V；T5a/4 与 T5a/2 端电压信号约为 0.248V。

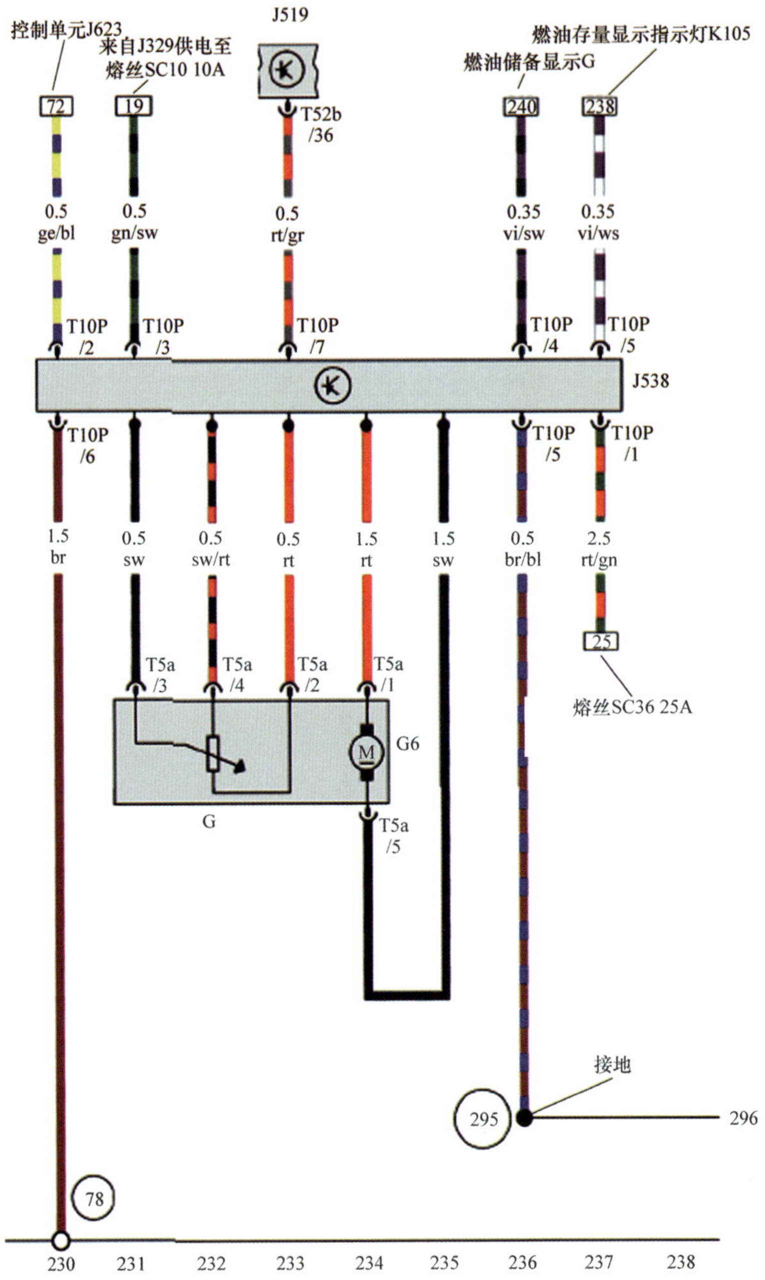

图 3-22 燃油泵控制单元 J538 的控制电路图

G—燃油存量传感器 G6—预供给燃油泵 J519—车载电网控制单元 J538—燃油泵控制单元

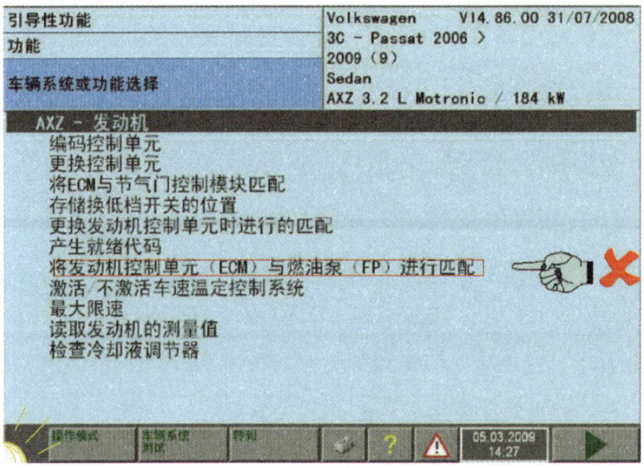

| 图 3-23 信号比较 |

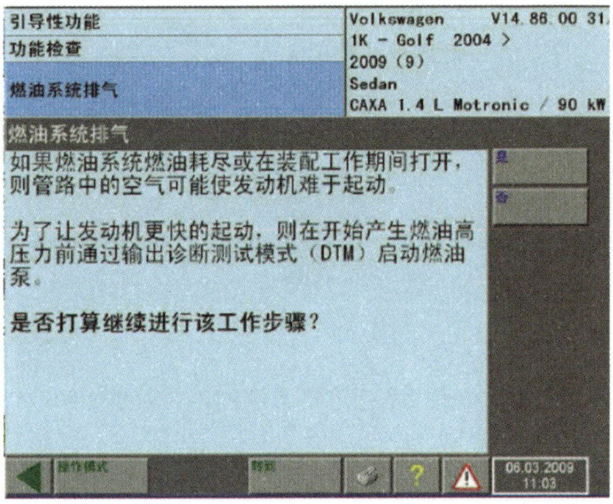

| 图 3-24 进行燃油供给系排气操作 |

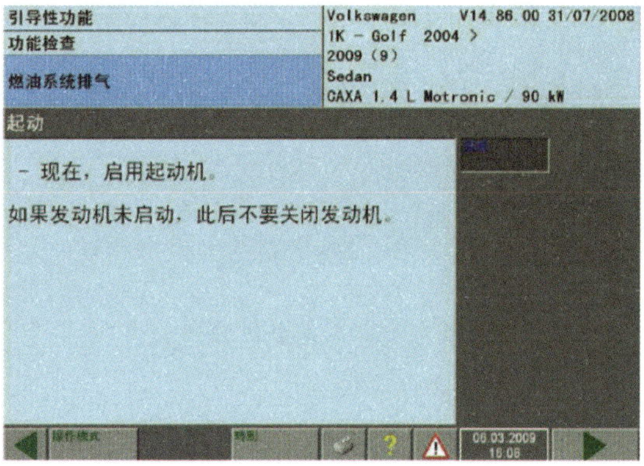

| 图 3-25 按屏幕提示起动起动机 |

59 大众高压泵的结构及工作原理

大众直喷发动机采用第三代高压泵，高压泵由日立公司提供，如图 3-26 所示。

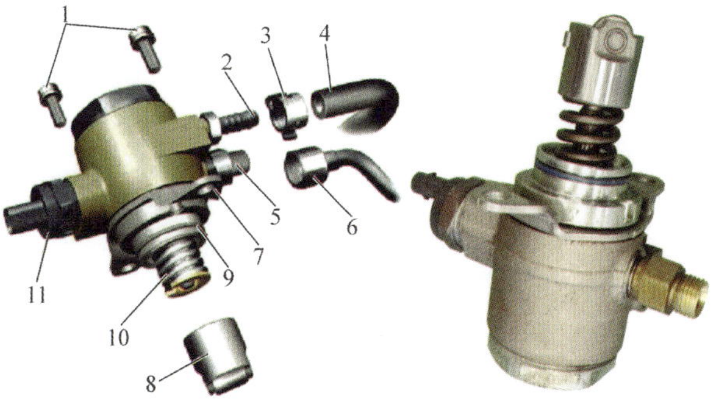

| 图 3-26 第三代高压泵 |

1—螺栓 2—低压端接头 3—卡箍 4—回油管 5—高压端接头 6—高压管 7—固定支架 8—圆柱挺杆 9—隔声环 10—弹簧 11—燃油压力调节阀 N276

（1）特点

1）更小的泵油行程（3mm）。

2）泵内集成的限压阀取代了油轨上的回油管。

3）单柱塞的高压燃油泵用螺栓倾斜地安装在凸轮轴盖上，如图 3-27 所示，靠进气凸轮轴上的四方凸轮驱动，每个凸轮轮廓的行程是 3mm。

4）当它不工作的时候，不会将燃油泵入高压系统。

（2）调整原理 燃油压力是按需调整的。N276 不通电的时候，燃油泵进入高压系统。高压泵靠进气凸轮轴上的四方凸轮驱动。为了减小凸轮轴和泵推杆之间的摩擦，凸轮通过一个圆柱挺杆驱动泵推杆。高压泵的内部结构如图 3-28 所示。

图 3-27 高压燃油泵用螺栓倾斜地安装在凸轮轴盖上

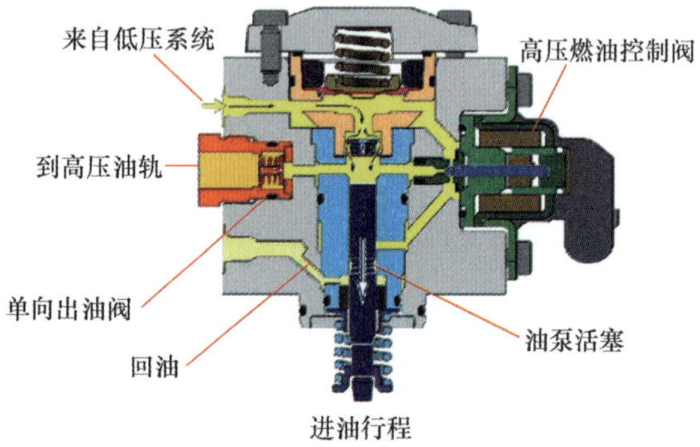

图 3-28 第三代高压泵的内部结构

1）燃油压力限制阀。限压阀集成在高压燃油泵内，其作用是在发生燃油热膨胀和故障的时候，为系统提供过液压保护。它是一个机械阀，在压力超过 14MPa 的时候打开，打开的是在泵内从高压端到低压端的回流油道，然后燃油再被压回高压端，如图 3-29 所示。

2）吸油行程。吸油过程中，吸油行程 N276 调节阀通电。在磁力的作用下，进油阀克服弹簧力而打开。随着泵活塞下行，在泵腔内会产生的一个压降，燃油从低压端流进泵腔。靠泵活塞的下行提供吸油的动力，同时打开进油阀，燃油被吸入泵腔。在泵活塞行程的最后 1/3 段，燃油压力调节阀通电，使得在泵活塞向上运动的初期，进油阀仍然打开进行回油，如图 3-30 所示。

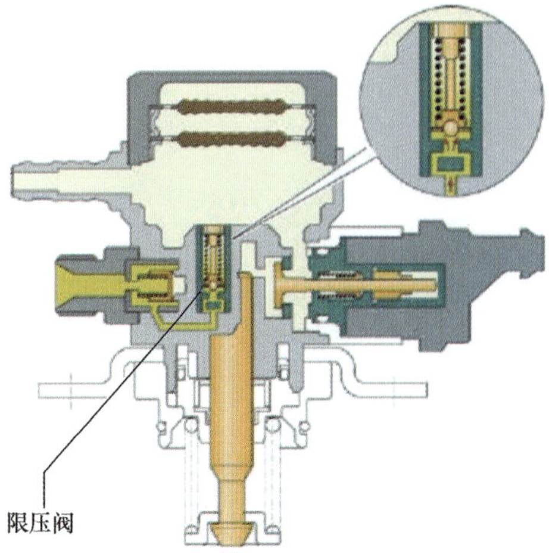

图 3-29 燃油压力限制阀

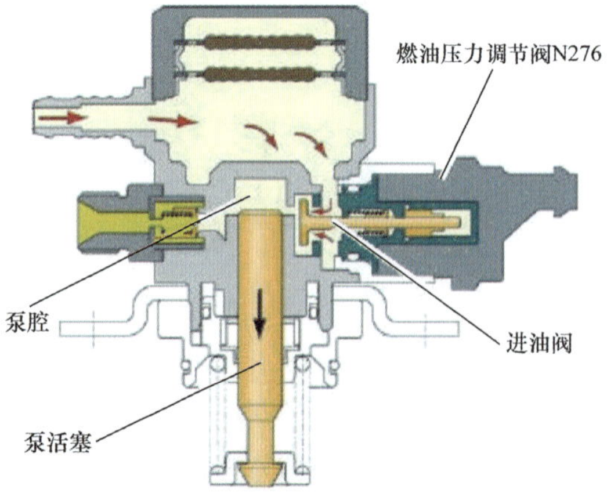

图 3-30 吸油过程

3）回油行程。为了控制实际的供油量，进油阀在泵活塞向上运动的初期还是打开的，多余的燃油被泵活塞挤回低压端。缓压器的作用就是吸收这个过程中产生的压力波动，如图 3-31 所示。

4）泵油行程。在泵油行程的初期，燃油压力调节阀断电，使得进油阀在泵腔内升高的压力和阀内关闭弹簧的共同作用下关闭。泵活塞上行，在泵腔内产生压力，当压力超过油轨内压力时，出油阀就被打开，燃油被泵入油轨中，如图 3-32 所示。

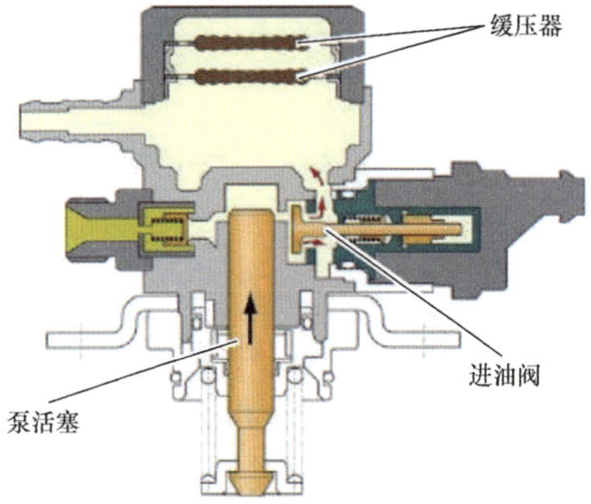

图 3-31 回油行程

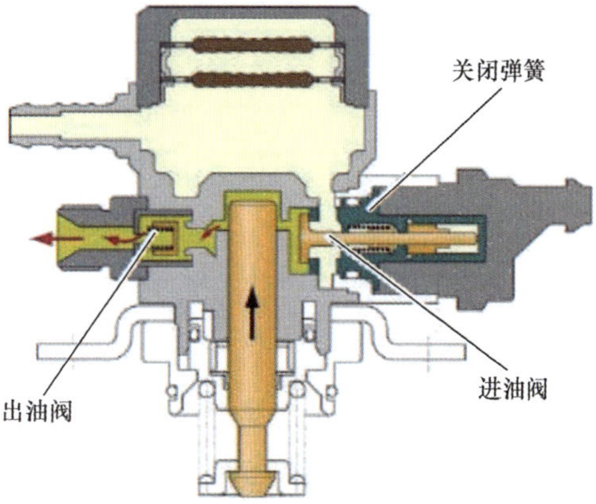

图 3-32 泵油行程

（3）失效影响 N276 在断电的时候关闭，当这个阀失效的时候，燃油压力会一直上升，直到达到 14MPa 时限压阀打开。发动机控制单元根据高压情况匹配喷嘴打开时间，同时发动机转速限定在 3000r/min 以下（视车型不同）。

60 大众新款直喷发动机高压油泵的拆装

处于高压状态下的燃油可能导致人员受伤。喷射装置可分为高压部分（最高约 20MPa）和低压部分（约 0.7MPa）。在打开高压系统前，如拆卸高压泵、燃油分配器、喷油器、燃油管或燃油压力传感器 G247，必须先将高压系统内的燃油压力降至规定的燃油压力，操作方法如下：

1）连接车辆诊断测试仪，并执行“卸除燃油高压”功能。

2）等待燃油压力降至规定值。

3）关闭点火开关。此时燃油分配器上仍有燃油，但这些燃油已不再处于高压。

4）卸除燃油高压之后，必须立即打开高压系统。在连接部位周围放一块干净的抹布，用于将流出的燃油收集起来。

如果没有立即打开高压系统，则压力会由于余热作用而再次升高。此时不得再打开点火开关，否则压力会再次升高。

注　意

也可以拔掉后排座椅下面的控制单元插头或拔掉燃油控制单元熔丝，起动发动机燃烧掉管路中的残余燃油，直至发动机熄火。

（1）高压燃油泵的拆卸　高压燃油泵的拆装如图 3-33 所示。

注　意

必须在发动机处于冷态时进行拆装。

1）拆卸高压管，拧紧力矩为 25N·m。提示：将一块抹布置于下面，以便收集溢出的燃油。
2）松开软管卡箍，取出燃油供给软管，如图 3-34 所示。
3）拧出螺栓，取下带有滚子挺杆的高压泵。
4）拆卸后应更换 O 形环和弹簧卡箍。

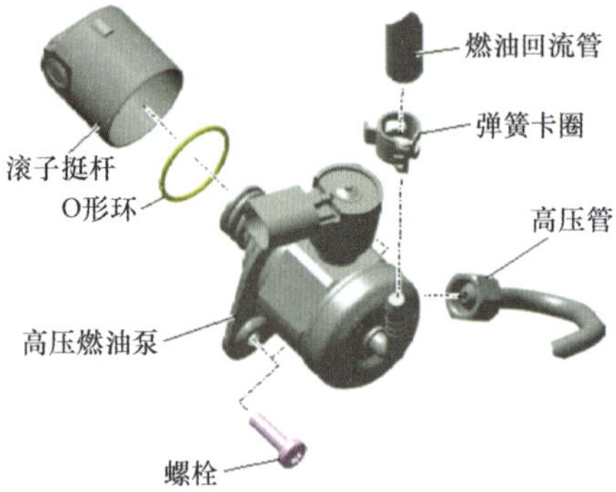

图 3-33　高压燃油泵的拆装

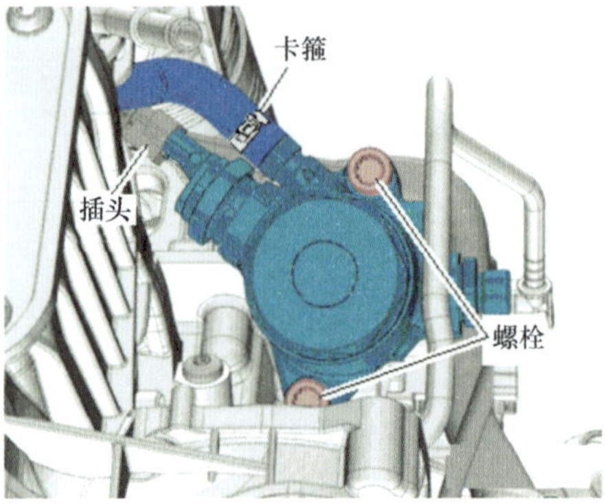

图 3-34　松开卡箍

（2）高压燃油泵的安装
1）检查滚子挺杆是否损坏，必要时更新。
2）用洁净的发动机油涂抹滚子挺杆。
3）将抹过油的滚子挺杆插入凸轮轴外壳，如图 3-35 所示。
4）沿发动机转动方向转动曲轴，直到滚子挺杆处于最低点，如图 3-36 所示。
5）将新的已抹过机油的 O 形环插入高压泵的凹槽中。

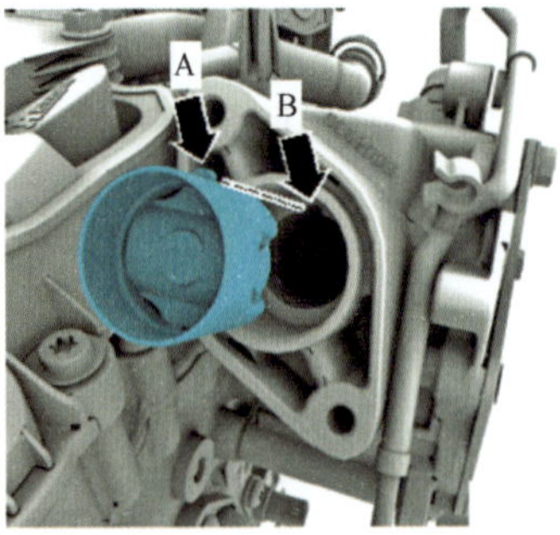

图 3-35　将滚轮挺杆装入泵腔中

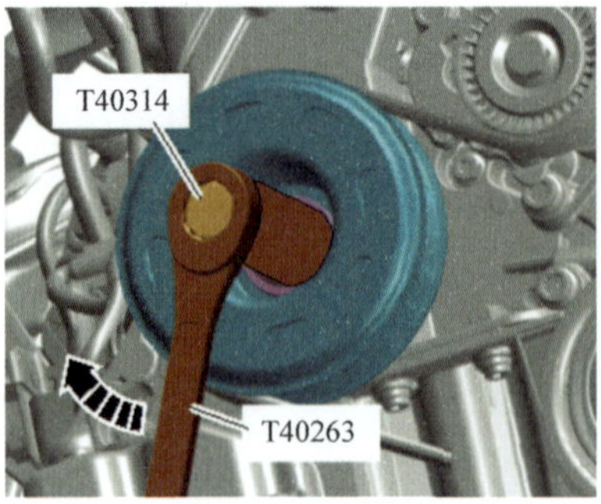

图 3-36　旋转曲轴

61　宝马高压泵的结构及工作原理

宝马 HPI 直喷系统高压油泵的安装位置如图 3-37 所示。

EKP（输油泵控制单元）产生的预压使燃油通过入口输送至高压泵内，燃油从此处通过燃油量控制阀和低压单向阀进入泵元件的燃油室内，如图 3-38 所示。燃油在该泵元件内加压，并通过高压单向阀输送至高压接口。高压泵通过驱动法兰与真空泵相连，因此也由链条传动机构驱动。也就是说，只要发动机运转，3 个高压活塞就会在摆动盘的作用下持续做往复运动，从而会随着新燃油通过燃油量控制阀进入高压泵持续对燃油加压。燃油量控制阀由发动机管理系统接口控制，从而提供所需燃油量。燃油量控制阀以打开或关闭燃油供给通道的方式调节压力。

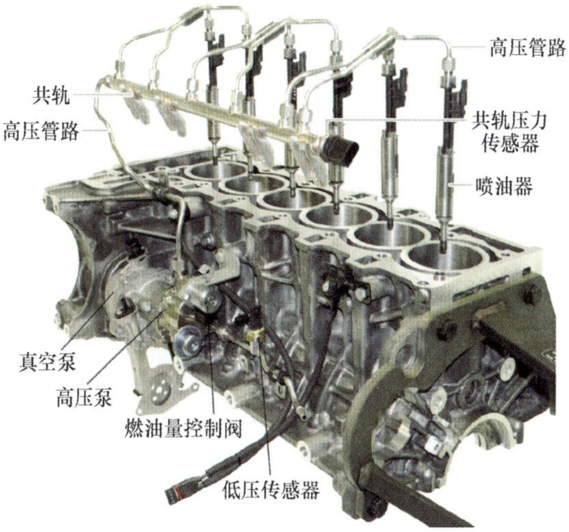

图 3-37　高压油泵的安装位置

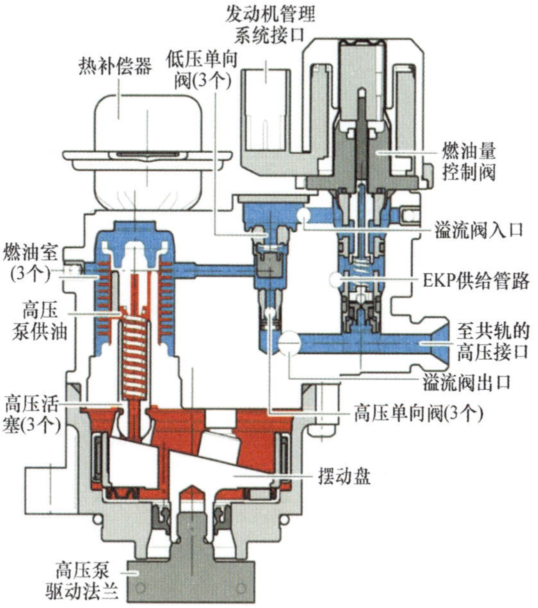

图 3-38　带有燃油量控制阀的高压泵

高压区域内的最大压力不得超过 24.5MPa。如果压力过高，就会通过溢流阀经接口（溢流阀出口和溢流阀入口）向低压区域释放高压循环回路的压力。由于燃油无法压缩（也就是说，燃油体积不会随着压力的改变而改变），因此这种方法完全可行。向低压区域释放压力时，通过该区域内的油液体积抵消了所产生的压力峰值。因温度变化而造成的体积变化通过与高压泵供油装置相连的热补偿器进行补偿。

在高压泵的泵元件内产生压力，由摆动盘驱动的高压活塞在其上移期间将机油（红色）压入金属膜内。金属膜体积增大后减小了可利用的燃油室空间，燃油（蓝色）在压力作用下压入共轨内，如图 3-39 所示。

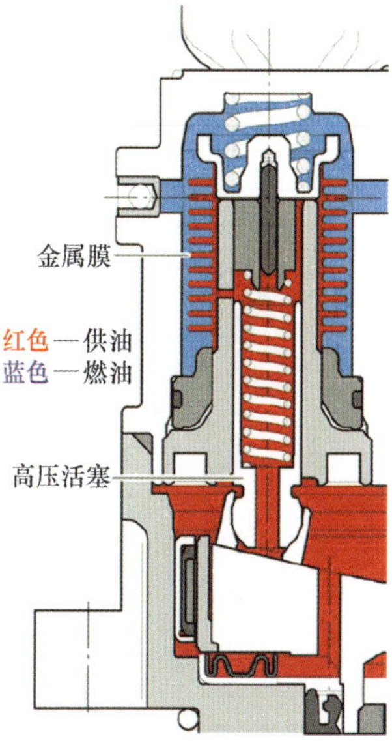

图 3-39　泵元件

燃油量控制阀控制共轨内的燃油压力，发动机管理系统通过一个脉冲宽度（PWM）信号对其进行控制。

根据控制信号使节流阀横截面以不同大小开启，并调节相应负荷点所需的燃油质量流量，此外还能降低共轨内的压力。

应急运行模式：如果诊断出系统内存在故障，如高压传感器失灵，就会切断燃油量控制阀的供电，燃油随即通过一个所谓的旁通进入共轨内，如图 3-40 所示。

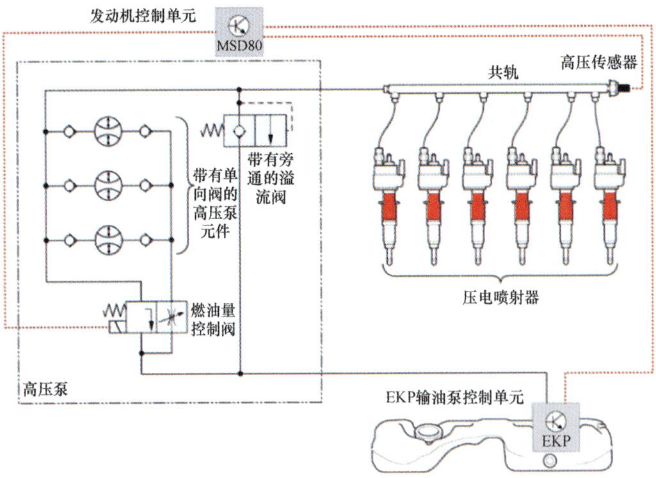

图 3-40　燃油系统

HPI 处于应急运行模式的原因可能：①高压传感器信号不可信；②燃油量控制阀失灵；③高压系统泄漏；④高压泵失灵；⑤高压传感器失灵。

62 直喷发动机喷油器的结构及工作原理

（1）大众直喷发动机喷油器 大众、奥迪目前都采用 6 孔喷油器，其内部结构（图 3-41）与传统喷油器相似，安装位置如图 3-42 所示。喷油器上有 6 个精细的机械孔，可以喷射出圆锥形的雾状燃油，这种结构可在节气门全开或在预热催化转化器阶段的二次喷射过程中，避免油束覆盖整个活塞顶部，可大大降低碳氢化合物的排放。同时，当发动机冷机时，有更少的燃油混入发动机机油中。

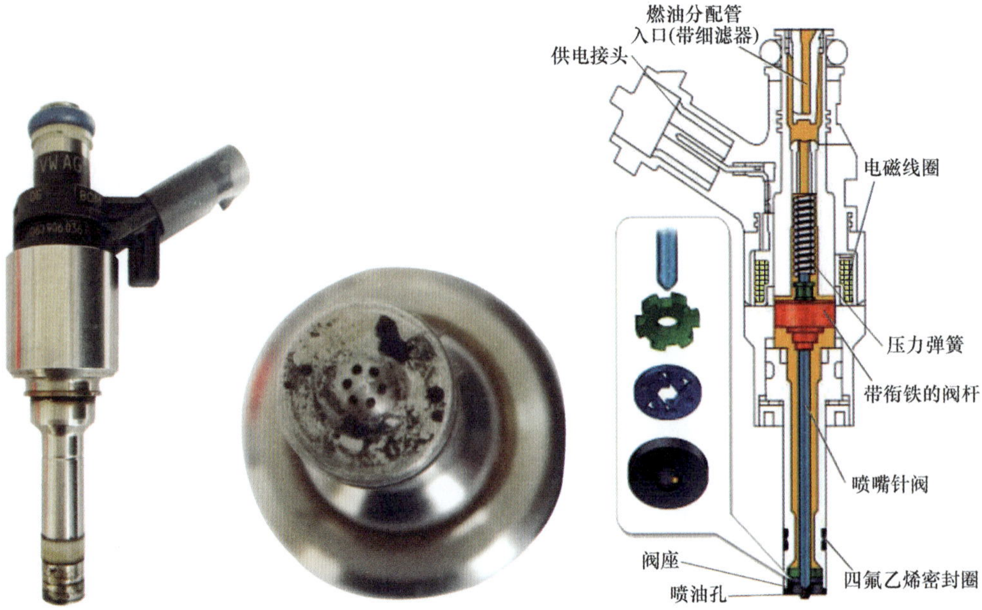

图 3-41　喷油器的结构

09款高尔夫A6、奥迪1.4L发动机控制单元控制喷油器的电压为65V，控制单元内部有DC/DC变压器将12V转换成65V。喷油器阀针开启时需要12A的电流，但保持开启仅需要2.6A的电流。喷油器的驱动电压约为65V，但这只是在喷油器阀针开启一刹那施加65V电压，之后阀针继续保持张开时，只需加载较小的12V电压。喷油器末端细长，可提高冷却效果。喷油器有一个安装卡夹，只要拆卸就须更换。

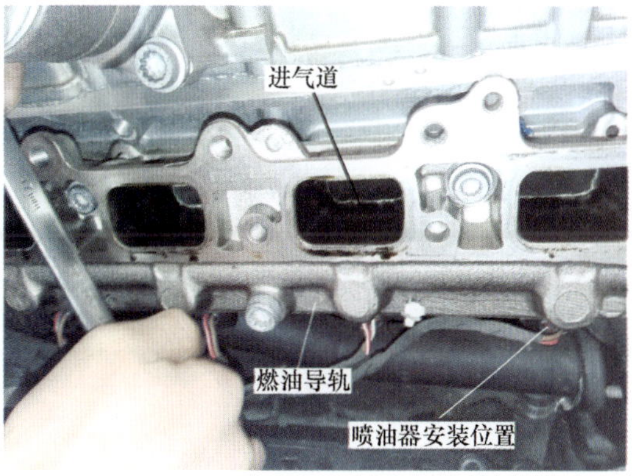

图3-42 喷油器的安装位置

1）检测。新款奥迪Q3、迈腾2.0、速腾喷油器的阻值约为2Ω。怠速实测电压约为0.168V，2000r/min时喷油器电压约为1.7V，3000r/min时喷油器电压约为1.8V。注意：在检测各缸喷油器是否工作时，可以将各缸点火缸线拔下，前提是喷油阻值及电压正常，然后短时间起动发动机，拆下火花塞看各缸火花是否湿，不湿的缸，其喷油器不工作。

2）工作过程。电磁线圈通电后，其产生的电磁力使铁芯克服弹簧力而移动，与铁芯一起的针阀被打开，压力油便从喷口喷出。电磁线圈断电，其电磁力消失，铁芯在弹簧力作用下迅速回位，针阀关闭，喷油器立即停止喷油。喷油器将汽油直接喷入燃烧室，对于单孔喷油器，其燃油喷射锥角为70°，喷束倾角为20°，如图3-43所示。多孔喷油器（图3-44）带有6个喷口，因此，相比针阀式喷射器能提供更好的混合气，且喷射角度可与燃烧室匹配；吸气和喷射同步，可避免燃烧室表面和进气门表面湿；喷射锥角为50°。这些更改导致燃油雾化更好，HC排放减少，机油稀释减弱。

喷油器的开启过程可分为预磁化、升压、拾波和保持四个阶段，如图3-45所示。

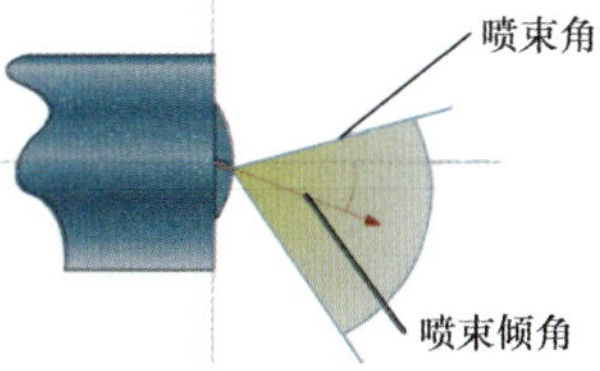

图3-43 单孔喷油器的喷射锥角与喷束倾角

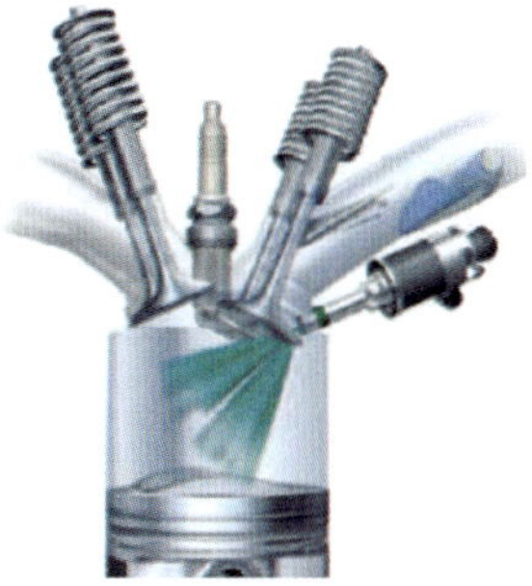

图3-44 多孔喷油器

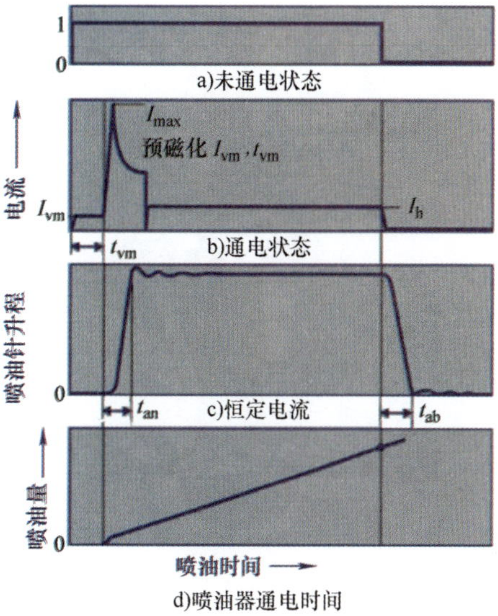

图3-45 喷油器的开启过程

3）大众直喷发动机喷油器清洗后的基本设定方法。大众采用TSI缸内直喷技术发动机，清洗过喷油器后必须进行基本设定。设定方法：起动发动机运转至正常工作温度，用故障检测仪进01发动机控制单元01-04（基本设定）→200（通道号）→确定→根据提示同时把加速踏板和制动踏板踩到底并保持，等到数据块1区由数字变到0，基本设定完成，全过程大约10min。

（2）新款东风雷诺科雷嘉M5R直喷发动机喷油器 为了实现缸内直喷，M5R发动机使用了带有7个喷射孔的高压喷油器，如图3-46所示。此喷油器可在高电压下快速实现高压燃油喷射。ECM内的喷油器驱动装置可以产生最大65V的高电压，以便在起动阶段打开喷油器内部阀门。在开始喷射后，ECM在支持阀门开启的蓄电池电压范围内提供脉宽调制信号，如图3-47所示。

在更换高压喷油器时，必须同时更换O形密封圈、支承环、特氟龙（Teflon）密封件和喷油器托架，如图3-46所示，否则可能发生燃油泄漏。更换特氟龙密封件时，需要使用偏口钳切断旧的特氟龙密封件，注意不要损坏金属表面，如图3-48所示。安装新的特氟龙密封件时，要用到专用工具MOt1533，具体方法如下：首先，将锥体安装在喷油器喷嘴上，用手轻轻地将新的特氟龙密封件插入锥体上并推进凹槽内；然后拆下锥体，并将改进工具推至喷油器喷嘴附近；最后，还要旋转至少30s以正确设置特氟龙密封件。注意：不要在特氟龙密封件上涂抹机油，而将喷油器安装到燃烧室后，可以在燃油密封件和O形密封圈上涂抹发动机润滑油，以便将喷油器顺利插入高压油轨中。

图3-46 7孔高压喷油器

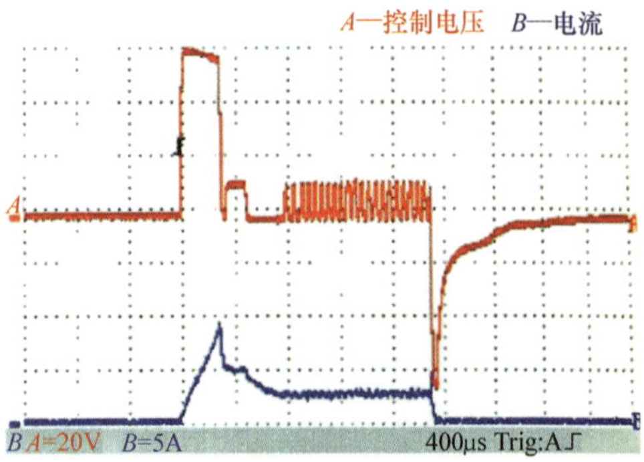

图3-47 喷油器的控制电压和电流

图3-48 喷油器上需要更换的部件

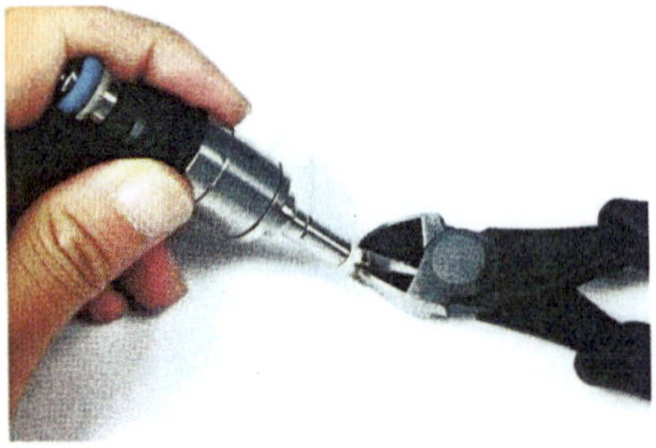

图3-49 拆下旧的密封件

（3）宝马喷油器 宝马喷油器的结构和安装位置如图 3-50 和图 3-51 所示。其控制高压喷射阀时需要大约 100V 的电压。高压喷射阀打开时的恒定电压大约为 80V。通过采用带有大功率电容器的节拍式输出级，可使获得的车载网络电压达到 85~100V。

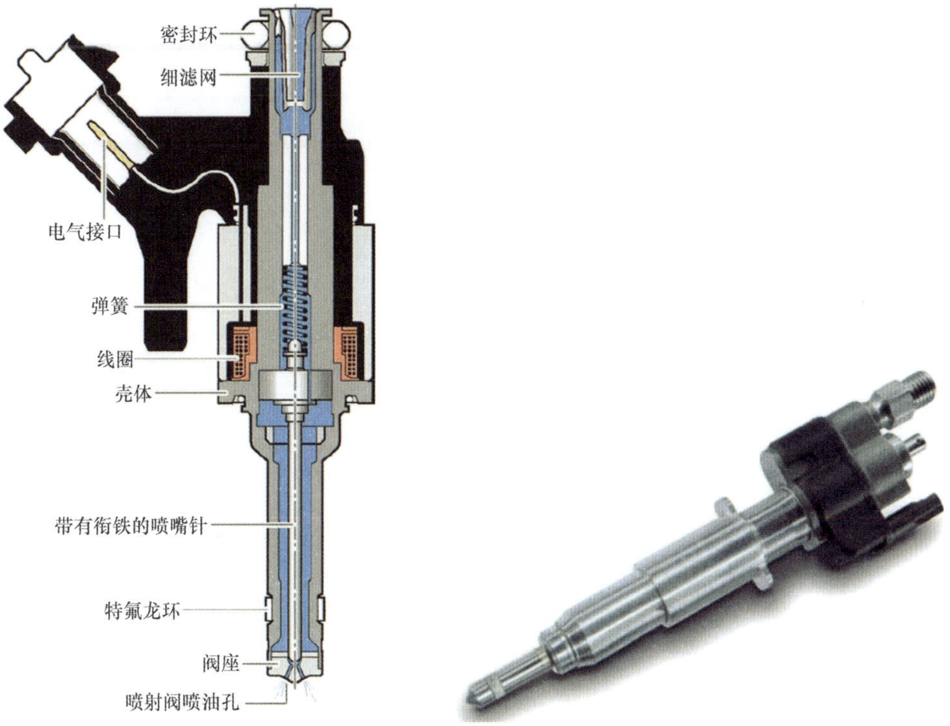

图 3-50 宝马直喷喷油器

在输出级内一直有电流通过，直至达到某一关闭值。关闭后会产生一个感应电压，如 85V，随后这个电压施加在大功率电容器（升压器）上。

电容器电流为高压喷射阀提供 2.8~16A 的供电，DME 在接地侧控制高压喷射阀。

采用向外打开式压电喷射器实现了喷束导向式直接喷射，因此为 N54 发动机的整体创新提供了可能。因为只有这种喷射器才能确保喷入的燃油锥束保持稳定，即使燃烧室内受压力和温度的影响。这种压电喷射器可产生最高 200bar 的喷射压力，并使喷嘴针以极快的速度打开。这样可摆脱受气门开启时间限制的工作循环而向燃烧室内喷射燃油。

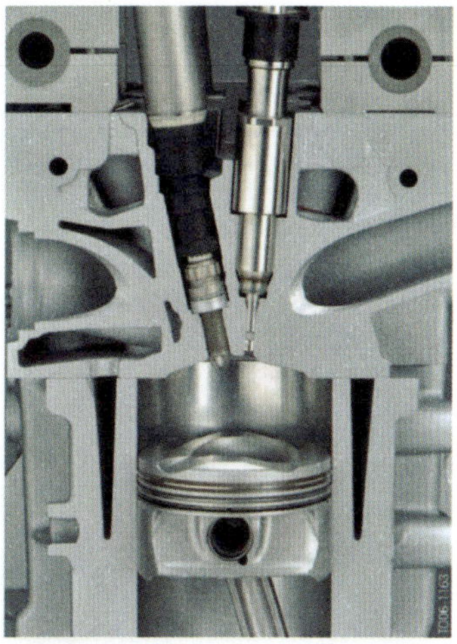

图 3-51 向外打开式压电喷射器的安装位置

压电喷射器与火花塞一起集成在进气门与排气门中间的气缸盖内，安装在此处可避免喷入的燃油沾湿气缸壁或活塞顶。通过气体在燃烧室内的移动以及稳定的燃油锥束，可形成均匀的燃油空气混合气。气体移动一方面受进气通道几何形状的影响，另一方面也受活塞顶形状的影响。喷入燃烧室内的燃油通过增压空气形成涡旋，直至点火时刻前在整个压缩室内形成均匀的混合气。

向外打开式喷嘴针：喷嘴针从其锥形针阀座内向外压出，从而形成了一个环状间隙，如图 3-52 所示。加压后的燃油经过该环状间隙形成空心锥束，其喷射角度与燃烧室内的背压无关。

喷射过程中，压电喷射器的理想喷射锥束可能会扩大。由于发动机内部会形成炭烟，因此这种现象在一定程度内是允许出现的且很常见，如图 3-53 所示。

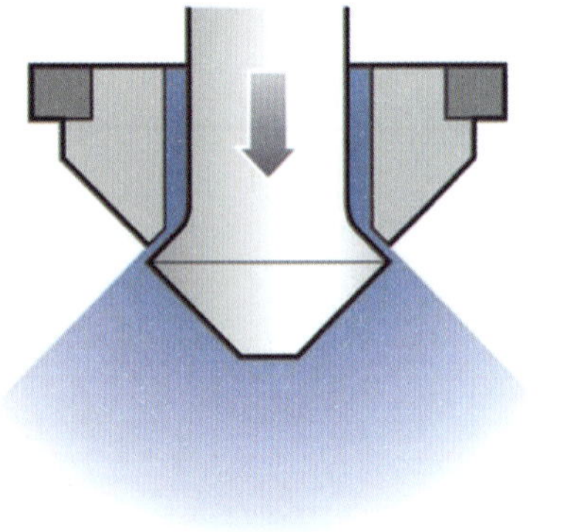

图 3-52　向外打开式喷嘴针

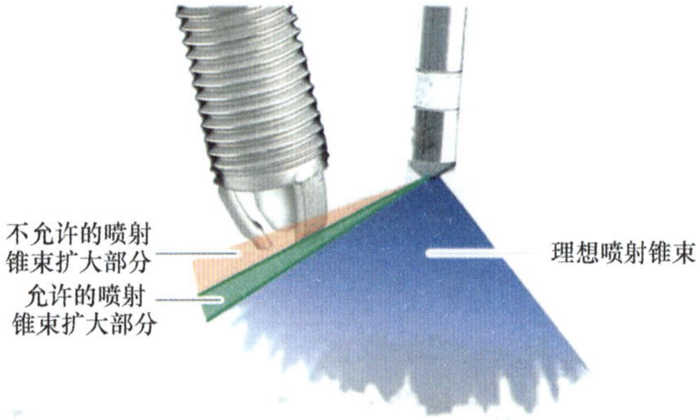

图 3-53　向外打开式压电喷射器的喷射锥束

但是，如果喷射角度扩大后喷射到火花塞上，则会导致火花塞损坏。

注　意

要判断某缸喷油器是否工作，首先拔掉该缸的点火模块，如果火花塞湿，则证明该缸喷油器工作；否则为喷油器或线路故障。通用别克 GL8 SIDI 喷油器电压用示波器读取时可达 60V，而持续开启的电压为占空比电压 14V，但用万用表测量电压在 9.02V 左右，不能说明控制线路没问题。

63 燃油压力传感器的结构及检测

（1）大众燃油压力传感器　大众燃油压力传感器 G247 的安装位置如图 3-54 所示。

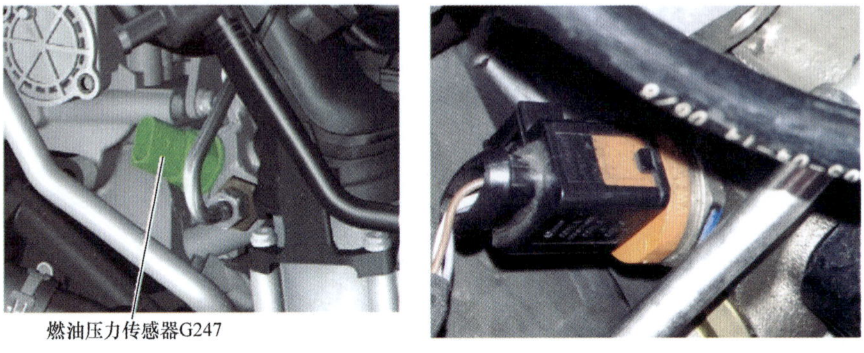

图 3-54　G247 安装位置

1）结构。燃油压力传感器用于检测发动机实际燃油压力。此传感器由印制电路板、传感器元件、隔离块（间隔块）和壳体等组成，如图3-55所示。这个传感器安装在进气歧管下方靠近飞轮一侧，用螺栓紧固在塑料制成的油轨上。它监控燃油系统高压部分的压力，并且把信号传给发动机控制单元。油轨内的压力保持恒定对减少排放、降低噪声和提高功率有重要影响，燃油压力在一个调节回路中进行调节，传感器的测量误差小于2%，传感器的核心是一个钢膜，在钢膜上有应变电阻，要测的压力经压力接口作用到钢膜的一侧。钢膜弯曲，引起应变电阻阻值的变化，分析电路将电信号处理放大后传递给控制单元，控制电路如图3-56所示。

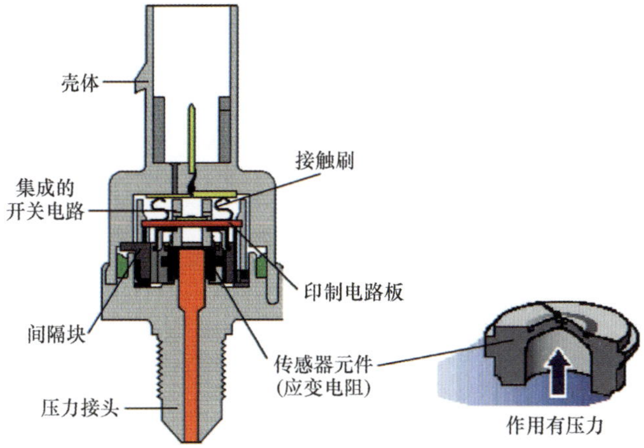

图3-55　燃油压力传感器的结构

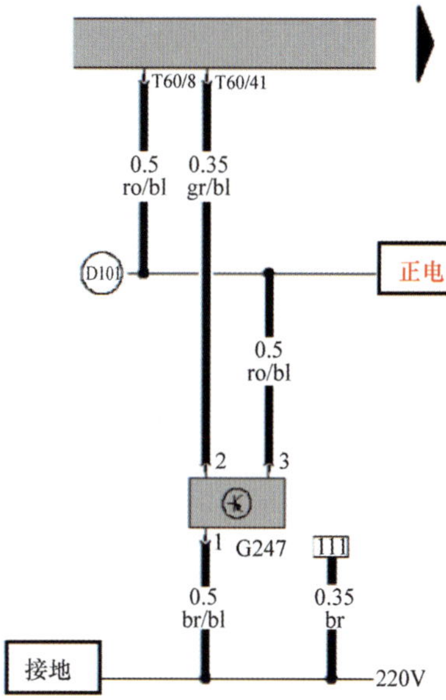

图3-56　燃油压力传感器控制电路图

发动机控制单元给传感器供电，供电电压为5V，压力升高时电阻降低，于是信号电压升高。燃油压力传感器的特性曲线如图3-57所示。

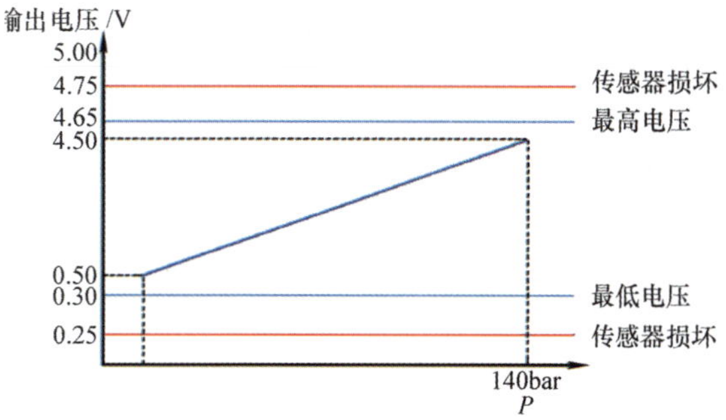

图3-57　燃油压力传感器的特性曲线

2）传感器信号的作用。发动机控制单元根据这个信号，调节燃油压力调节阀来控制油轨内的燃油压力。如果这个信号反映出燃油压力无法调整了，则燃油压力调节阀会在泵油行程也通电，处于常开状态，这时整个系统压力降低至低压端的0.5MPa。

3）失效影响。如果燃油压力传感器G247故障，则燃油压力调节阀N276将关闭，电子燃油泵将完全开起，发动机将以当前的燃油压力运转，发动机转矩将因此急剧下降。

4）检测方法。

① 打开点火开关，检查燃油压力传感器插头1和3端子间的电压为5V，端子3和2之间约为2.631V。

② 检查传感器线束与发动机线束和ECU连接器端子有无损坏之处，若有应修复或更换传

感器线束。

③ 当燃油压力随着工况变化时，ECU 认为是故障，并以故障码 268 的形式存储该故障。由于故障的存在，直接导致发动机功率或转速降低，并且发动机工作粗暴。起动发动机怠速运转，连接诊断仪确认是此故障码后清除。

（2）宝马共轨高压传感器 共轨压力传感器（高压传感器）固定在不锈钢共轨上，如图 3-58 所示。燃油加压后暂时存储在共轨装置内并分配给相应的高压喷射阀。

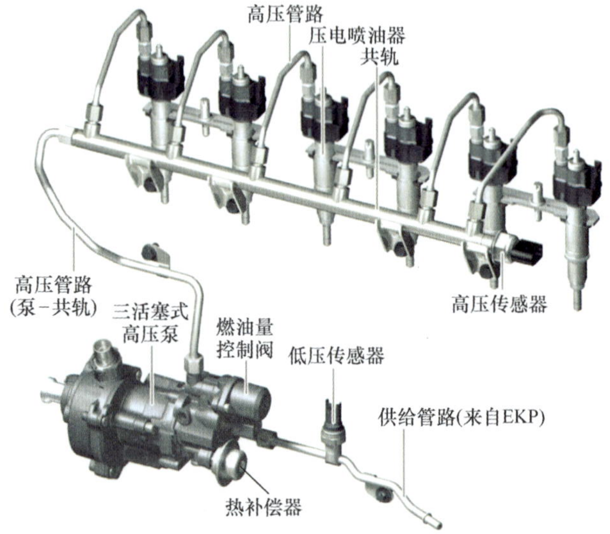

图 3-58 共轨压力传感器

燃油压力通过高压接口传输至带有传感器元件的隔膜处，传感器元件将隔膜变形程度转化为相应的电信号，分析电路对该信号进行处理，并将一个模拟电压信号发送至 DME。电压信号随燃油压力的增加以线性方式增加。

共轨压力传感器信号是一个重要的 DME 输入信号，用于控制油量调节阀（高压泵部件）。DME 为该传感器提供 5V 供电和接地连接，通过信号导线将信息发送至 DME。

可进行分析的信号随压力变化而变化。与测量范围（0.5~4.5V）相对应的共轨压力为 0~16kPa（0~160bar）。

共轨压力传感器失灵时，DME 就会启用油量调节阀的应急运行模式。

64 燃油压力调节电磁阀的检测

大众汽车的燃油压力调节电磁阀装在高压泵的侧面，如图 3-59 所示。其作用是按需求控制进入油轨的油量。

（1）失效影响 燃油压力调节阀不通电就关闭，也就是说，当这个阀失效的时候，燃油压力会一直上升，直到达到 14MPa 时限压阀打开。发动机控制单元根据高压的情况匹配喷嘴打开时间，同时发动机转速限定在 3000r/min 以下。

在打开高压系统之前，必须释放高压。将调节阀的插头拔掉，电磁阀不通电，电磁阀常开，压力下降。

由于燃油压力调节阀在不通电的情况下就关闭，所以拔掉插头后，燃油压力不会下降。因此，功能导航中释放高压系统压力的选项也包括在故障导航选项里面，可以在发动机运转的时候打开调节阀来释放压力。需要注意的是当系统升温时，系统压力会再次上升。

（2）检测 控制电路如图 3-60 所示。端子 1、2 之间的阻值约为 12.3Ω。关闭点火开关时，端子 1、2 是常电，为 12.18V；怠速时，端子 1、2 间电压约为 5.6V；2000r/min 时，端子 1、2 间电压约为 5.01V。

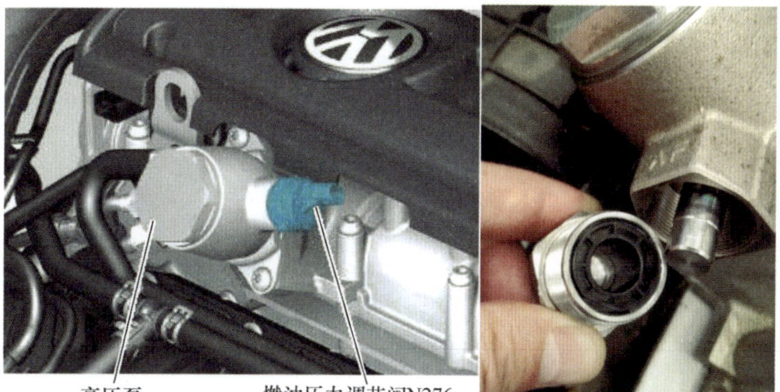

图 3-59 燃油压力调节阀 N276

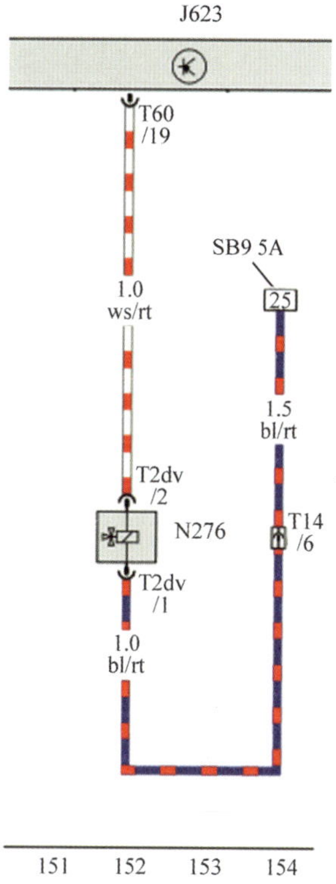

图 3-60 控制电路

65 燃油系统汽油泵的结构

由于汽油极易汽化而形成气泡，引起泵油量明显减少，并导致输送压力的波动，为此在现代汽车上广泛采用双级电动燃油泵，即将两个电动燃油泵串联，使供油能力得以提高。

两个燃油泵（汽油发动机）均有转子、涡轮或平板叶片。第一级（前置级）泵从油箱的底部抽取燃油并将燃油送入储油器，这样就可保证即使剩下的燃油很少了，也可以供油；第二级（主级）泵直接从储油器中抽取燃油。

在现代汽车上，电动燃油泵采用双级泵的结构型式并安装在油箱内的趋势日益明显。双级泵是由初级泵和主输油泵合成一个组件，由一只电动机驱动的结构，如图 3-61~ 图 3-65 所示。初级泵能分离吸油端产生的蒸气，并以较低的压力将燃油送到主输油泵内。

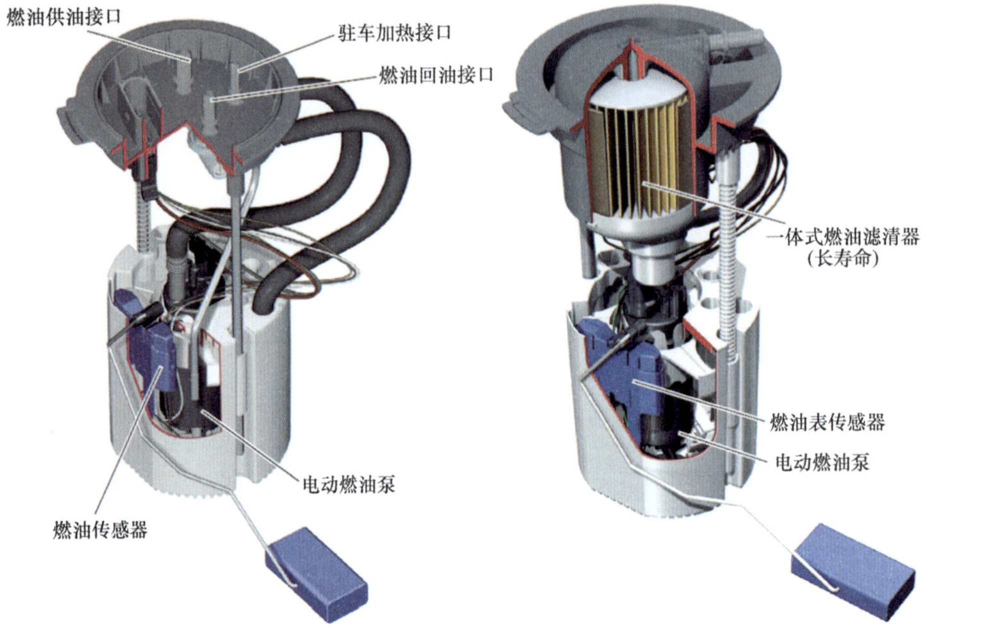

图 3-61　汽油泵整体结构

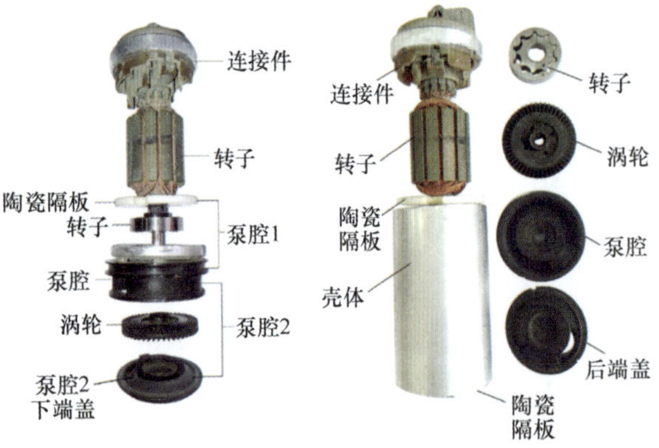

图 3-62　双级燃油泵剖解图

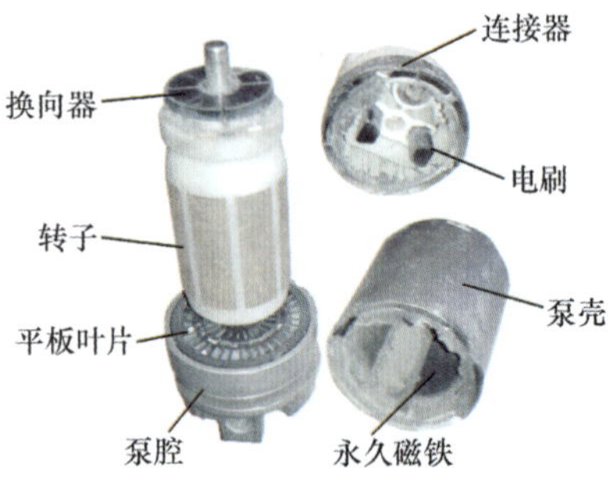

图 3-63　双级燃油泵的内部结构

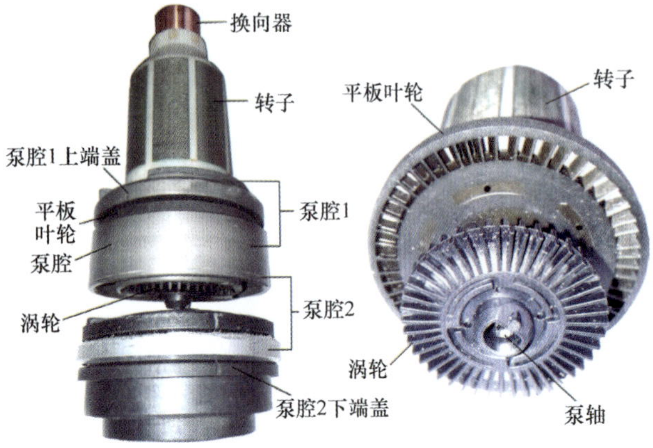

图 3-64　双级叶片泵的结构

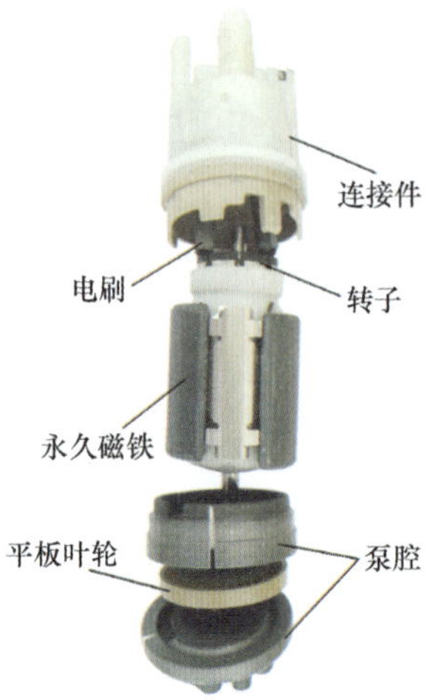

图 3-65　单级涡轮泵

66 燃油控制单元导致的无法起动故障

一辆新款奥迪 A6L 轿车，累计行驶里程约为 2 万 km，出现发动机有时无法起动的故障。

（1）故障分析 该车曾经多次出现停车放置一段时间后再重新起动时，发动机不能立即起动着机的现象，遇到此种情况时要等一会儿再起动，发动机才能起动着机。连接 VAS6150 对该车进行检测，在 01- 发动机电子设备中存有两个偶发性故障码：P008A，含义是燃油低压系统压力过低；P310，含义是燃油低压力调节，燃油压力超出允许误差。根据 VAS6150 的故障导航功能，并结合电路图对燃油低压供给部分相关线路及线束连接器进行检查、测量，没有发现明显异常。根据故障码的提示，拆下燃油泵，如图 3-66 所示。燃油泵控制单元 J538，如图 3-67 所示，检查也没有发现异常。

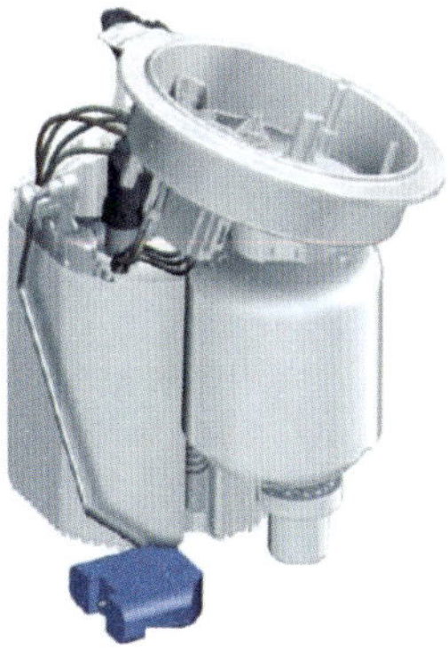

图 3-66 故障车的燃油泵

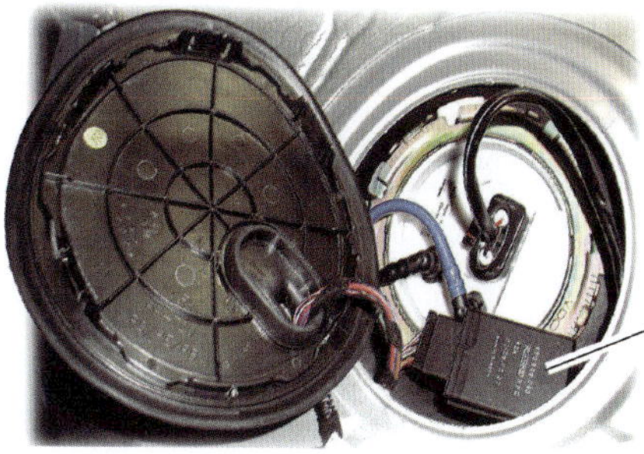

图 3-67 故障车燃油泵控制单元 J538

由于该车故障为偶发性故障，试验多次均未捕捉到故障现象再现，为了提高一次修复率，就把该车的燃油泵、燃油泵控制单元和试乘试驾车进行了调换，结果经过一段时间测试后，试乘试驾车也出现了用户描述的故障现象，而对该车用户进行跟踪回访后，确认其之间没有出现过上述故障。由此确定是燃油泵或燃油泵控制单元两个部件中的一个或两个有问题。由于当时燃油泵和燃油泵控制单元都装在一辆车上，不容易准确判断出故障部件，于是把这两个部件分别装在两辆车上进行测试。经过长时间测试后，终于确定车辆故障是由于燃油泵控制单元 J538 有问题所导致的。

（2）故障排除 更换燃油泵控制单元后试车，故障排除。

67 喷油器密封圈损坏故障

（1）故障现象 大众直喷发动机故障灯报警及怠速抖动。

（2）故障分析 维修人员首先对车辆进行路试，故障没有重现。连接故障诊断仪检查网关列表，检查到发动机控制单元内有 2 个故障码：7690——1 缸检测到偶然 / 多次气缸不发火（间歇式）；7680——检测到偶然 / 多次气缸不发火（间歇式）。检查其他控制单元正常。根据故障码内容进行分析，可能的故障原因如下：①1缸点火线圈火花塞故障；②发动机气门/燃烧室积炭；③发动机气门/喷油器密封不良；④喷油器堵塞；⑤进气歧管漏气/三元催化转化器堵塞；⑥燃油压力不足。

首先，检查4个火花塞，发现均有不同程度的积炭，于是清理火花塞积炭，对换1、2缸点火线圈和火花塞，最后清除故障码，继续使用观察情况。当天晚上停车时，相同故障再次出现。车辆再次进店检查，维修人员用故障诊断仪检查发动机控制单元有2个故障码：7680——检测到偶然/多次气缸不发火（间歇式）；7710——3缸检测到偶然/多次气缸不发火（静态）。检查其他控制单元正常。接下来检查机械部分，检查进气歧管无漏气现象，排气系统通畅，读取发动机燃油系统高压数据正常，测量发动机各气缸压力均正常。检查4个火花塞均有轻微积炭，于是拆下喷油器进行清洗，当拆下喷油器时，发现1、3缸喷油器密封环已变形，而2、4缸正常，如图3-68所示。

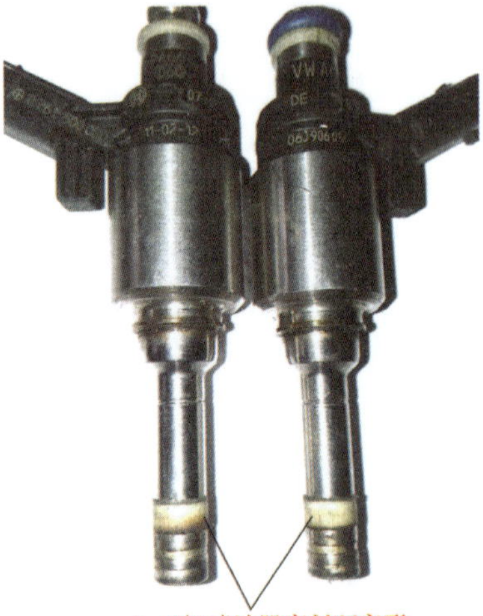

图3-68　1、3缸喷油器密封环已变形

为了验证故障现象，把故障车上1缸和3缸的喷油器与试驾车进行对换（密封环变形的喷油器安装在试驾车第2、4缸），更换后进行路试，故障车辆恢复正常，而试驾车路试20km后，出现怠速不稳及排放灯点亮故障。用诊断仪检查发动机控制单元，第2缸有20次失火记录，第4缸检测到偶然/多次气缸不发火（静态）故障码，分别对换1缸与2缸、3缸与4缸的火花塞和点火线圈，第2、4缸依然有失火故障。说明故障确实出在故障车的1、3缸喷油器上。

（3）故障排除　更换第1、3缸喷油器密封环，故障排除。

（4）总结　该车的故障原因是第1、3缸喷油器密封环变形，与气缸盖密封不良（类似于发动机气门关闭不严），导致热车后发动机低速/怠速时气缸压力不足，出现第1、3缸失火故障现象。通过此案例，说明缸内直喷发动机的喷油器密封环若密封不良，会产生低速气缸压力不足的故障，类似于气门关闭不严的故障现象，这点与非缸内直喷发动机有所区别，分析过程中应特别注意。

第 4 章 进排气系统

68 进气系统结构

任何物体必须在有氧气的前提下才能燃烧，否则在真空状态下是不可能燃烧的。汽车吸入空气是要和喷油器喷出的汽油在进气门前方或气缸内混合形成可燃混合气。如果没有空气吸入，燃油就会燃烧不全或发动机不点火，理论上每吸进 14.7kg 的空气就完全燃烧 1kg 汽油。只有形成理论上的混合气，发动机才能工作。发动机工作时活塞上下移动，气缸产生真空，进气门开启，空气流经空气滤清器，由空气流量传感检测进气量然后流经节气门（由加速踏板控制节气门开度，相当于节气门的开关，加速踏板踏下的深度越深，节气门开得越大，进入的空气就越多，反之进入的空气越少），进入进气道（直喷发动经进气门直接进入气缸），发动机计算机控制并计算出喷油量（多点喷射在进气门前方喷射燃油并与空气形成混合气），经进气门进入气缸（直喷发动机在气缸内形成混合气），如图 4-1~ 图 4-3 所示。

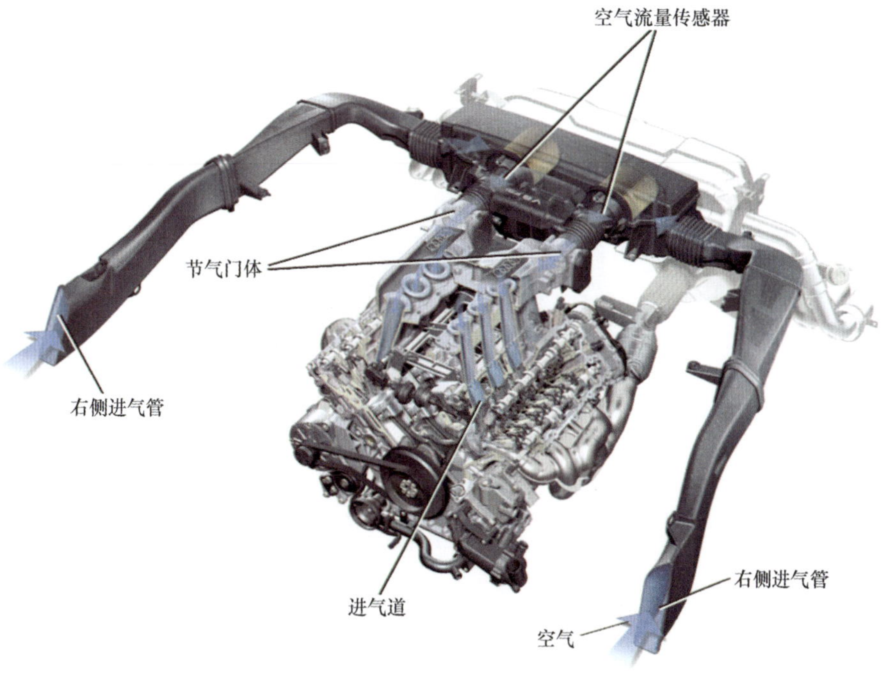

图 4-1 奥迪 R8 进气系统

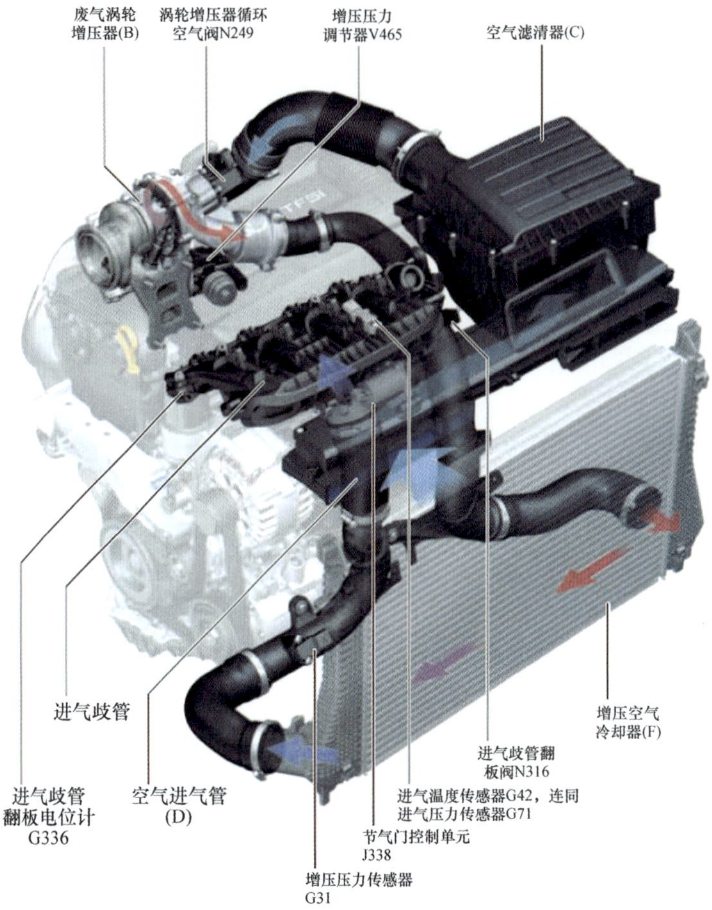

图 4-2　奥迪 W12 进气系统

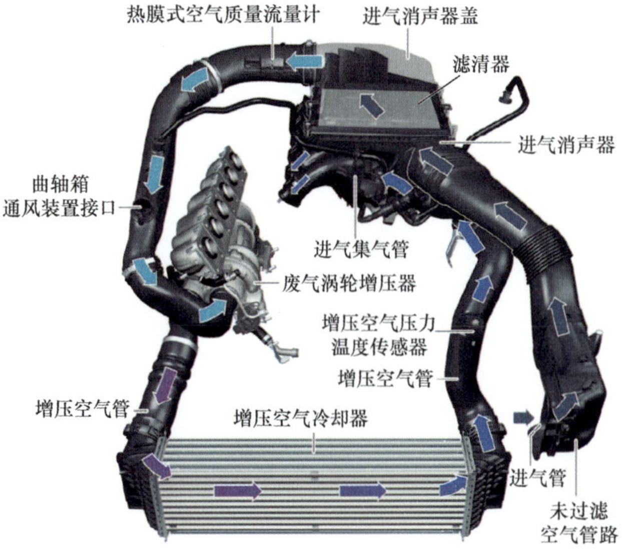

图 4-3　宝马发动机进气系统

■—未过滤空气　■—洁净空气　■—加热后的增压空气　■—冷却后的增压空气

69 谐振进气系统结构

由于进气具有间歇性和周期性，致使进气歧管内产生一定幅度的压力波，此压力波以声速在进气系统内传播和往复反射。如果利用一定长度和直径的进气歧管与一定容积的谐振室组成谐振进气系统，如图4-4所示，并使其自振频率与气门的进气周期调谐，那么在特定的转速下，就会在进气门关闭之前，在进气歧管内产生大幅的压力波，使进气歧管的压力增高，从而增加进气量。谐振进气的优点是没有运动部件，工作可靠，成本低。但只能增加特定转速的进气量和发动机转矩。

图4-4 新款捷达进气系统

70 废气涡轮系统的组成

废气涡轮增压技术是利用发动机排出的高温高压气体的能量，驱使涡轮机高速运转并带动同轴的压气机，大气经压气机压缩增压后进入进气管系统而后进入气缸的技术。应用此技术，可使发动机每个循环都吸入更多空气，从而提高进气效率，达到提高发动机输出功率的目的。

燃料燃烧过程中释放出来的大量热能转换为气缸内气体的内能，涡轮增压器利用此部分内能转变为机械能驱使涡轮机转动，排气释放能量后，压力和温度都进一步降低，变为机械能的部分最后又经压气机转变为进气的压力能，提高了进气压力。有的增压器中还设有低压箱，可以通过控制叶片来控制排气纳入的多少，根据发动机工况的需要进行调节。

常用的废气涡轮增压系统主要由空气滤清器、增压器（压气机和涡轮机）、中冷器等组成，如图4-5所示。

增压器是废气涡轮系统的主要组成部件，根据空气进入的方式分为径流式和轴流式两种。车用发动机上一般为径流式，它包括两部分，即涡轮机和压气机。涡轮机的进气口与排气管相连，出气口与排气口相连；压气机的进气口与进气系统的空气滤清器相连，加压后的气体从压气机的出气口与进气压力管相连。压气机和涡轮机的叶片安装在同一根转动轴上。

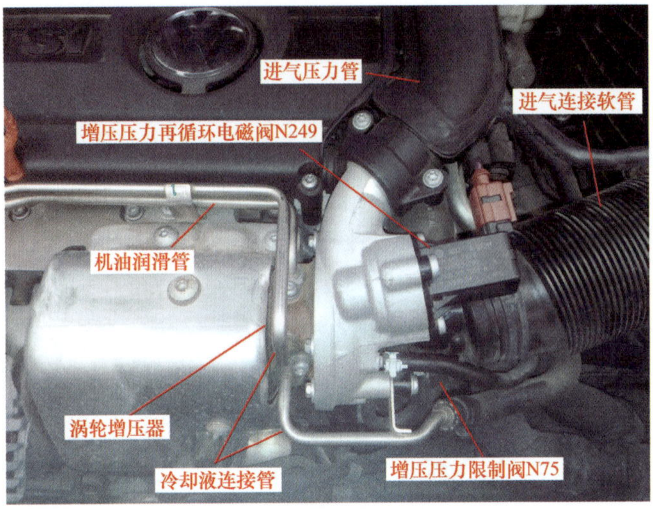

图 4-5 废气涡轮系统的组成

71 大众、奥迪废气涡轮增压系统的工作原理

废气涡轮增压器和排气歧管是安装在一起的，增压压力再循环阀 N249 和增压压力限制阀 N75 都可以单独更换。在研发阶段，重点放在了发动机低转速时涡轮增压器的反应速度上。因此，涡轮和叶轮设计得非常精密，其直径分别是 37mm 和 41mm，如图 4-6 所示。

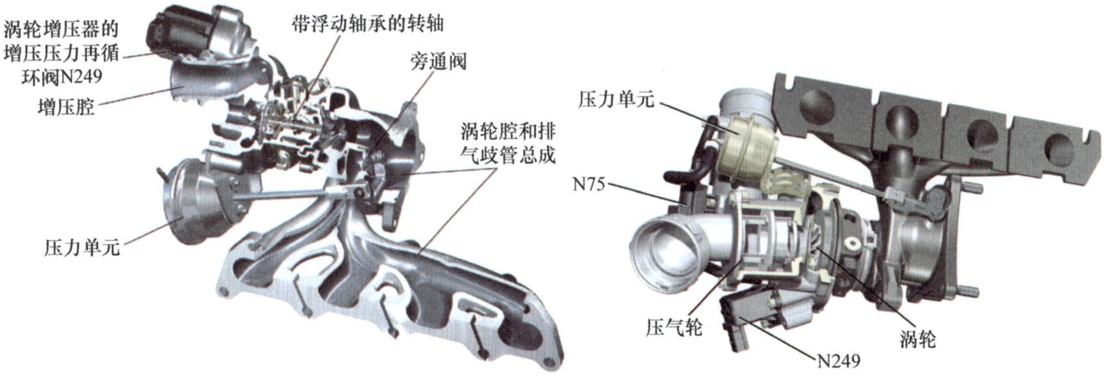

图 4-6 废气涡轮增压器的结构

因此，涡轮增压在比怠速稍高一点的转速下就会起动。旁通阀的直径是 26mm，用来卸掉多余的排气压力。这样设计的结果是在转速达到 1250r/min 的时候，就可以达到最大输出转矩的 80%；在 1500r/min 的时候就达到了最大输出转矩 200N·m；在 5000~5500r/min 之间达到最大输出功率；最大有效增压压力达到 180kPa 的绝对压力。

大众汽车发动机怠速运行时，空气再循环阀控制管通过空气循环阀 N249 与进气歧管相通，由于怠速时进气歧管真空度大，真空作用力使机械式空气再循环阀打开，增压器被直接卸荷，不起增压作用。当发动机高速运行时突然松节气门，进气歧管真空吸力不足以打开机械式空气再循环阀，计算机控制空气循环阀 N249，使机械式空气再循环阀真空控制管与真空罐相通，强大的真空吸力打开机械式空气再循环阀，增压器被直接卸荷。

当发动机处于中低速小负荷运行时，N75 断电，使增压压力调节单元控制管路与增压后的高压空气相通，若增压压力增大，则作用在增压压力调节单元上的力也增大，旁通阀开口大，于是增压压力下降，从而实现了自动调节。

当发动机加速或高速大负荷运行时，N75 由发动机 ECU 以占空比的方式控制，使增压压力调节单元控制管路与低压空气相通，增压压力调节单元上的作用力小，旁通阀关闭，增压压力增大。

72 增压压力调整电磁阀的结构及检测

（1）大众、奥迪增压压力限制电磁阀 N75 增压压力限制电磁阀 N75 的工作原理图如图 4-7 所示。

N75 的作用：①控制增压压力；②将压力气体引入压力单元；③开旁通阀，降低增压压力。

1）结构和工作原理。增压压力的调节主要由增压压力限制电磁阀 N75 进行相应的控制，它通过废气旁通阀进行系统压力的调节。

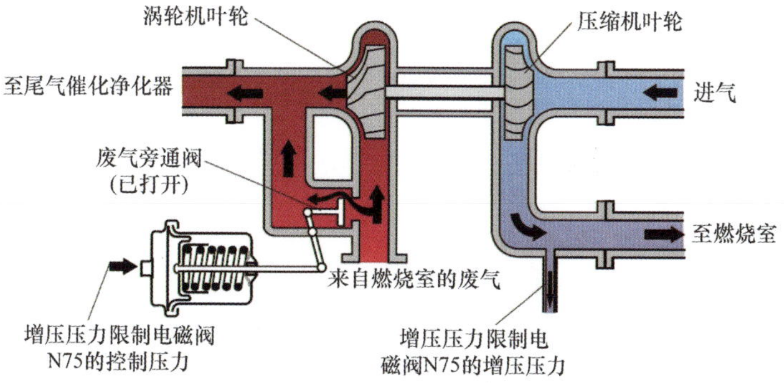

图 4-7 工作原理图

N75 增压压力限制电磁阀本身连接了三条空气管，一条连接在涡轮增压器前部（未增压，相当于大气压力），一条连接在涡轮增压器后部（经过涡轮增压后的增压压力），还有一条连接在废气泄放阀上，控制泄压阀的打开和关闭，如图 4-8 所示。

在无电流状态下，N75 关闭，增压压力直接作用在压力罐上。增压压力调节阀在增压压力较低时打开，这样在增压压力调节失灵时便会限制在“基本增压压力”，以避免超出最大增压压力，结果是损失一些功率。

“基本增压压力”是不用调节便可达到的增压压力，为 30~40kPa。废气涡轮增压器增压的最大限度是 160~180kPa。

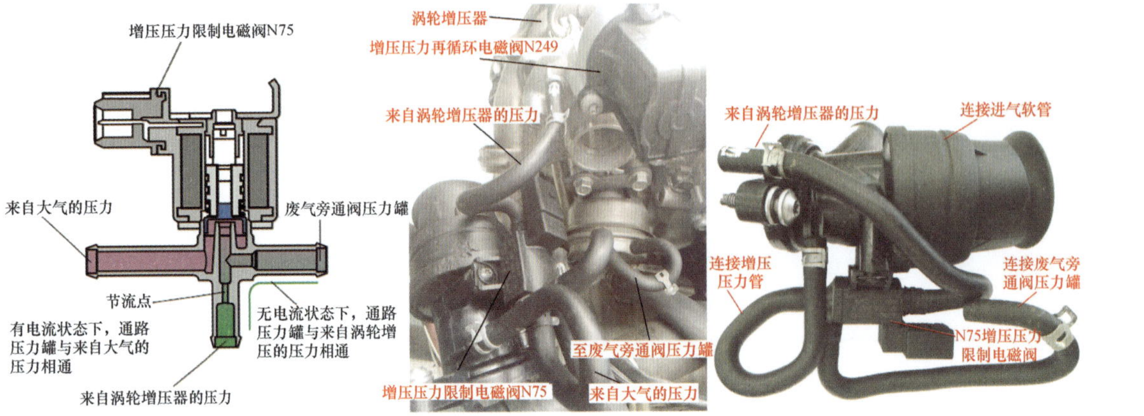

图 4-8　N75 的三条空气管

2）废气涡轮增压器压力罐的检查。

检测的前提条件：从废气涡轮增压器经过增压压力限制电磁阀 N75 到压力罐的软管必须导通和密封；增压压力限制电磁阀 N75 正常。

检查步骤如下：

① 拧出螺栓箭头，并取下废气涡轮增压器的隔热板，如图 4-9 所示。

② 将软管箭头从压力罐上拔出。

③ 将手动真空泵的软管接到压力罐的管接头上，如图 4-10 所示。

④ 将手动真空泵上的开关环沿箭头方向推至极限位置，反复操作手动真空泵。

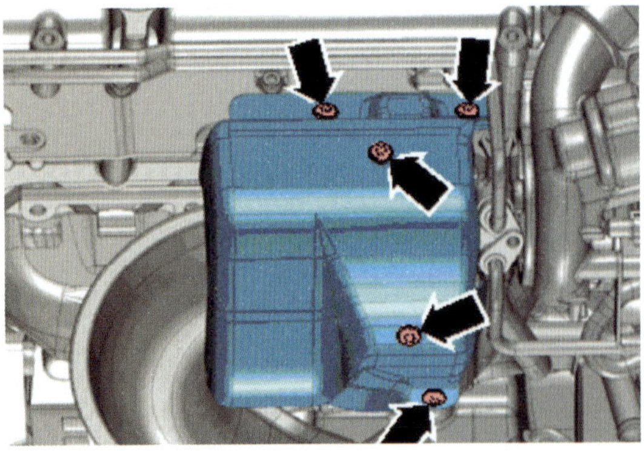

图 4-9　拆下隔热板

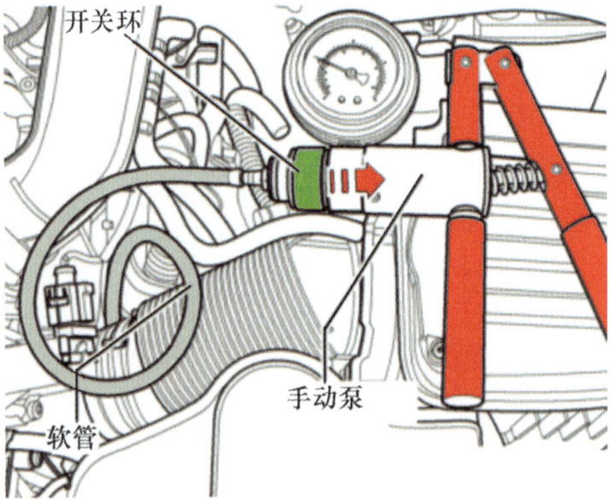

图 4-10　将软管接到压力罐的管接头上

⑤ 观察废气涡轮增压器压力罐的传动杆，如图 4-11 所示。从约 30kPa 起，传动杆必须移动；在约 80kPa 时，传动杆必须位于调节行程的末端。

⑥ 沿箭头 A 移动开关环，给手动真空泵放气，如图 4-12 所示。此时，传动杆必须沿相反的方向移动。提示：检查传动杆在整个调节范围里的运动过程，必须是连续的和无振动的。安装顺序与拆卸时相反，废气涡轮增压器隔热板的拧紧力矩为 8N · m。

3）失效影响。压力单元常通增压气体，增压压力降低时，功率下降。

4）检测。端子 1、2 间阻值为 26.2Ω；打开点火开关，端子 1 与搭铁间的电压为 12V，端子 2 与搭铁间的电压为 12V。控制电路如图 4-13 所示。

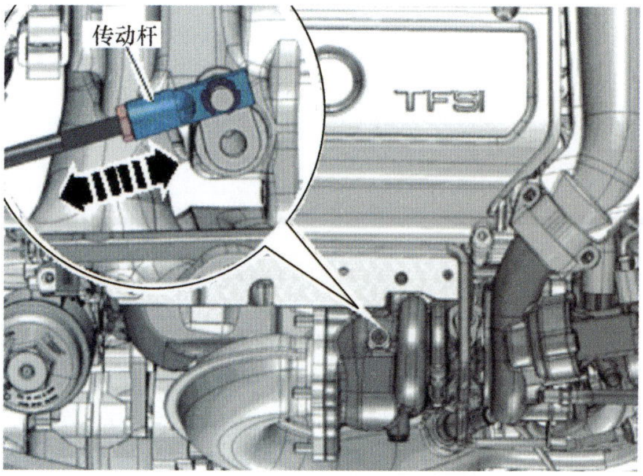

| 图 4-11 增压器压力罐的传动杆动作 |

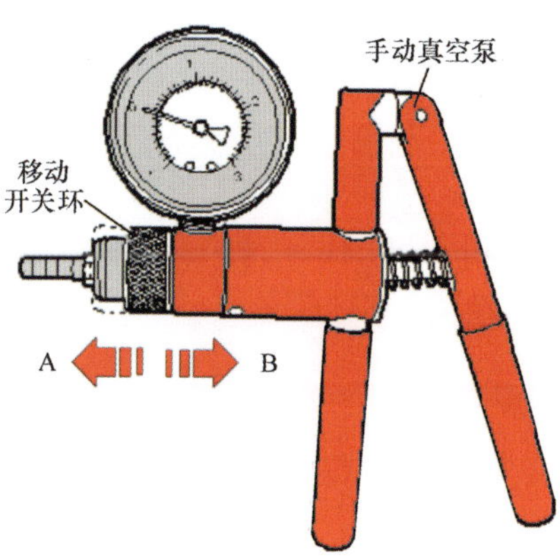

| 图 4-12 沿箭头 A 移动开关环 |

（2）宝马废气旁通阀电子气动压力转换器 宝马轿车发动机上装有一个“双管”废气涡轮增压器，如图4-14 所示。利用两个并联的小型涡轮增压器，使驾驶人感觉不到所谓的“涡轮效应滞后”。气缸 1、2 和 3（气缸列 1）驱动一个废气涡轮增压器，气缸 4、5 和 6（气缸列 2）驱动另一个废气涡轮增压器。

小型废气涡轮增压器的优点在于，在其加速过程中，由于涡轮惯量较小，因此加速质量较小，从而泵轮可以更快地达到较高的增压压力。

废气涡轮增压器的增压压力与到达废气涡轮增压器涡轮处的废气气流有直接关系。无论是废气气流的速度还是质量，都直接取决于发动机转速和发动机负荷。发动机管理系统通过废气旁通阀调节增压压力。废气旁通阀由真空执行机构操纵，这些执行机构由发动机管理系统通过电子气动压力转换器（EPDW）来控制，其安装位置如图 4-15 所示。

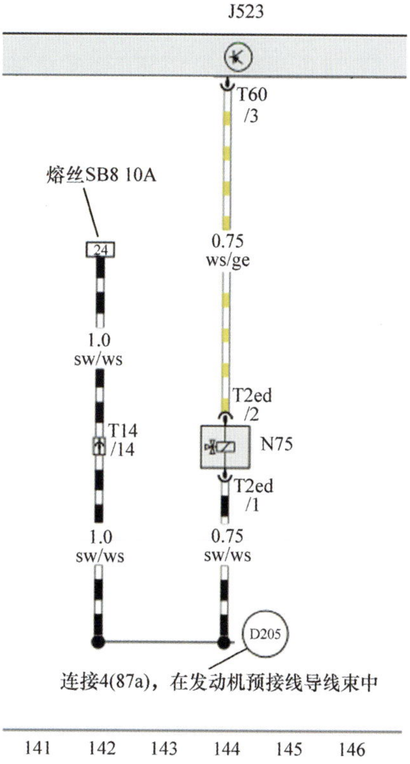

| 图 4-13 N75 控制电路 |

持续运行的发动机真空泵产生真空，并将其存储在一个蓄压器内。这样可以确保这些用电器不会对制动助力功能产生不利影响。通过废气旁通阀可将全部或部分废气气流输送至涡轮处。达到所需增压压力时，废气旁通阀开始打开，部分废气气流通过旁通通道排出。这样可防止通过涡轮继续提高泵轮转速。

通过这种控制方法可处理各种运行状况：处于怠速阶段时，两个废气涡轮增压器的废气旁通阀均关闭，结果是全部废气气流在低发动机转速阶段都用于泵轮加速。需要提高发动机功率时，泵轮可立即提供所需增压压力（不会感觉到延时）。

在满负荷情况下，当达到最大允许转矩时，通过部分开启废气旁通阀来保持一个较高的恒定增压压力值。泵轮始终根据运行情况保持相应的转速。通过开启废气旁通阀可降低涡轮的驱动力，因此不会进一步提高增压压力，从而不会增加耗油量。

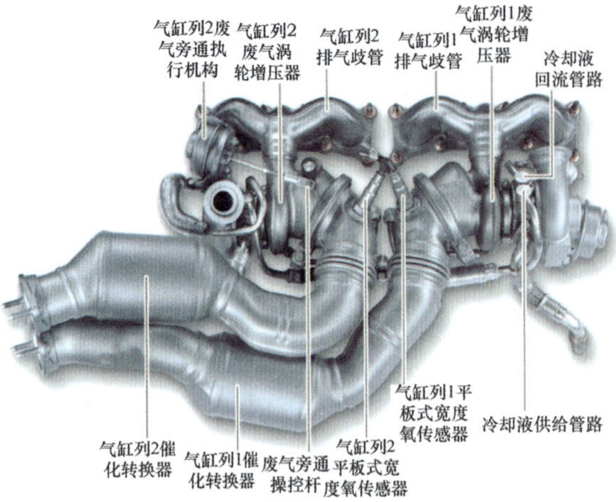

图 4-14 废气涡轮增压器部件

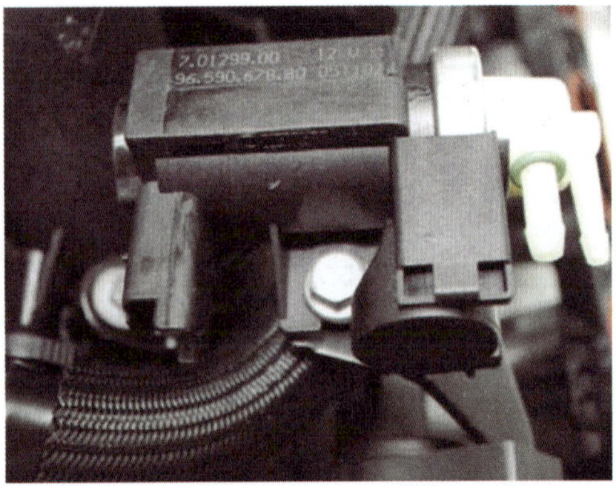

图 4-15 电子气动压力转换器（EPDW）

在满负荷运行模式下，发动机进气管内的最高表压力为 80kPa。

因此，在转速达到 1600r/min 时即可达到最大转矩，几乎没有“涡轮效应滞后”的问题。

DME 通过一个废气旁通阀对增压压力进行无级调节，由一个隔膜盒以气动方式控制废气旁通阀。电子气动压力转换器使隔膜盒承受负压（真空）。

电子气动压力转换器通过两根导线与 DME 相连，通过 DME 主继电器为其提供车载网络供电。DME 在接地侧以 250Hz 通过脉冲宽度调制方式控制电子气动压力转换器。

脉冲占空因数为 0~100%，工作电压范围为 10.8~16V。可根据脉冲占空因数对负压进行无级调节。

73 涡轮增压器控制阀的结构及检测

（1）大众、奥迪循环空气阀 N249

1）作用：①避免收加速踏板时产生气体噪声和造成叶轮击伤；②将涡轮增压前后导通来保持压力平衡；③防止增压腔内背压过高，形成倒拖制动。

2）工作原理。为了避免在从高负荷突然过渡到滑行状态时废气涡轮增压器产生气体冲击，安装了循环空气阀 N249。

当发动机高速运行，驾驶人迅速收节气门时，涡轮增压器排气侧的增压气体压力未能迅速减小，增压器的叶轮转速依然很高，但进气侧由于节气门暂时关闭，使进气侧气体供给不足，导致进气侧叶轮受到比较大的空气阻力，从而影响了舒适感及增压器寿命。

而安装了循环空气阀 N249 后，相当于在增压后及增压前建立了一个短路通道，当遇到上述情况时就将此通道打开，避免了不利的情况发生。循环空气阀 N249 的工作原理如图 4-16 所示，其结构如图 4-17 所示。

3）失效影响。N249 常开会造成压力和动力的损失，断路则会造成增压噪声。

4）检测。端子 1、2 间的阻值为 58~61.6Ω。电压检测：打开点火开关，端子 2 与搭铁间电压为 12V，端子 1 与搭铁间电压为 12V，其控制电路如图 4-18 所示。

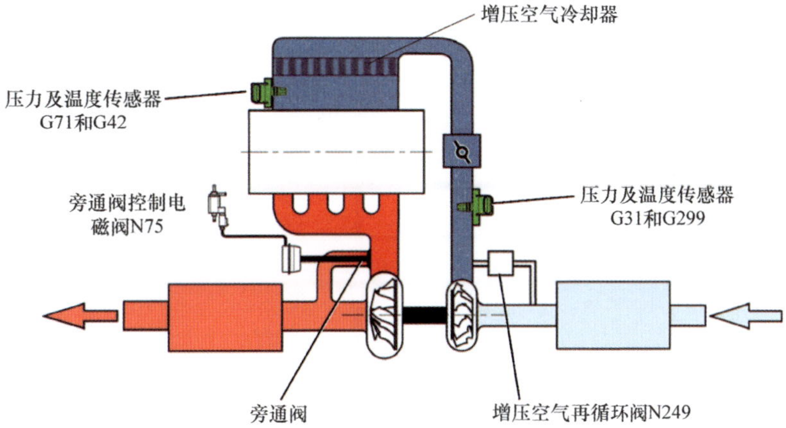

图 4-16 N249 工作原理图

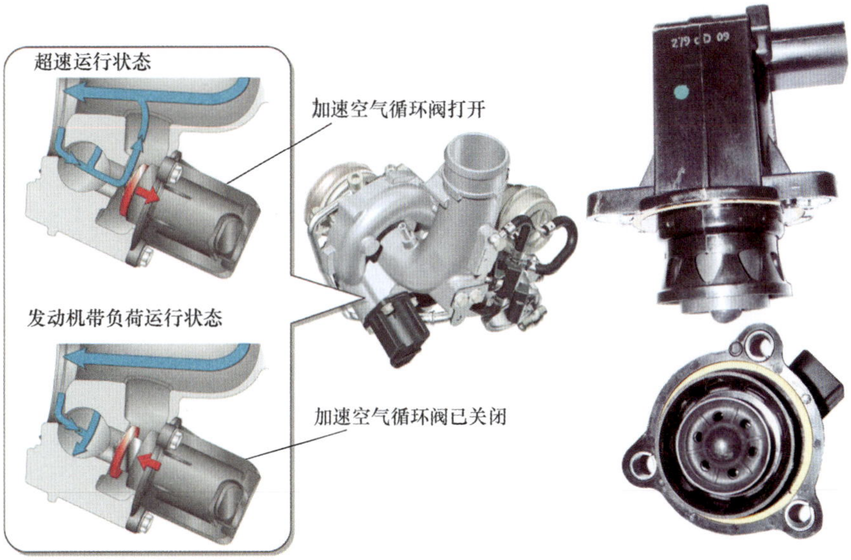

图 4-17 N249 结构图

（2）宝马循环空气减压阀 循环空气减压阀直接固定在废气涡轮增压器上，如图 4-19 所示。

为了避免在节气门突然关闭的情况下（如换档时）泵轮强烈振动，循环空气减压阀打开，从而在压缩机周围形成一个循环回路。循环空气减压阀可防止在节气门关闭的情况下泵送空气，从而减轻了发动机噪声。

其他效果：节气门重新打开时，废气涡轮增压器迅速响应。如果没有循环空气减压阀，废气涡轮增压器就会在克服关闭节气门后产生冲击压力的情况下进行工作并减慢速度。

节气门打开时，废气涡轮增压器也会延迟做出响应。

循环空气减压阀通过两根导线与 DME 相连，通过 DME 主继电器为其提供车载网络供电。DME 在接地侧控制循环空气减压阀。

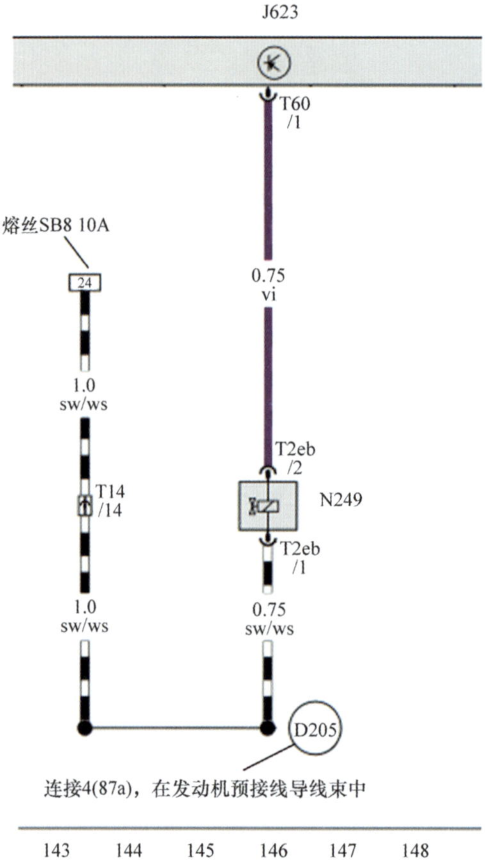

图 4-18 N249 控制电路图

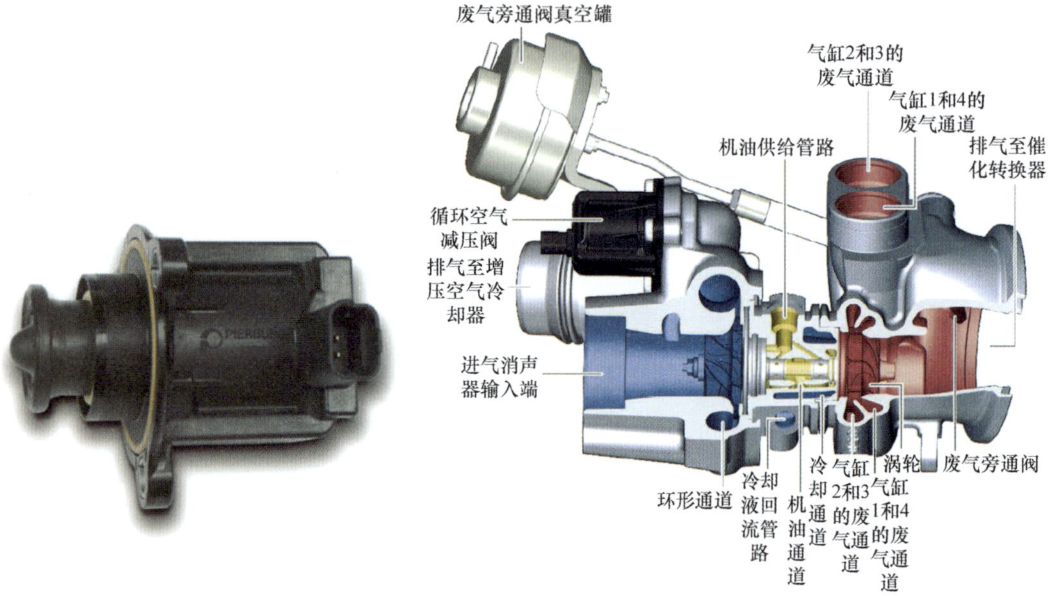

图 4-19 循环空气减压阀及其安装位置

74 奥迪涡轮增压器的结构及工作原理

（1）增压压力调节器 V465 奥迪四缸涡轮增压发动机首次使用了电控泄放阀调节器，如图 4-20 所示。

1）优点。这种技术与以前使用的高压单元相比，有如下优点：

① 响应速度和精度更高。

② 能不依赖当前的增压压力来实施控制。

③ 因为卡止力较大，所以即使在发动机转速低至 1500r/min 时，也能保证发动机输出 320N·m 的最大力矩。

④ 在部分负荷时主动打开泄放阀，可以降低基本增压压力。在 MVEG 循环中，可以减少 CO_2 1.2g/km 的排放量（也就是省油了）。

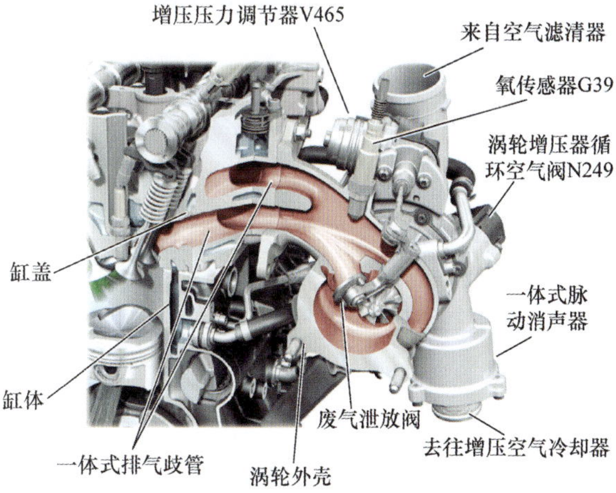

图 4-20 EA888 2.0 发动机涡轮增压器

⑤ 在催化净化器预热时主动打开泄放阀，可以使催化净化器前的废气温度增高 10℃，这样就使得冷起动排放降低了。

⑥ 由于电控泄放阀调节器的调节速度快，在负荷往降低方向变化时（怠速滑行），可以让增压压力立即下降，这对改善涡轮增压器的声响特性尤其有利（降低排气的呼啸声）。

2）工作原理。直流电动机借助于减速机构和推杆让泄放阀产生翻板运动，如图 4-21 所示。在下机械止点时，由泄放阀翻板座上的外止点限制这个运动；在上机械止点时，由壳体上的减速机构内挡铁来限制运动。

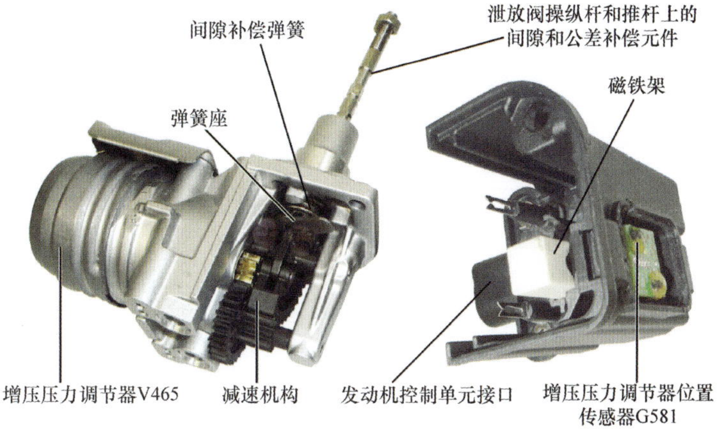

图 4-21 增压压力调节器 V465 的工作原理

直流电动机的操控由发动机控制单元来执行，操控频率为 1000Hz。推杆在其长度方向上可以调节，因此在更换了调节器后，可以调节泄放阀翻板位置。

（2）增压压力调节器位置传感器 G581 增压压力调节器位置传感器 G581 安装在增压压力调节器减速机构的壳体端盖上。在这个端盖上，还有一个磁铁架，带有两块永久磁铁。

磁铁架在壳体端盖中导向，并压在减速机构内的弹簧座上。如果移动了推杆，那么它就会经过霍尔传感器的磁铁（该磁铁也在壳体端盖上），并获知调节行程的实际值。调节行程用模拟的线性电压信号来输出，其控制电路如图 4-22 所示。

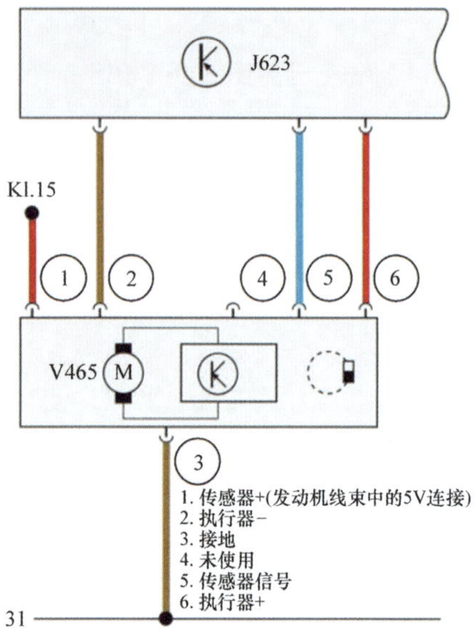

图 4-22 增压压力调节器位置传感器 G581 控制电路

由于废气温度更高了（约 980℃），且需将 λ 传感器布置在壳体内涡轮的前面，涡轮壳体采用一种新的铸钢材料按壳体形状制成（与第 2 代不同）。为了实现尽可能好的点火顺序，采用了双流式通道布置，一直延伸到紧靠涡轮的前面。由于涡轮壳体外形尺寸很紧凑，因此其与缸盖的连接采用了标准的螺栓和螺母来实现。涡轮设计成混流式涡轮。

（3）压气机壳体和压气机转子 由于增压压力调节器 V465 的调节力较大，因此压气机壳体的强度加大了，它是用铸铝制成的。除了压气机转子外，还集成有脉动消声器、涡轮增压器循环空气阀 N249 以及曲轴箱通风和燃油箱通风装置出来的窜气引入口，如图 4-23 所示。

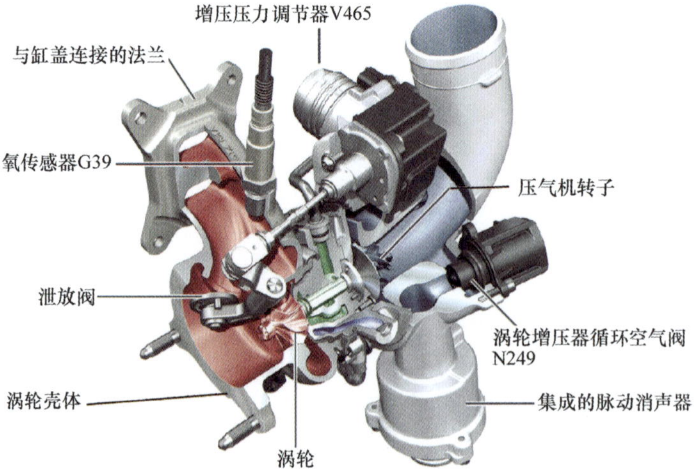

图 4-23 压气机壳体和压气机转子

压气机转子是整体铣削出来的，使得转速更稳、噪声更小。

（4）氧传感器 氧传感器（在催化净化器前）安装在最佳位置处。所谓最佳位置，是指每个气缸的废气在此处流经涡轮壳体前方，但同时温度又不过高。氧传感器 G39 是宽频氧传感器 LSU 4.2。

这可明显使露点提前，且让 λ 调节在发动机起动后尽早工作（6s），还能更好地识别各气缸。

75 曲轴箱通风系统的结构和故障排除

缸体的排气通风系统一直被不懈地研发。缸体压力和周围空气环境压力存在巨大的落差，这对减少机油消耗有积极影响。

此外，精简零件在研发中也受到极大的关注。所以在发动机主机外只保留一条管道，用于导引被净化过的含汽油燃气。

（1）结构 曲轴通风系统包括如下部分：①缸体中的粗油气分离器；②粗油气分离器模块，拧紧在缸盖罩盖上；③使用软管导引净化过的含汽油燃气；④机油在缸体内的回流通过单向阀进入油底壳内的飞溅隔板，如图4-24所示。

图4-24 曲轴箱排气与通风系统结构图

粗油气分离器是缸体的一部分。通过在迷宫式密封装置中的方向改变，有一部分机油被分离出来，这部分被分离出的机油通过缸体中的回流油道流回油底壳。回流油道终点位于油位之下，如图4-25所示。

初次经过清洁的含汽油燃气从缸体中通过一个通道流向缸盖，最终到达精油气分离器单元。在这里，含汽油燃气首先经过旋风过滤器的清洁。这些被分离过的机油流出旋风过滤器，流入一个单独的油道，通过缸体流回油底壳中。该油道的终点也位于油位之下。单向阀用于防止在不正常的压力差产生时，机油被从油底壳里反向抽出。在运动档性质状态下（较强的横向加速度），回流油道有可能会空置，因为机油在油底壳中被晃至一侧。同样，在此情况下，回流油道的单向阀会保持闭锁。这种阀门的原理基于叶片阀。被清洁过的含汽油燃气通过单级的压力调节阀被导引用于燃烧。这种压力调节阀可对 10kPa 到正常空气压力之间的范围进行调节。气体供应系统中的压力差决定在什么位置进行导入。

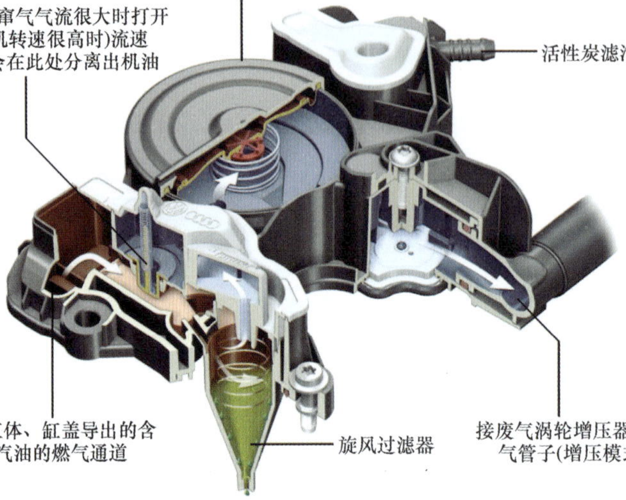

图 4-25 油气分离器结构图

经粗油气分离器清洁，并通过压力调节阀的含汽油燃气被导引用于燃烧。气体控制的实现是使用自动开关的单向阀，该单向阀集成在粗油气分离器单元中。

在发动机停机时，单向阀会恢复到起始位置，在废气涡轮增压器侧开启，在进气管侧关闭。

全负载运转（增压运转）时，如果增压空气管道普遍超压，则单向阀 1 会自动关闭。由于缸体内压和涡轮增压器进气侧的压力差异，此时单向阀 2 会开启，如图 4-26 所示，含汽油的燃气将被吸入涡轮增压器。

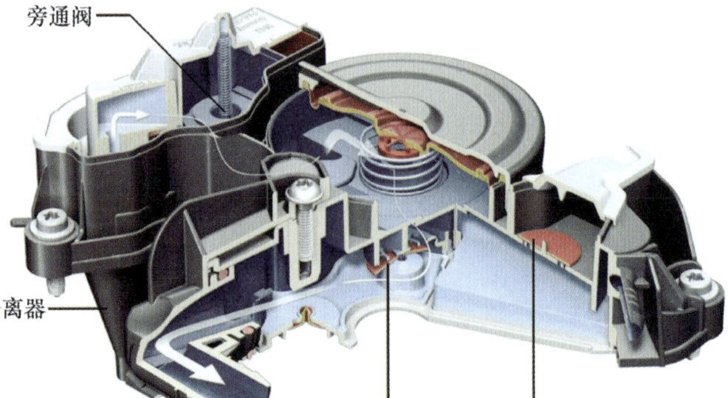

图 4-26 单向阀 2 开启

怠速运转和低荷载运转（无增压运转）时，进气管中的负压会打开单向阀 1，并关闭单向阀 2。被清洁过的含汽油的燃气通过进气阀被直接输送去燃烧，如图 4-27 所示。

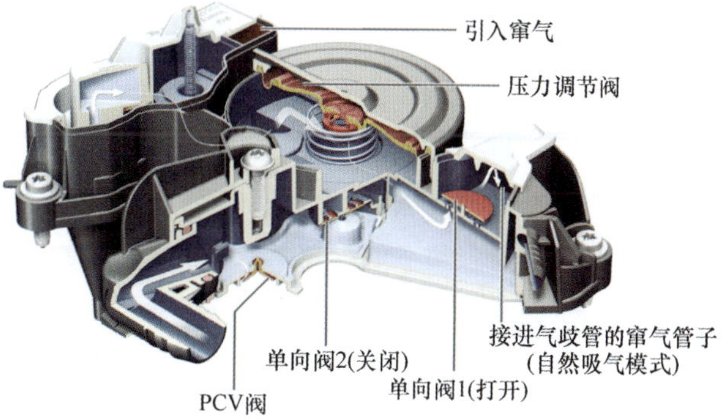

图 4-27 单向阀 1 开启

缸体通风（PCV 阀）：缸体通风系统、粗油气分离器及压力调节阀安装在同一个模块单元的阀盖中，连接在蜗壳前的排气管和缸体通风阀上的标定孔完成了缸体的通风。因此，通风系统被设计成只在无增压运转时实施通风，如图 4-28 所示。

（2）故障排除

1）故障实例。一辆迈腾轿车搭载 1.8TSI 发动机，起动后发动机怠速不良，并伴有“叽叽”的异响；踩下加速踏板时异响消失，松开加速踏板时异响声音变大。

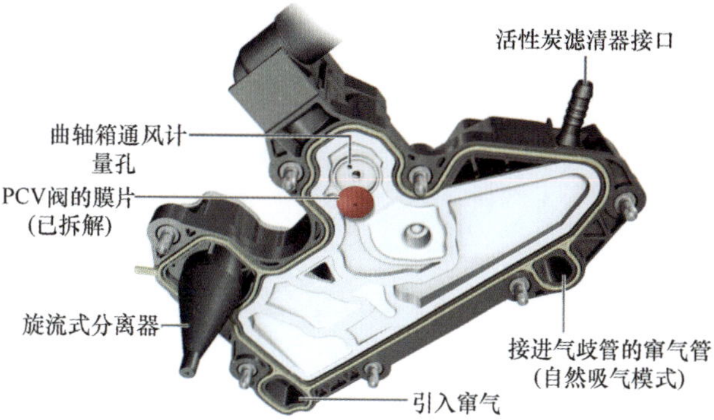

图 4-28 通风 PVC 阀的位置

2）故障分析。读取相关数据流：发动机怠速转速为 1000r/min，发动机的进气量为 2.1g/s，氧传感器的信号电压为 0.02V。由数据流可知，发动机在进气量低于正常值（3.0~5.0g/s）且混合气过稀的情况下，怠速转速却高于标准值。经分析推断发动机有额外的进气量，即发动机进气系统漏气，导致有一部分气体未经过空气流量传感器就直接进入气缸参与燃烧。于是应重点对空气流量传感器之后的进气系统进行检查。当断开进气歧管与油气分离器之间的曲轴箱强制通风管的一端且用手堵住该管口时，发现故障现象全部消失。解体油气分离器后发现其阀门的膜片损坏。

3）故障排除。更换油气分离器后起动发动机，故障排除。

说明：油气分离器的阀门开闭取决于阀门弹簧的弹力、进气歧管真空度及曲轴箱压力三个要素。在正常情况下，发动机怠速时油气分离器的阀门是关闭的，但是当阀门的膜片损坏后，阀门就处于常开状态，导致发动机活塞一直从曲轴箱内抽气，从而使曲轴箱内出现真空度。当曲轴箱内的真空度达到一定程度时，就会有空气从曲轴的油封口处被吸入曲轴箱内，当一定量的空气在曲轴前油封口处流动时，发动机就会发出“叽叽”的异响。踩下加速踏板时，在废气涡轮增压器的作用下，进气歧管内的真空度减小，异响就会消失；松开加速踏板时，进气歧管内的真空度增大，异响就会更大。

76 大众 EA888 发动机可变进气歧管翻板结构及故障检修

（1）结构 进气歧管模块的本体是用聚酰胺材料制成的，并且由两个相互焊接在一起的壳体组成，如图 4-29 所示。进气歧管翻板呈槽形，它们与输入轴一起构成一个用塑料制成的整体式部件。

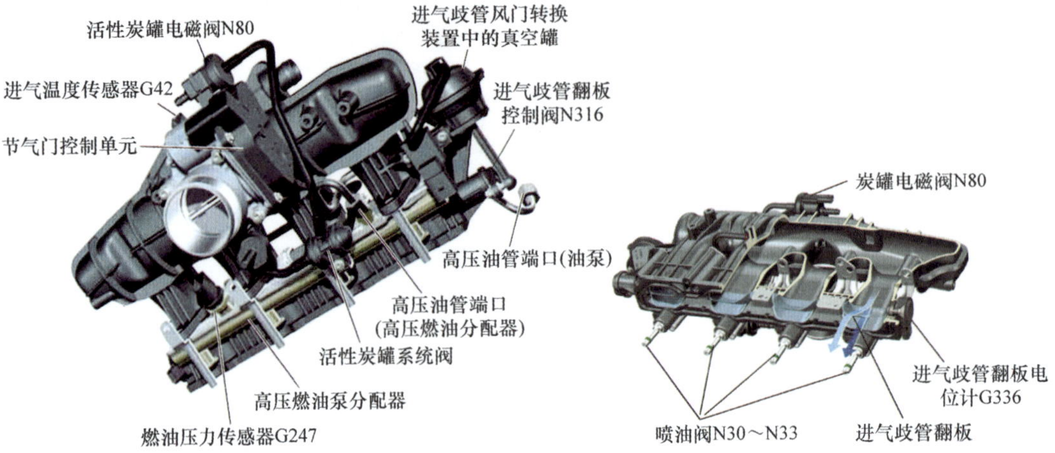

图 4-29　可变进气歧管翻板结构

进气歧管翻板在进气口中是偏心布置的，借助于此布置和翻板的形状，当进气歧管翻板完全打开时，进气口就会完全打开。这样就改善了进气的流动性。在关闭翻板时，偏心布置也改善了翻板的能力。进气歧管翻板是由一个真空调节电磁阀调节的，调节分两次进行。翻板的反馈信号由进气歧管翻板电位计 G336 提供，此传感器安装在轴的另一端。在静止状态下，进气歧管翻板被关闭。

EA888 发动机的进气歧管和传统发动机的进气歧管不一样，内置可以改变进气道截面积的增压运动翻板，发动机控制单元控制进气翻板动作，从而改变进气道的形状，以达到低速时增加转矩、高速时提高输出功率的目的。

翻板的动作由真空泵带动，真空泵的动作受真空电磁阀 N316 的控制，N316 受发动机控制单元的控制。当发动机在低速和中、小负荷运转时，进气歧管内的增压运动翻板阀门处于小截面积的位置，如图 4-30 所示；当发动机在高速和大负荷下运转时，发动机控制单元向可变进气道电磁阀 N316 供电（5V 供电），电磁阀打开，为进气翻板真空单元提供真空压力。真空单元在真空的控制下将翻板转到全开位置。进气翻板位置的变化由进气翻板电位计 G336 将信号反馈给发动机控制单元，如图 4-31 所示，以适应大进气量的需求。

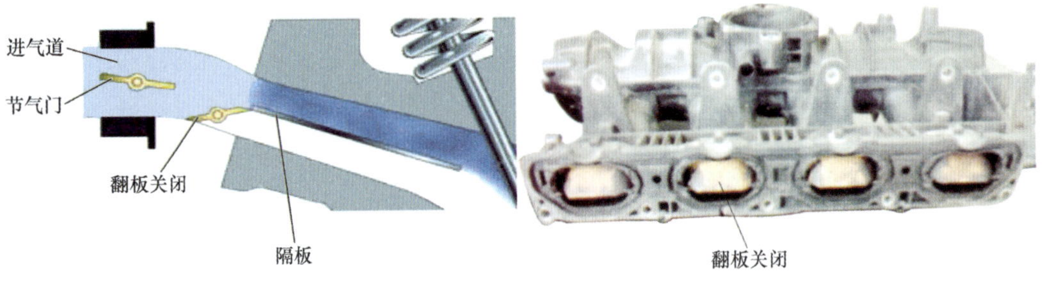

图 4-30　进气歧管翻板关闭状态

（2）故障码可能产生原因

1）真空电磁阀 N316 损坏，不能给真空泵提供真空。

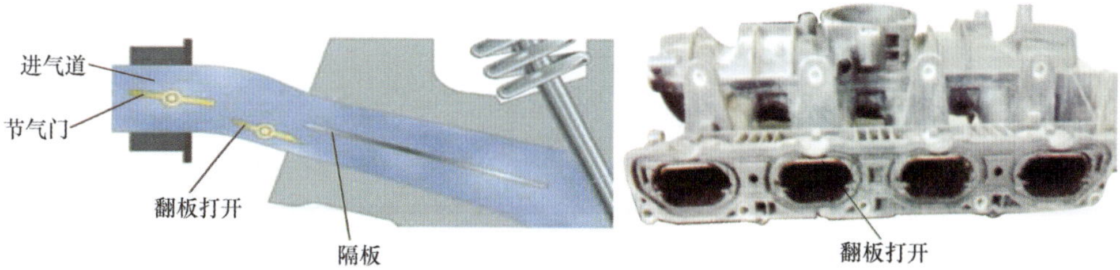

图 4-31　进气歧管翻板打开状态

2）真空控制电路有故障，不能使真空电磁阀 N316 动作。

3）真空度不够，真空泵工作时不能使翻板阀改变。

4）真空管路漏气或者堵塞，不能提供真空源。

5）产生真空源的机械泵损坏，不能产生真空。

（3）故障实例　发动机冷车起动后怠速抖动严重，有时甚至会熄火，行驶过程中，仪表上发动机指灯点亮。热车后发现怠速相对稳定，但隔一段时间发动机又会抖一下，类似失火现象。诊断发现发动机加速时，进气歧管翻板轴在转动时有明显的轴向位移。翻板轴向位移，轴向产生旷量，当把翻板轴向推动一下后故障消失。拆解后发现，可变进气翻板轴两端各有一个密封圈，如图 4-32 所示。经检查密封圈已硬化，这使得翻板轴之间产生漏气现象。

图 4-32　翻板轴两端的密封圈

（4）故障检修

1）进气歧管内翻板不动作的原因，可从是否有真空源和是否受发动机控制两个方面推断。

2）当发动机急加速至 3000r/min 以上时应可以感觉到电磁阀的振动，从而判断控制电路好坏。

3）使用万用表测量翻板真空电磁阀 N316 的电压和阻值，电压应在 5V 左右，阻值为 31.3Ω 左右。

4）将手动真空泵 VAS 6213 连接到真空软管上，反复操纵手动真空泵 VAS 6213，真空执行元件应沿箭头方向运动，如图 4-33 所示。如果真空执行元件不运动，则应更换真空执行元件。

5）真空膜盒内白色软膜边缘有变形也会引起密封不严而漏气，如图 4-34 所示。

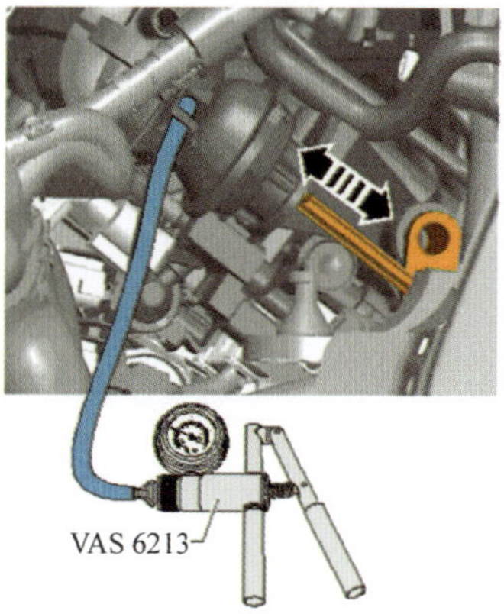

图 4-33　检测真空膜盒真空度

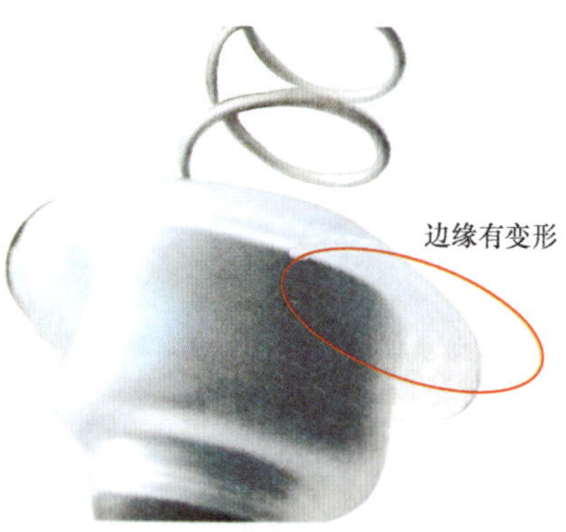

图 4-34　白色软膜边缘有变形

77 三元催化转化器的结构和故障排除

（1）三元催化转化器的结构 三元催化转化器由催化剂载体、催化剂和外壳等组成，其结构如图 4-35 所示。三元催化转化器串接在排气歧管和消声器之间，氧传感器之后。

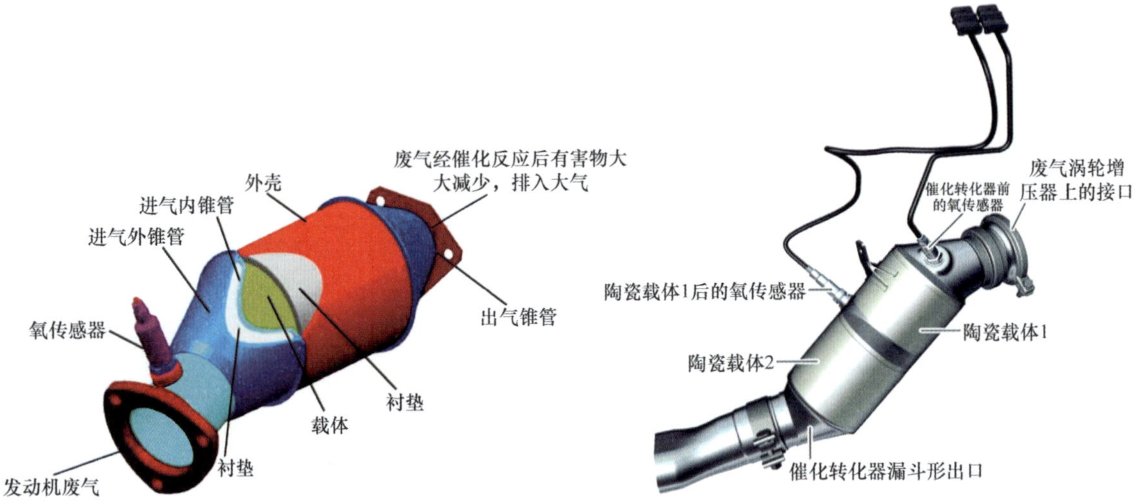

图 4-35 三元催化转化器的结构

大多数三元催化转化器以蜂窝状陶瓷作为承载催化剂的载体，经特殊工艺处理的蜂窝状陶瓷载体能提供非常大的表面积，以促进化学反应快速进行。在陶瓷载体上浸渍铂（或钯）和铑的混合物作为催化剂。铂和钯是氧化催化剂，当 HC 和 CO 与布满铂、钯的热表面接触时，HC 和 CO 就会分别与氧气化合成 H_2O 和 CO_2。铑是还原催化剂，当 NO_x 与炙热的铑接触时，NO_x 就会脱去氧，还原为 N_2。

排放物流入三元催化转化器，被吸附在催化剂表面上，吸附物质与气体分子或相邻的被吸附分子进行化学反应，形成低能量的反应产物，这种反应产物很容易从表面上脱附，并随排气流排出，进入外部空间，催化剂本身并不参加反应。

在理论空燃比的混合气浓度下，催化剂才能完全起作用，即铂促使 HC 和 CO 氧化，而铑同时使 NO_x 还原。因为 NO_x 在催化转化器中的还原需要 HC 和 CO 作为还原剂，如果氧过量，即燃用稀混合气时，这些还原剂首先和氧反应，则 NO_x 的还原反应就不能进行。而如果空气不足，即氧浓度不够时，HC 和 CO 就不能被完全氧化。

（2）工作条件

1）三元催化转化器的最佳工作温度为 375~800℃，短时耐受温度为 900℃。

2）空燃比为 14.6~14.7 的混合气在发动机气缸内燃烧后经三元催化转化器过滤，转化成无害的气体排出。

3）装用三元催化转化器的发动机只能使用无铅汽油。

4）发动机调节不当，如混合气过浓或气缸缺火，都将引起转换器严重过热。

（3）清洗三元催化转化器的方法 可以每隔 3 万 km 将三元清洗剂罐接入进气总管的任意

一根真空管上，起动发动机，保持2000~2500r/min的转速运转，利用发动机工作时进气系统内的真空度将三元清洗剂逐渐吸入，每次清洗通常需要20~25min，直至罐内清洗剂用完为止。通过此种方法，可以有效地清洗进气门、燃烧室、氧传感器、三元催化转化器TWC内的钢丝网或多孔陶瓷上的积炭，使其恢复到正常的工作状态，用此法就不会出现氧传感器和三元催化转化器因堵塞而报废的故障。4缸发动机用1罐清洗剂即可，6缸和8缸机需用两罐清洗剂。

（4）清洗后的调试 清洗后的调试包括两方面内容：首先对控制单元进行重新设定，尤其是采用电动节气门的发动机，对欧Ⅱ、欧Ⅲ和欧Ⅳ标准车辆的电动节气门或怠速步进电动机，喷油时间和点火时间需要重新设定，否则就会带来新的故障。其次，清洗后要运行一段时间再做尾气检测，因为刚清洗后许多药液沉积在TWC的表面，有时会参加反应，应该在TWC达到正常工作温度后，再运行一段时间。清洗喷油器也一样，刚洗完喷油量增大一倍，立即测尾气CO含量会比清洗前明显提高，所以清洗喷油器后也需要运行一段时间再做尾气测试。

（5）三元催化转化器的故障

1）若表层颜色为红褐色，则说明燃油中含硫过多。

2）底层颜色为灰白色，说明燃油中含铅过多，如图4-36所示。

3）解体正常车，排气管无中毒、堵塞迹象，如图4-37所示。

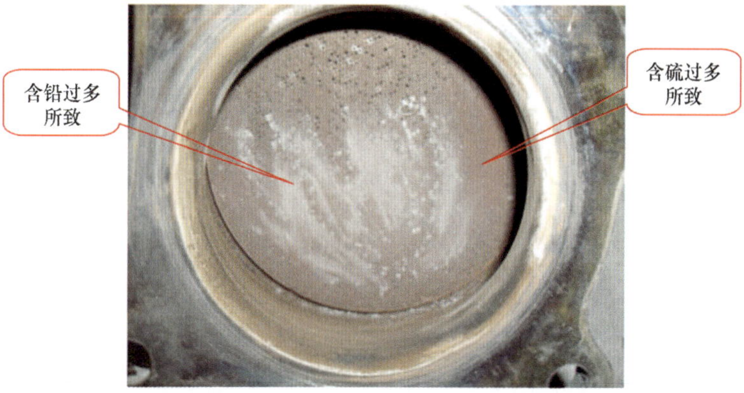

图4-36 三元催化转化器中毒且严重堵塞

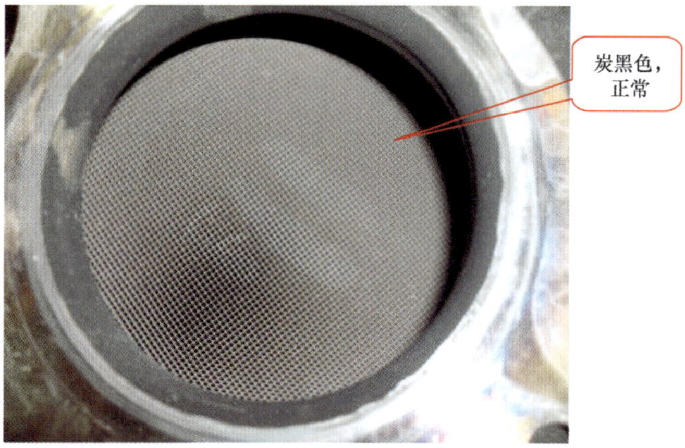

图4-37 正常三元催化转化器表内状态

建 议

通过堵塞物质颜色分析燃油品质。发动机对燃油品质要求高，劣质的燃油会对低压油泵、高压喷油器、三元催化转化器造成潜在的失效影响；用户应重视车辆的保养，在每次加油时，应使用规定的汽油并添加 1/3 瓶燃油添加剂。

（6）三元催化转化器堵塞的判断方法

1）检查排气管排气是否顺畅。用手竖着拿一张纸放在排气管出气口附近，急踩加速踏板，观察纸被排气吹起的情况，与同型号车相比，判断排气是否顺畅。

2）进气歧管真空法。将真空表连接到进气歧管的真空管上，让发动机缓慢加速到 2500r/min，若真空表读数瞬间又回到原有水平并能维持 15s，则说明三元催化转化器正常，否则应该怀疑排气管或三元催化转化器堵塞。

3）排气背压法。拆卸前氧传感器并连接排气背压表，在发动机转速达到 2500r/min 时观察压力表的读数，此时压力值应小于 17.24kPa。若此时排气管背压大于或等于 20.70kPa，则说明排气系统堵塞。

4）红外温度计测量法。在三元催化转化器的使用过程中，其出口温度比入口温度高 38℃，怠速时也相差 10%。若出口处与进口处的温度没有差别或者出口处温度低于入口处温度，则说明三元催化转化器中没有发生氧化反应，即三元催化转化器损坏。

5）利用双氧传感器信号电压波形来分析。许多 OBD- Ⅱ系统都安装了两个氧传感器，分别装在前后两端。安装在三元催化转化器后端的氧传感器的电压波动要比安装在前端的氧传感器的电压波动小得多。这是由于三元催化转化器在转化 CO 和 HC 化合物时消耗氧气，当三元催化转化器损坏时，其转化效率基本丧失，使前后端的氧气值接近，从而导致氧传感器信号的电压波形和波动范围趋于一致，此时需更换三元催化器。

78 排气不畅导致汽车无法起动故障

一辆雷诺纬度轿车，搭载 2.5L V6 发动机，行驶里程 3000km。用户反映该车早上无法起动（当晚的气温约为 20℃）。

（1）故障分析 对该车进行检查，试车发现起动机运转正常，虽然发动机有起动的迹象，但就是无法顺利起动。拆下火花塞检查，发现六个火花塞的头部都是汽油，清洁火花塞后再次进行试车，结果还是无法起动。

由于该车是新车，分析车辆不会出现大的机械故障，于是首先怀疑燃油品质有问题。询问用户，用户反映车一直在正规加油站加油。为了保险起见，维修人员断开原车油路，用吊瓶灌装其他正常车辆使用的汽油试车，结果故障依旧。

根据以往的维修经验，如果发动机的排气管堵塞了，也会造成这种有起动迹象但是无法着车的故障现象。于是在起动发动机的同时，派另一名维修人员在排气管处观察，发现在起动过程中排气管没有尾气排出。

接下来，维修人员拆下其中一个缸的火花塞，其目的是增大排气通道，然后断开此缸的喷油器插接器后尝试起动。结果起动成功，这说明排气管已经堵塞。发动机运转一段时间后，随着温度的升高，排气管喷出了大量的水，这说明排气管中出现了冰堵，而现在冰正在融化。

检查该车的排气系统，发现这款 V6 发动机两列气缸的排气歧管先汇集成了一根总的排气管，通往车身后部再分流到两个消声器，而这两个消声器的分叉处设计位置比较低，这样就会增加存水量。由于东北地区使用的是乙醇汽油，燃烧后会产生大量的水，再加上天气寒冷，如果车辆没有停在有暖气的车库中，则很有可能会导致积存在排气管中的水结冰，从而堵塞排气管。

（2）故障排除 针对此问题，维修人员在两个消声器的最低点钻了两个孔，使积存的水从这两个孔流出，这样就大大缓解了存水的问题，如图 4-38 所示。而且试车证明钻的小孔不会影响正常排气，也不会产生异响。

图 4-38 排气管处理部位

79 循环空气减压阀密封件损坏故障

一辆宝马发动机型号为 N55，搭载自动变速器，行驶里程为 9 万 km。据驾驶人反映，该车发动机故障指示灯点亮，车辆提示发动机功率下降。

（1）故障诊断 故障是在急加速时发生的，在急踩加速踏板时，发动机故障指示灯点亮，但发动机没有明显的抖动，也没有明显的加速无力现象。熄火后再次起动发动机时，车辆工作恢复正常，发动机故障指示灯熄灭，但急加速时，发动机故障指示灯会再次亮起。试车发现，在 P 位急加速时，发动机故障指示灯没有亮起，而路试时急加速，发动机故障指示灯则亮起。此外，当缓慢加速，车速在 70~80km/h 时，发动机故障指示灯也会点亮。而发动机故障指示灯点亮后，车辆提速较慢，但发动机没有明显异常。根据试车的情况和驾驶人的描述，初步判断为进气系统故障。

连接 ISID 诊断系统对车辆进行诊断，读取故障码，发现发动机电控单元 DME 有故障码 1203O8，其含义为“增压压力调节下限值，增压压力过”。宝马车故障诊断系统通过监测增压压力传感器数值，并将其与额定值进行比对，如果测量的压力小于额定压力，同时电子气动压力转换阀的脉冲负载参数大于预设值（电子气动压力转换阀是通过脉冲宽度进行调节的，当提供的真空压力为 70kPa 时，根据发动机工作模式，其脉冲负载参数在 15%~65% 范围内变化），将识别为故障。

由此可以判断出现故障的可能原因：节气门前、后压力传感器故障；电子气动压力转换阀故障；废气旁通阀卡滞；进气管路泄漏；三元催化转化器堵塞；循环空气减压阀故障或泄漏（高压和低压之间及系统和外界之间）；废气涡轮增压器故障；燃油箱通风系统故障或通往进气系统的管路泄漏以及曲轴箱强制通风系统故障等。

首先检查节气门，没有故障，接着检查废气旁通阀和电子气动压力转换阀，电子气动压力转换阀向膜片箱施加真空，推动废气旁通操控杆对废气旁通阀进行控制。通过调节加速踏板，并观察废气旁通操控杆，废气旁通操控杆可以动作，初步判断废气旁通阀无卡滞现象。而电子气动压力转换阀也可以动作，进一步拆下电子气动压力转换阀，检查真空管，无破损和泄漏现象，又测量电子气动压力转换阀的电阻，为 11Ω，正常（20℃时为 9.8~112Ω），且电子气动压力转换阀表面无污物，如图 4-39 所示。因此，初步判断电子气动压力转换阀正常。

接下来对进气管路及其接口处进行检查。检查管路和增压空气冷却器，并无堵塞。因此，可以判断进气管路及接口处无泄漏和堵塞现象。

然后对循环空气减压阀进行检查。循环空气减压阀直接固定在废气涡轮增压器上，如图 4-40 所示。当节气门突然关闭时（如在换档过程中），循环空气减压阀打开，增压空气被疏导到废气涡轮增压器的进气侧，可以降低节气门快速关闭时不希望出现的增压压力峰值，从而避免气流冲击，对降低发动机噪声起到了重要作用。当节气门重新打开时，废气涡轮增压器也能够迅速响应。要是没有循环空气减压阀，废气涡轮增压器就会因为需要克服节气门关闭产生的背压而使涡轮转速变慢，在节气门重新打开时，废气涡轮增压器会延迟响应，降低发动机功率。另外，循环空气减压阀还可以保护废气涡轮增压器。拆下循环空气减压阀后，发现其密封橡胶件破损，如图 4-41 所示。接着检查减压循环通道的情况，无污物，如图 4-42 所示。

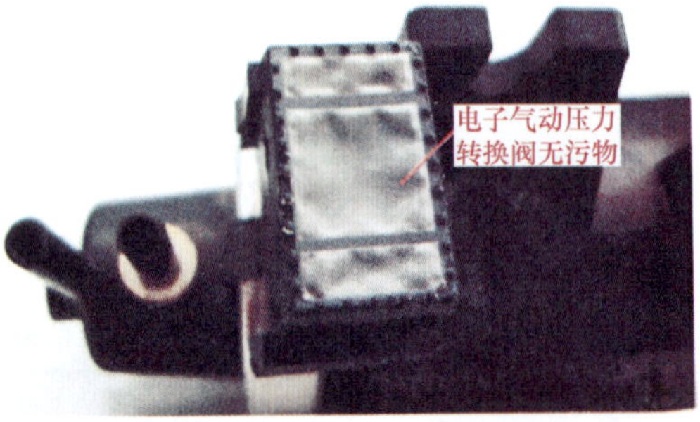

图 4-39　电子气动压力转换阀

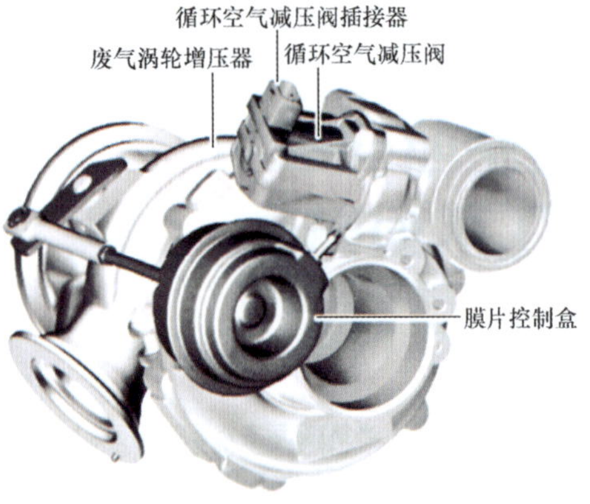

图 4-40　循环空气减压阀

图 4-41　循环空气减压阀密封橡胶件破损

图 4-42　减压循环通道的情况

为了排除多重故障的可能性，又对废气涡轮增压器、燃油箱通风系统、通往进气系统的管路和曲轴箱强制通风系统进行相关检查，均正常。由此确认故障为循环空气减压阀密封橡胶件破损所致。

（2）故障排除 更换循环空气减压阀并清除故障码后试车，故障彻底排除。

说明：该故障属于泄漏空气类故障，其特殊性在于泄漏发生在废气涡轮增压器高压端与低压端之间，其最上部密封面的四个孔和损坏的密封橡胶件内部是连通的。当发动机工作时，其密封面（增压的高压侧）和密封橡胶件内部的压力应该是相等的，其内、外压力抵消，因此 DME 只需要控制阀体克服阀体内部弹簧弹力，就能对压力进行调节。但当密封橡胶件损坏，其压差太大后，不但损坏处会泄漏，且过高的气压会将密封面顶开泄漏，特别是在急加速时，增压空气的压力过低，将使发动机故障指示灯点亮。

80 三元催化转化器失效、堵塞故障

（1）三元催化转化器失效 一辆轿车行驶 10 万 km 后，发动机故障灯点亮。

1）故障诊断。接车后，首先验证故障现象，故障确实存在。用故障检测仪读取各个系统的故障码，读得的故障码为 P0420，如图 4-43 所示。检查排气系统，无泄漏；检查机油，无异常消耗；检查火花塞，火花塞工作正常；检查前、后氧传感器，表面正常，无污染物沉积；拆卸三元催化转化器前后端检查，三元催化转化器无明显堵塞情况，如图 4-44 所示。根据上述检查结果判断，该车故障有可能是三元催化转化器表面活性物质受到污染，造成其转换效率过低，发动机排放不达标，导致发动机故障灯报警。

2）故障排除。更换三元催化转化器后试车，发动机故障灯不再点亮，故障排除。

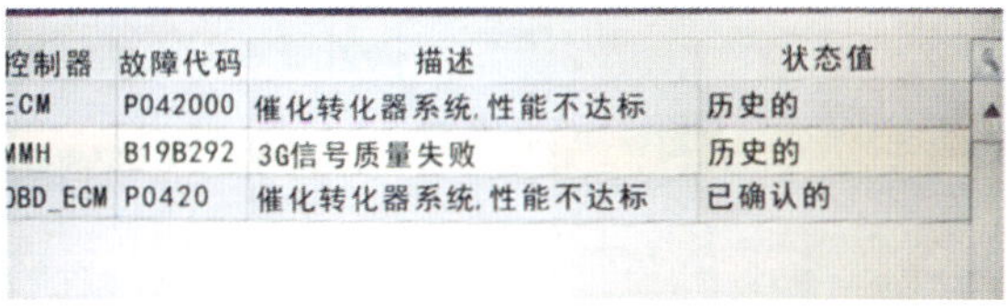

控制器	故障代码	描述	状态值
ECM	P042000	催化转化器系统，性能不达标	历史的
MMH	B19B292	3G信号质量失败	历史的
OBD_ECM	P0420	催化转化器系统，性能不达标	已确认的

图 4-43 读取的故障码

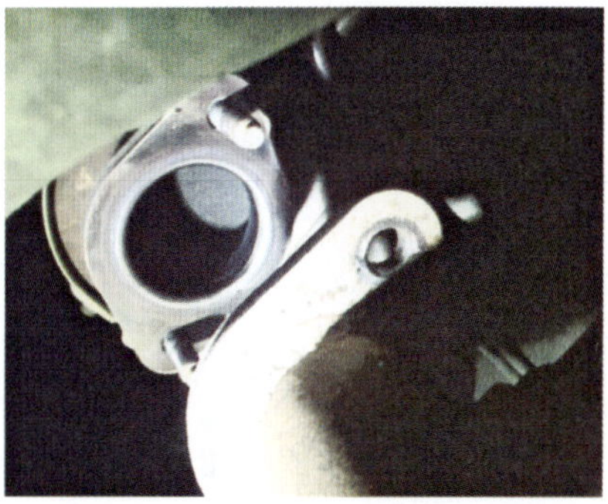

图 4-44 三元催化转化器无堵塞

说 明

造成三元催化转化器损坏的最常见原因是使用了品质不好的燃油和机油。劣质燃油中含有大量的胶质，它不完全燃烧后通过三元催化转化器时会由于高温产生沉积物，覆盖在三元催化转化器表面活性物质上，使得三元催化转化器失效；劣质机油中的灰分超标，也会造成三元催化转化器损坏。因此，建议使用燃油添加剂，净化分解燃油中的胶质，延长三元催化转化器的使用寿命。

（2）三元催化转化器堵塞 一辆上汽通用雪佛兰科帕奇 2.4L 运动型多功能车，行驶里程为 6 万 km。用户反映该车加速不良，变速器不能自动升档。

1）故障诊断。维修人员试车发现，该车在急加速时，会听到尖锐的啸叫声，且声音是从排气管发出的。试车回来，从车内便能闻到浓重的尾气味。

在发动机怠速运转时观察数据流，发现进气歧管内的气压为 43kPa，正常值应为 36kPa；加速时，很容易达到 100kPa。从现象和数据上看，排气系统可能存在堵塞。

测量排气背压，怠速时为 14kPa，将转速提高到 2500r/min 时，为 28kPa，这说明排气管确实存在堵塞现象。根据经验，如果燃油品质有问题或混合气燃烧不良，都有可能导致三元催化转化器堵塞。拆下三元催化转化器进行检查，发现有部分堵塞现象，如图 4-45 所示。

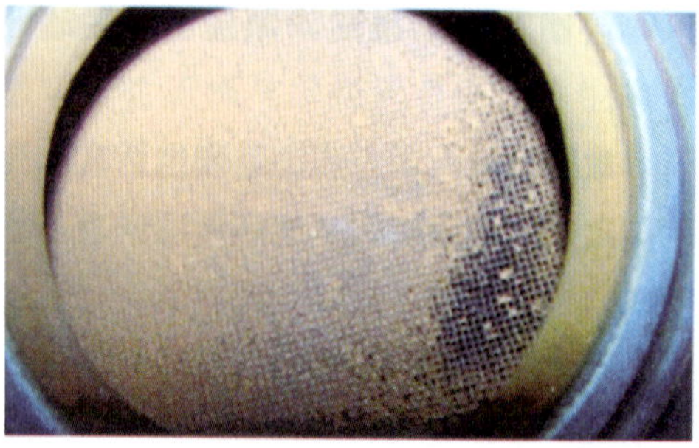

图 4-45 三元催化转化器部分堵塞

2）故障排除。更换三元催化转化器，故障排除。

81 混合气过稀故障

一辆大众轿车，装备缸内直喷发动机。该车在行驶过程中，出现 OBD 灯点亮故障。

（1）故障诊断 维修人员使用故障诊断仪 VAS6150 对车辆系统进行自诊断，读取发动机控制单元故障码为 00369P0171000，含义为 B1（气缸列 1）混合气过稀。

起动发动机，读取发动机数据流并进行分析，发现空气流量计检测到的进气量小于实际值，据此判断进气系统可能存在泄漏。于是检查发动机进气系统所有可能发生漏气的部位，如进气管、增压器、进气歧管和油气分离器等，均未发现故障。

根据电路图对各元件进行测量，检查各端子电压，均正常（与正常车比较）。检查炭罐电磁阀，考虑到燃油蒸汽与排放控制系统如果进入未经测量的外界气体，也可出现上述故障，于是切断燃油蒸气系统至进气歧管的管路进行试车，如图 4-46 所示，故障现象消失。至此故障原因查明：炭罐电磁阀内部卡死在开启位置，导致空气未通过空气流量计直接进入气缸，使混气过稀，车辆行驶中，发动机发生 OBD 灯报警。

图 4-46 切断燃油蒸气系统至进气歧管的管路

注　意

炭罐电磁阀供电电压为 12V，正常阻值约为 20Ω。

（2）故障排除 更换炭罐电磁阀，故障排除。

第5章 润滑系统

82 机油压力开关结构

（1）结构 发动机机油压力开关通常安装在发动机缸体的主油道上，用于检测发动机有无机油压力。它由弹簧、压板、隔板及触点等组成，其外观及结构如图 5-1 所示。内部结构及机油压力开关安装位置如图 5-2 和图 5-3 所示。注：此压力开为常开型，只有在机油压力作用下才转为常闭型。

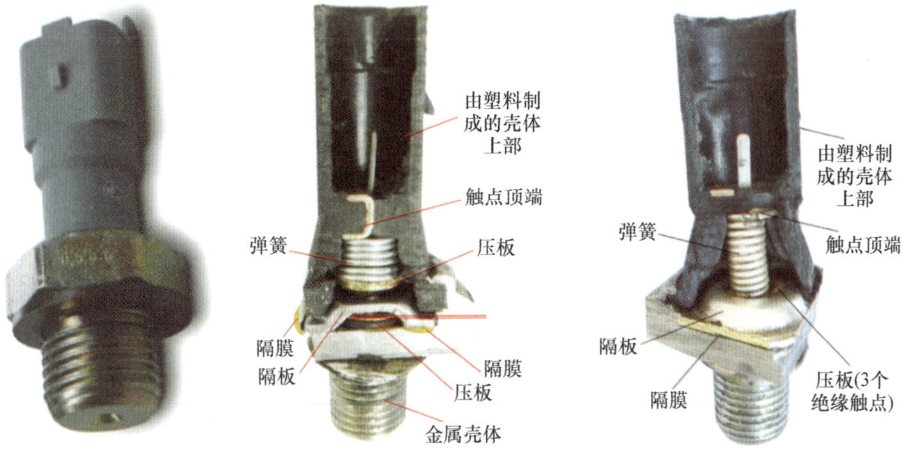

图 5-1 机油压力开关结构

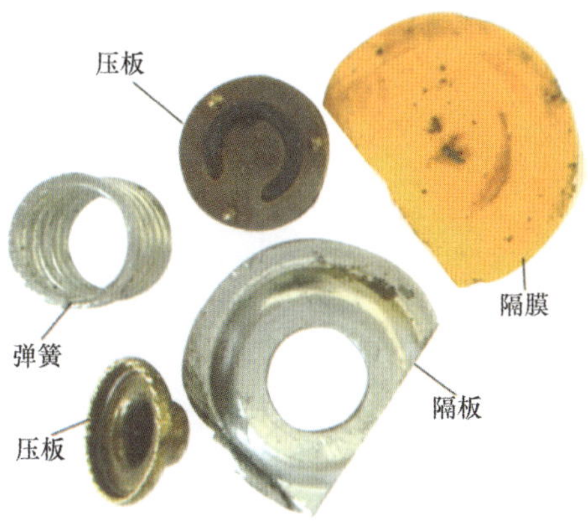

图 5-2 内部结构

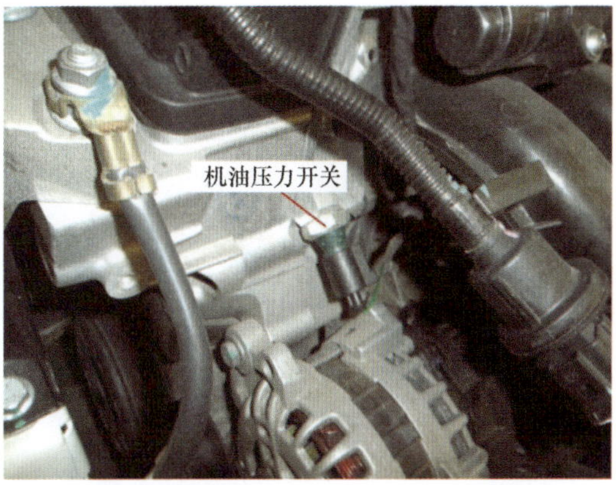

图 5-3 新款捷达机油压力开关安装位置

机油压力开关的工作原理如图 5-4 所示，油压指示灯安装在组合仪表内，压力开关安装在发动机润滑油路上。在压力开关内，装有受油压作用动作的隔板与压板。当油压低于规定值时，压板不具有推动弹簧的作用力，触点闭合，指示灯亮；当油压高于规定值时，压板推起弹簧，触点分开，指示灯熄灭，告知驾驶人油压已达到规定值。通常情况下，触点动作压力在 30~50kPa 范围内。

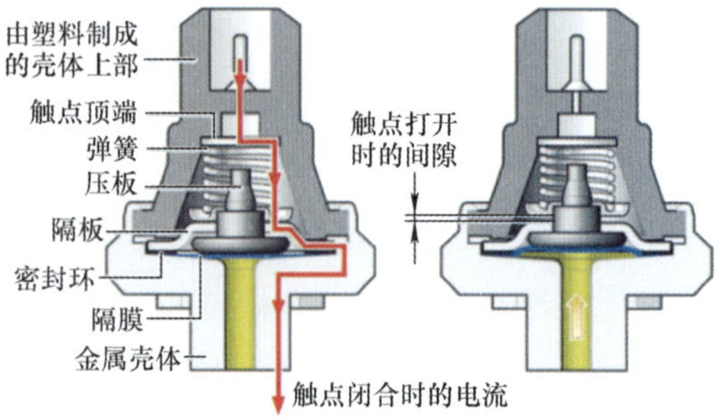

图 5-4 机油压力开关的工作原理

（2）故障实例 新款宝来轿车，当车速达到 40km/h 时，机油报警灯闪亮，同时组合仪表内的报警蜂鸣器响起。

该车只有一个机油压力开关，其相当于两个机油压力开关（高压开关、低压开关）中的高压开关。发动机运转时，若机油压力达到机油压力开关的工作值，那么机油压力开关处于闭合状态，组合仪表控制单元接收搭铁信号，并以此判断机油压力正常；若机油压力达不到机油压力开关的工作值，那么机油压力开关处于断开状态，组合仪表控制单元接收不到搭铁信号，并以此判断机油压力过低，从而控制机油报警灯闪亮及报警蜂鸣器响起。只有当发动机转速达到 1600r/min 时，组合仪表控制单元才通过机油压力开关的状态判断机油压力是否正常。分析上述机油压力报警装置的工作原理，推断导致机油报警灯闪亮，且报警蜂鸣器响起的可能原因有：润滑油路故障（机油压力过低），包括机油泵损坏、机油滤清器滤芯堵塞、曲轴轴瓦间隙或连杆轴瓦间隙过大等；机油报警装置的电路故障，包括机油压力开关或其线路故障、组合仪表控制单元故障等。

可先将机油压力开关连接器上的机油压力信号线搭铁，然后使发动机转速达到 1600r/min，若机油压力报警灯仍闪亮，则说明该车故障为机油报警装置的电路故障；若机油压力报警灯不再闪亮，则说明该车故障为润滑油路故障或机油压力开关故障。

按上述快速区分油路故障与电路故障的方法进行操作，结果机油压力报警灯不再闪亮，这说明该车故障为润滑油路故障或机油压力开关故障。拆下机油压力开关，安装上机油压力表，经测量发现，热机怠速时的机油压力约为 90kPa，发动机转速达到 2000r/min 时，机油压力约为 170kPa。正常情况下，热机怠速时的机油压力可达到 200kPa，加速时机油压力很容易达到 400kPa。由此推断该车的故障原因为润滑油路存在故障，导致机油压力过低，使机油压力开关始终不工作。

拆解发动机，对润滑油路进行仔细检查，发现曲轴主轴承和连杆轴承均有些松动，均超过正常范围（0.02~0.05mm）。

（3）故障排除 更换曲轴主轴承和连杆轴承后试车，机油报警灯不再闪亮，报警蜂鸣器不再响起，故障排除。

83 机油压力开关的检测

（1）操作 将点火开关置于 OFF 位置，断开发动机机油压力开关的线束连接器，将点火开关置于“ON”位置，用万用表测量线束连接器电压为12V，正常，说明ECM和线束都没有问题。测量机油压力开关与缸体间的阻值，正常值应该接近0Ω，说明机油压力开关内部失效。

（2）检测条件 检查机油压力开关及机油压力时应满足的条件：机油油位正常；点火开关打开后，机油压力警报灯必须亮；自动检查系统的显示屏必须显示“OK”；机油温度约为80℃。

（3）机油压力传感器的检查 断开机油压力开关连接导线，拧下机油压力开关，并装上机油压力检测仪VAG1342（图5-5），将机油压力传感器装到机油压力检测仪VAG1342上，检测仪导线1接地。将二极管测试灯VAG1527连接到机油传感器及蓄电池正极，测试灯应不亮；若测试灯亮，则需更换机油压力传感器。起动发动机，压力达到120~160kPa时测试灯应亮，若测试灯不亮，则需更换机油压力传感器。

（4）机油压力的检查 断开机油压力开关连接导线，拧下机油压力开关，并装上机油压力测试仪VAG1342，将机油压力开关装到VAG1342上；起动发动机，机油温度约为80℃，机油压力参考值：怠速时机油压力为100~250kPa；2000r/min时应不小于200kPa；3000r/min时机油压力为300~500kPa；转速更高时机油压力不允许超过700kPa。若未达到上述规定值，则应更换带限压阀的滤清器支座或机油泵。

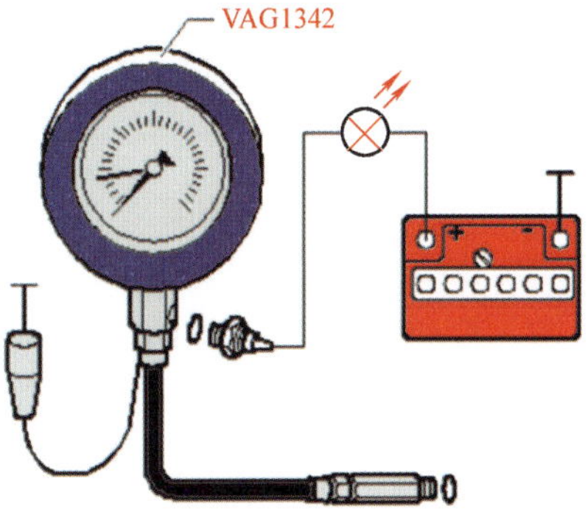

图5-5 机油压力检测仪

84 机油滤清器的更换方法

发动机润滑油具有润滑、清洁、密封、防锈和冷却功能。由于发动机机油去除了发动机中的污垢和油污，因此在使用一段时间后，它会变脏，然后变黑、变质。即使没有使用，也会由于存放时间过长而变质。如果不更换发动机机油，则会损坏发动机；如没有添加发动机机油添加剂，则会导致机油品质下降，机油中含有的金属磨损颗粒会加剧发动机的磨损。

（1）更换间隔 乘用车一般每行驶5000~7500km时更换机油和机油滤清器，更换前检查机油品质和液位是否符合要求，以检查发动机润滑系统是否正常。

（2）维护项目 检查发动机机油面高度和润滑油油品：发动机运转几分钟，熄火，间隔几分钟之后，拔出油尺，检查油位，油位应在最大和最小刻线之间。如油量不足，则应补充相同牌号机油至规定的刻线。用机油尺取数滴机油滴于中性滤纸上，检查其扩散的油迹，若中心黑色杂质较深，颗粒较大，说明机油含杂质较多，已变质；用手捏搓取样机油，若机油失去黏性感，则说明机油内混有燃油。

（3）机油排放的操作步骤

1）运转发动机，使其达到工作温度70~80℃风扇运转一次，熄火后打开机油加注盖。

2）举升车辆。注意：举升车辆离地面20cm左右时，应用手推动看是否支承好。

3）检查发动机各接触面、油封、排放塞等处是否漏油。

4）将机油回收车拉到发动机油壳下方，旋松放油螺栓，放出机油，如图5-6所示。对于有垫片的放油螺栓，应检查垫片，视情况予以更换。注：放油螺塞的拧紧力矩为30N·m。

图 5-6　放出机油

（4）机油滤清器的更换

1）用机滤扳手拆下机油滤清器。

2）检查和清洁机油滤清器安装座表面。

3）在新的机油滤清器密封圈上涂抹清洁的发动机机油。若不涂机油，则安装时密封圈与接合面发生干摩擦，密封圈易翘曲和损坏，将造成密封不良而漏油。安装新的滤清器时，应在机油滤清器密封垫上涂上干净的机油，同时倒入少量新机油（约为机油滤清器的 1/3，有些机油滤清器自带机油的不需填加），如图 5-7 和图 5-8 所示。

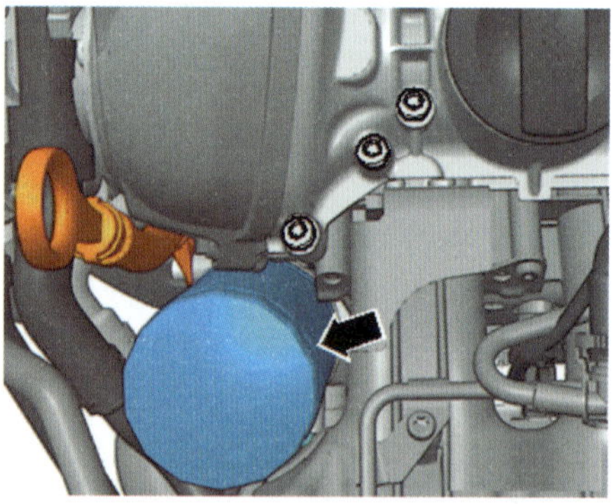

图 5-7　大众轿车机油滤清器位置

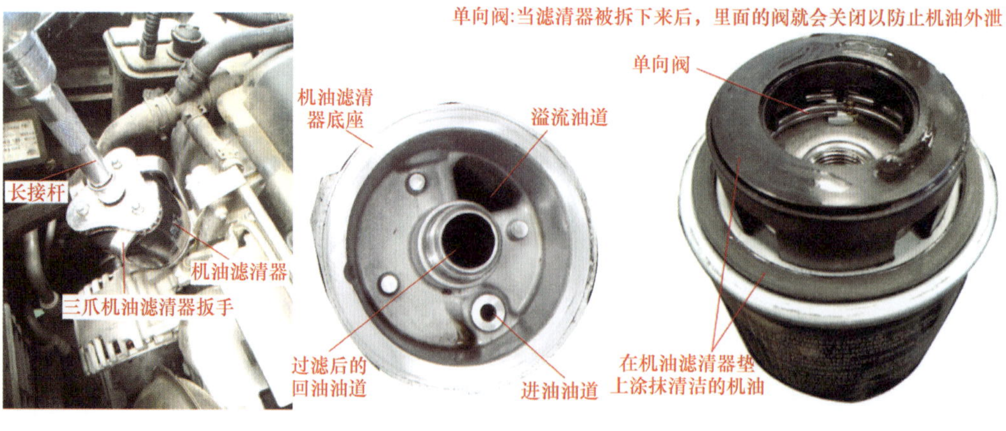

图 5-8　在机油滤清器垫上涂抹机油

注　意

当滤清器的安装位置开口朝下或处于水平位置时，若发动机停止工作，则机油会流回油底壳而导致机油滤清器内没有机油。但当下一次起动发动机时，为了确保发动机得到安全保护，机油必须在整个润滑系统中重新充满才产生压力，这样就延长了润滑油到达发动机体进行润滑的时间，也就使发动机体的磨损增加。止回阀的作用就是防止滤清器里面的机油流干，保证任何时候滤清器内部充满机油，当发动机再次起动时，机油几乎可以瞬间到达发动机体内进行润滑。

4）用手轻轻拧紧机油滤清器，直到感觉到有阻力为止。再用专用工具重新拧紧机油滤清器 1/2~3/4 圈。注意不要拧得过紧，否则会损坏螺纹或机油滤清器，力矩为 25~30N · m。

5）加入机油，起动发动机，检查机油滤清器和放油螺栓处是否有渗漏现象。

（5）发动机油油位的检查

1）关闭发动机后最少等待 3min，以便机油流回油底壳。

2）拉出机油尺，用干净的抹布擦净后，将机油尺重新推入至限位位置。

3）再次拔出机油尺并读出机油油位，如图 5-9 所示。A 为不得添加机油；B 为机油可加注至区域 A、C，且必须添加机油。机油油位必须位于测量区域 B 的上半部分，当油位高于标记 A 时，排放或吸出多余的机油，以避免损伤三元催化转化器。如果机油油位低于标记 C，则应加注足够的机油，至少为 0.5~1.0L。

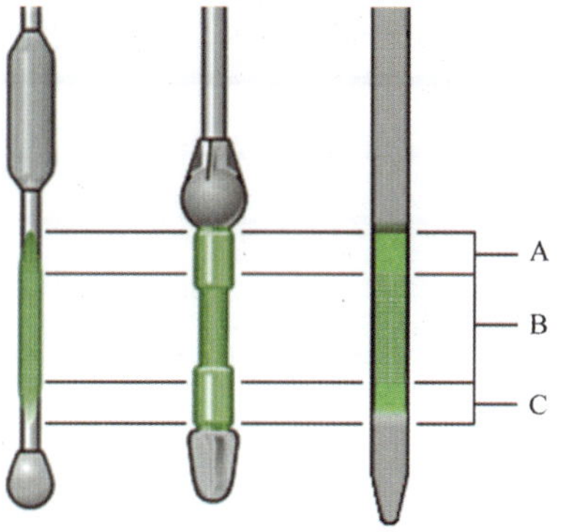

图 5-9　机油尺油位显示

85　大众、奥迪电子式机油量测量方法

（1）测量方法　电子式测量通常是使用机油油面高度电子指示器来检查机油，它有两种方法计算机油油面高度。第一种是车辆在行驶过程中采用动态测量，这种测量方式的重要测量参数有发动机转速、纵向和横向加速度、发动机舱盖接触（舱盖必须关闭）、发动机温度（发动机应处于正常工况），在上次发动机舱盖接触后行驶循环应大于 50km 获得测量值。第二种是静态测量，它的测量条件是接通点火开关，发动机机油温度高于 60℃，无发动机转速信号，发动机停止工作大于 120s 使机油能流回油底壳内。其测量方法是在多媒体界面中检查机油油位，在收音机或 MMI 操作按钮 E380 上按压 CAR 按键，旋转收音机或 E380 上面的大旋钮选择机油油位选项，按压大旋钮即可进入油位检查界面，在满足机油检查条件后会出现如图 5-10 所示界面，max 为机油上限，min 为机油下限。如果机油显示条接近 min（最低），那么就需要添加发动机机油。

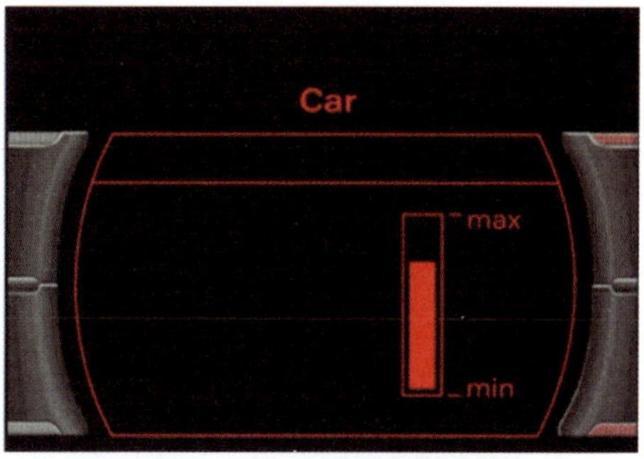

图 5-10　机油显示界面

机油液位采用静态测量方式，机油液位传感器需要机盖开关信号来触发，触发信号时，MMI 显示上次打开机盖后动态测量和静态测量相结合的结果。

组合仪表上可能出现下面这些显示，如图 5-11 所示。

1）机油油面高度正常（绿色），有文字提示“Öl stand ok”（机油油面高度正常）。

2）机油油面高度已达最低点（黄色），有文字提示“Bitte max.1 l Öl nachfüllen, Weiterfahrt möglich”（请最多补加 1L 机油，可以继续行驶）。

3）机油油面过低（红色），有文字提示 Bitte dringend Öl nachfüllen（请立即补加机油）。

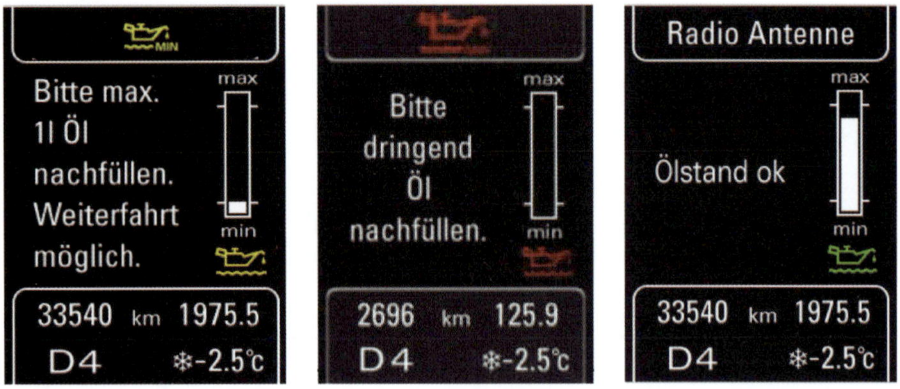

a) 最小的机油量　　b) 较低的油量　　c) 正常油位

图 5-11　组合仪表上的显示

4）机油油面过高（黄色），有文字提示 Bitte Öl stand reduzieren（请降低油面高度）。

5）机油油面传感器损坏，有文字提示 Sensor defekt（传感器损坏）。

（2）常见故障

1）黄色机油灯报警，补加机油后 MMI 中油位不变，调整前机盖开关，按静态测量方式条件操作 MMI，机油液位显示正常。

故障解决：调整润滑前机盖锁。

2）故障现象：凌渡 1.8T 轿车组合仪表显示“请检查机油油位！”，如图 5-12 所示。

故障诊断：起动 ODIS 系统，进入“01 发动机电控系统”，无故障代码存储。按维修手册添加机油后试车，故障依旧。

故障排除：对“01 发动机电控系统”执行“引导型功能”→“删除学习值”，如图 5-13 所示。

图 5-12　组合仪表显示“请检查机油油位”

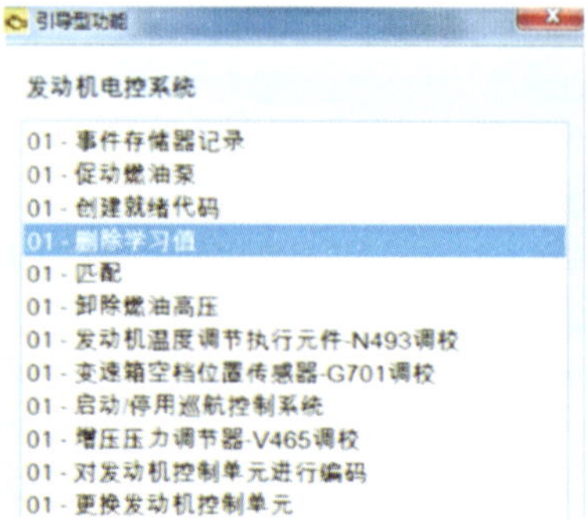

图 5-13　执行删除学习值

86　电容式机油液位传感器的结构及检测

（1）电容式液位传感器原理　电容式液位传感器常用于燃油、机油和冷却液液位的测量。如图 5-14 所示，将电容式传感器放入燃油或冷却液中，随着燃油或冷却液液面高度发生变化，引起电容电极间电介质的不同，导致电容发生变化，而电容的变化引起了振荡周期的变化，通过计算振动频率，就能获知液面状态。

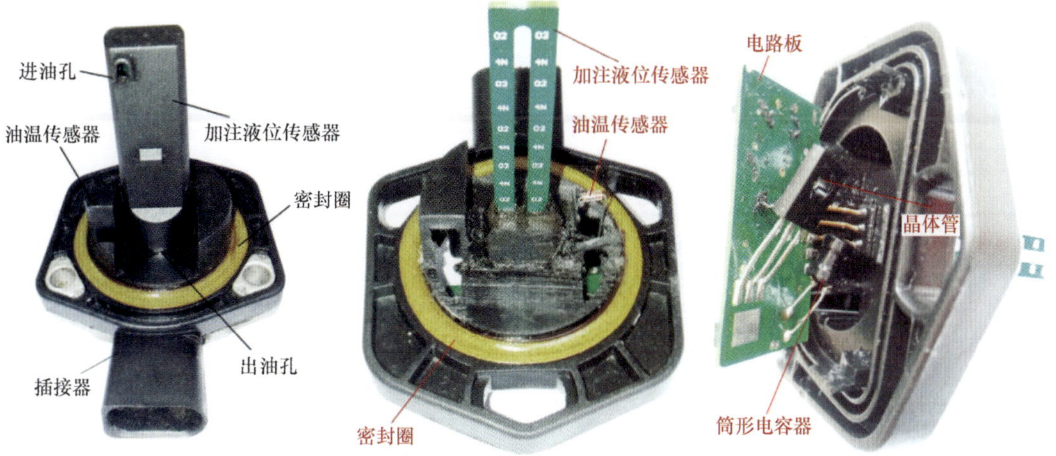

图 5-14 电容式液位传感器的内部构造

机油状态传感器是大众 / 奥迪车系所配备的反映机油状况的一个重要传感器，其主要作用是随时监控机油液位、机油温度。下面以大众 CC 轿车发动机为例，说明其构造和检测方法。

如图 5-15 所示，机油加注液位传感器和机油温度传感器 G226 安装于发动机油底壳上，该传感器由两个重叠安装的筒形电容器组成。两根金属管作为电容器电极嵌套安装在电极之间，发动机机油作为电介质。机油状态通过传感器测得，作为电介质的机油因磨损碎屑不断增加以及添加剂的分解而使介电常数发生变化，相应的电容值将在传感器内的电子装置中被处理成数字信号，并作为发动机机油状态信息被传送给仪表计算机。机油液位传感器在传感器的上部，它测量机油液位部分的电容值，该电容值会随着机油液位的变化而发生变化，并由传感器电子装置处理成数字信号再传送到仪表计算机。在机油状态传感器的底座上装有一个铂温度传感器，该传感器检测机油温度，并将检测到的温度信号传送到仪表计算机，再输出到机油温度表显示。只要在输出信号端连续测量，即可测得机油液位、温度和发动机机油状态信号的变化。机油状态传感器 G266 是一个三线式数字信号传感器，其电路连接如图 5-16 所示。

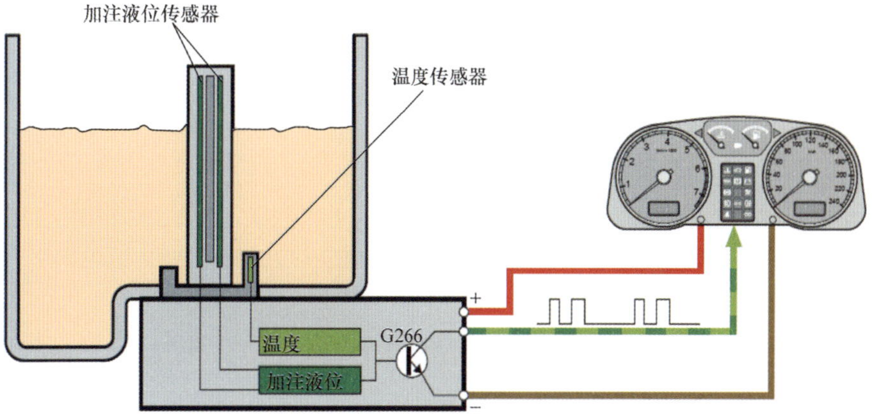

图 5-15 电容式液位传感器构造原理示意图

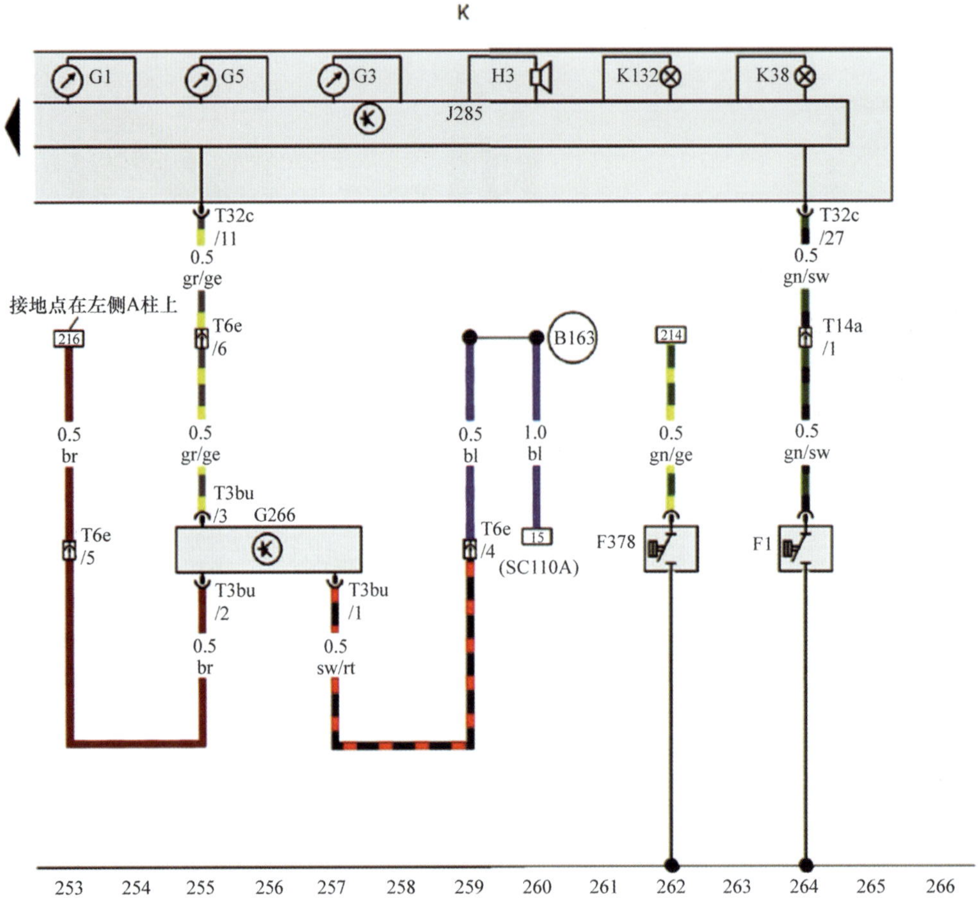

图 5-16 机油状态传感器 G266 电路图

F1—油压开关 F378—机油压力降低开关 G1—燃油储备显示 G3—冷却液温度表
G5—转速表 G266—机油油位和机油温度传感器 H3—警报蜂鸣器和警报音 J285—仪表板中的控制单元
K—仪表板 K38—油位指示灯 K132—电子节气门故障信号灯 T3bu—3 芯插头连接 T6e—6 芯插头连接
T14a—14 芯插头连接，发动机舱内左侧 T32c—32 芯插头连接 B163—正极连接 1（15），在车内导线束中
sw—黑色 br—褐色 gn—绿色 bl—蓝色 gr—灰色 li—淡紫色 ge—黄色

（2）机油加注液位传感器和机油温度传感器 G226 的检测

1）检测供给电源。用数字式万用表对传感器 1 号端子进行工作电压检查。用数字万用表直流电压档检测机油状态传感器 T3bu/1 号端子与 T3bu/2 的电压，点火开关打开时，其电源端电压应是蓄电池电压。

2）检测搭铁线。检测 T3bu/2 号线与搭铁间电阻，正常值应为 0Ω，否则说明搭铁不正常。

3）检测信号线参考电压。检测 T3bu/3 号线信号电压应在 9.8~10.5V 范围内。在怠速时测量电压值应基本不变化。

4）检测解码器。使用 VAS6150B 可以查询故障代码，如果机油液位传感器本身或线路出现问题，则会出现故障代码 00562。

5）检测波形。运用示波器对机油状态传感器输出端的信号进行波形分析，可以进一步确定该传感器的信号特征。该信号是一个脉冲矩形方波信号，如图 5-17 所示。

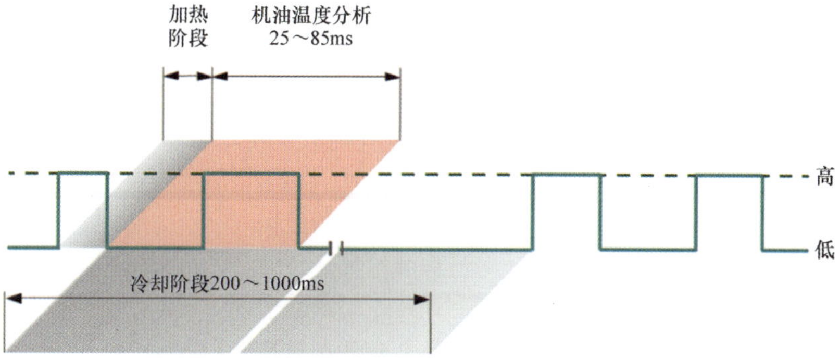

图 5-17 机油传感器波形

信号形状和分析利用：当前的油温会暂时加热测量元件，（输出 = 高）接着逐渐降温（输出 = 低）。该过程持续重复。这里高频时间与机油温度相关，而低频时间与加注液位成正比。

机油油位通过一个传感器方程式，可根据冷却阶段所需的冷却时间计算出加注液位高度（单位是 mm），误差为 ±2mm。

油底壳中的机油越多，传感器重新冷却得越快。冷却时间较长，说明油量不足；冷却时间较短则为正常。

机油温度冷却期间，传感器仍将继续传递机油温度信号。

87 机油滤芯型号不符机油灯报警故障

适用车型：2013 款采用 3.0 TFSI 发动机的部分奥迪轿车。

故障现象：红色机油压力警报指示灯亮起。

故障原因：机油滤清器滤芯以扭转的方式安装，如果滤芯过短，则机油滤清器壳体中的排油阀无法正常关闭，导致达不到所需的机油压力。

故障排除：如图 5-18 所示，机油滤清器滤芯的高度必须为 154mm，如果不符合要求，则必须更换。

图 5-18 奥迪轿车机油滤芯

88 机油加注过多故障

一辆新款奥迪 A3 轿车，搭载 CMB 发动机，配备 0AM 型自动变速器，行驶里程为 2 万 km。用户反映该车加速无力。

故障分析：维修人员检测发动机控制单元，未发现故障码。路试感觉车辆提速无明显异常。进一步检查发现，发动机机油的油位过高。与用户沟通后得知，上次做完保养后就出现此现象，由此证实了油位过高与故障的相关性。

故障排除：用抽油机将多余机油抽出，再与用户一同试车，用户反映车辆提速正常，再没有加速无力的感觉了。说明该车的故障原因为机油加注过多，造成了发动机损失功率。

说　明

当发动机油底壳中的机油不足时，曲轴轴承与轴颈等摩擦面会因机油量少而润滑不良、冷却不足，从而加剧磨损，甚至引发曲轴和轴瓦事故。机油加注也不能过量，因为当发动机中润滑油过多时，发动机在工作时会因曲柄、连杆大端的运动，对机油产生强烈的搅动。这不仅会增加曲轴的转动阻力以及发动机振动，产生发动机内部功率损失，还会因激溅到缸壁上的机油增多而很容易产生烧、排机油现象。这种情况会降低发动机的输出功率，造成车辆烧机油、冒蓝烟，以致油耗增加。还会加速气缸与活塞的磨损，降低车辆的使用寿命。因此，发动机油底壳中的机油应控制在机油尺的上、下刻线之间，如图 5-19 所示。

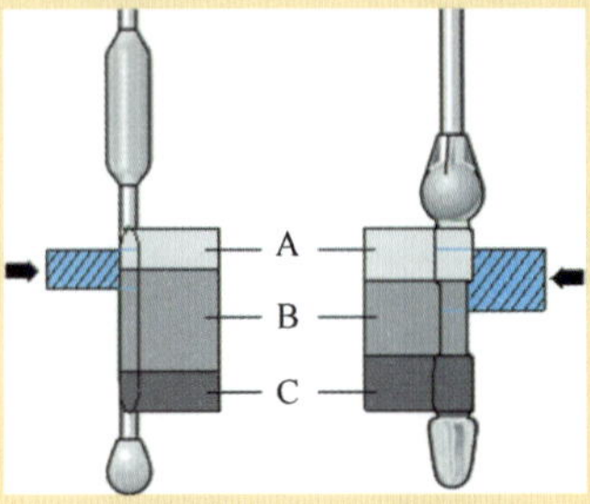

图 5-19　机油加注刻线

89 集滤器堵塞引发的故障

一辆上海通用雪佛兰轿车，行驶里程 8 万 km。该车机油警告灯点亮。

故障分析：维修人员试车发现，该车发动机噪声大，液压挺杆不停地发出“哒哒哒”的响声。检查机油和冷却液的液位都正常，也没有高温迹象。观察发现，油尺和机油加注口盖有少量机油沉积物，气门室盖内基本清洁。发动机怠速运转时，机油警告灯有时还会自动熄灭。

拆下机油传感器，测量油压，为 50~70kPa，油压过低。拆下油压表，基本上没有机油流出。测量点位于机油泵上方，能够直接反映机油泵的输出情况。初步判断是机油泵的故障。

拆卸油底壳和机油泵，发现集滤器滤网已经被块状机油沉积物堵住，无法上油，如图 5-20 所示，这就是引发故障的原因所在。分析认为，油底壳中的机油沉积物是在更换机油后松动脱落或悬浮在油中，堵塞了集滤器，造成上述故障。

故障排除：清洗集滤器，更换机油泵后，怠速油压达到 280kPa，挺杆噪声消失，故障排除。

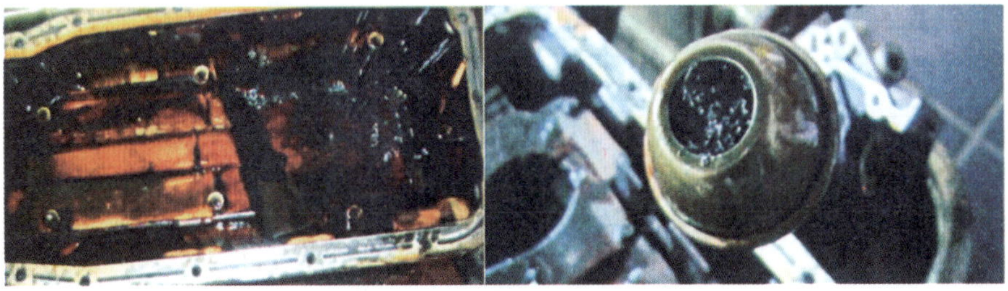

图 5-20　机油集滤器上的杂质

第6章 冷却系统

90 冷却循环系统结构

水冷式发动机通过水泵（电控水泵或可控水泵）使气缸套、机油散热器、ATF 油散热器中的冷却液加速流动，并将冷却液引入散热器中，再利用汽车行驶时吹进的自然风和散热扇向散热器吹的风，使冷却液在散热器中冷却，然后将冷却液引入缸套、机油散热器、ATF 油散热器中，周而复始地循环冷却，同时也为暖风系统提供暖气。冷却循环系统如图 6-1 和图 6-2 所示。

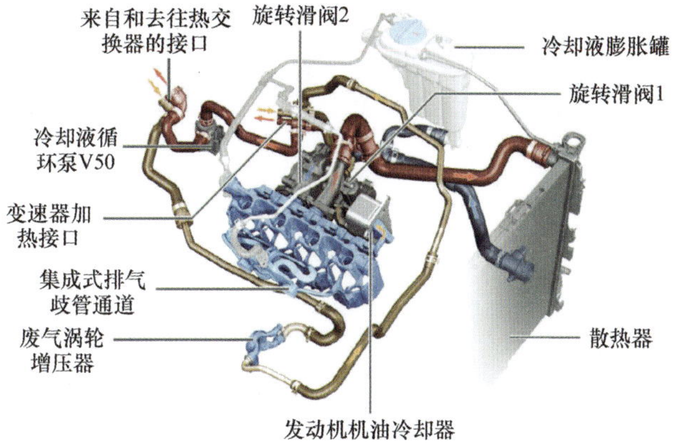

图 6-1 发动机冷却循环

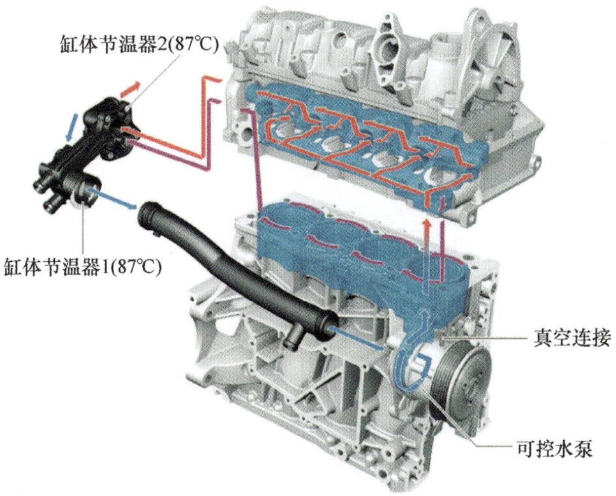

图 6-2 双节温器控制的冷却循环

91 节温器结构

(1) 结构 节温器是控制冷却液流动路径的阀门。当发动机冷起动时，冷却液的温度较低，这时节温器将冷却液流向散热器的通道关闭，使冷却液经水泵入口直接流入机体或气缸盖水套，以便使冷却液迅速升温。如果不装节温器，让温度较低的冷却液经过散热器冷却后返回发动机，则冷却液的温度将长时间不能升高，发动机也将长时间在低温下运转。双阀蜡式节温器的结构如图 6-3 所示。推杆的一端紧固在带状上支架上，而另一端则插入感温体内的胶管当中。感温体支承在带状下支架及节温器阀之间。在感温体外壳与胶管中间充满精制石蜡。

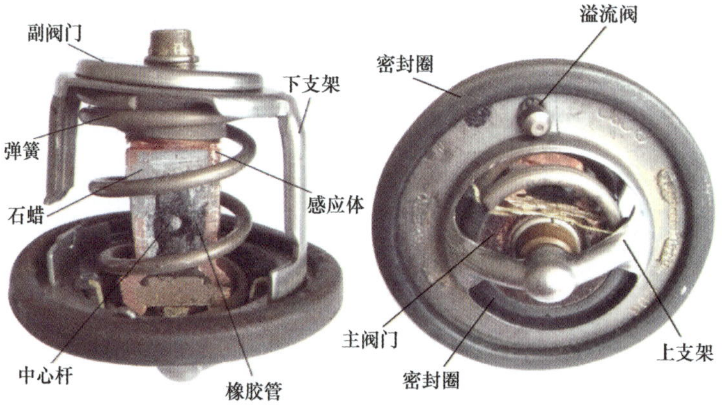

图 6-3 节温器的结构

(2) 双阀蜡式节温器的工作原理 阀座与下支架铆接在一起，紧固在阀座上的中心杆的锥形下端插在橡胶管内，橡胶管与感温器体之间的空腔内充满特制的石蜡。常温下石蜡呈固态，当温度升高时，石蜡逐渐熔化，体积也随之增大。感温器体上部套装在主阀门上，下端则与副阀门铆接在一起。节温器安装在水泵下端，进水口的前部，用来控制水泵的进水。

当冷却液温度低于 85℃时，节温器体内的石蜡体积膨胀量尚小，故主阀门受大弹簧作用紧压在阀座上，来自散热器的水道被关闭，而副阀门则离开来自发动机的旁通水道，所以冷却液不经过散热器，只在水泵与发动机水套之间做小循环流动。这样，发动机开始工作时，冷却液快速升温，能很快暖机，在短时间内达到发动机正常工作温度。当冷却液温度高于 85℃ 时，石蜡体积膨胀，使橡胶管受挤压变形，但由于中心杆是固定不动的，于是橡胶管收缩会对中心杆锥形端部产生一轴向推力，迫使感温器体压缩大弹簧，使主阀门逐渐开启，副阀门逐渐关闭，因而部分来自散热器的冷却液做大循环流动。随着温度升高，主阀门开大，做大循环的冷却液量增多。当冷却液温度达到 105℃时，主阀全开，开足升程至少 7mm，副阀门则完全关闭，全部冷却液流经散热器做大循环流动。注：溢流阀或称溢流孔有排空气作用。图 6-4 中锥面位于出水侧，而进水侧是扁的，这样就不能封热水而是封冷水防逆流。在节温器没开启之前，微量热水进入散热器水与水套，防止冷却液温度差过大。

图 6-4 节温器溢流阀

（3）常见故障 节温器损坏造成冷却液温度过高或过低。例如：用手触摸散热器上水管，发现上方的进液管烫手，而下方的出液口不热，说明冷却系统无大循环，可能原因是节温器损坏，造成发动机冷却液循环不良。如果打开空调，会出现偶尔不制冷，打开暖风不热等故障。

92 双节温器结构

为了实现发动机缸体的温度迅速升高，同时缸体的温度比缸盖温度稍微高一些，系统中设有两个节温器，它们装在一个支架上。两个节温器采用的是“expansion elements”（**膨胀元件安装在节温器内，里面填充石蜡，石蜡受热膨胀会顶起升程销，升程销带动节温器盘来打开大循环**）原理。为了监控冷却液温度，冷却液温度传感器 G62 装在节温器 2 上，其结构如图 6-5 所示，安装位置如图 6-6 和图 6-7 所示，测量的是缸盖出水口的温度。

采用双节温器的优点如下。

1）气缸体的温度可以升高得更快，因为冷却液在温度达到 105℃之前，会一直在气缸体内循环。

2）由于气缸体温度较高，降低了曲柄连杆机构的摩擦，使机油的黏度降低。

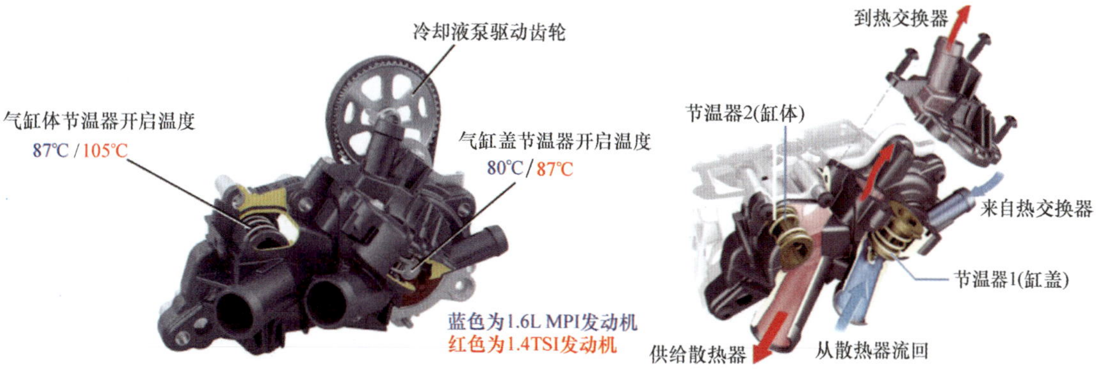

图 6-5 节温器结构图

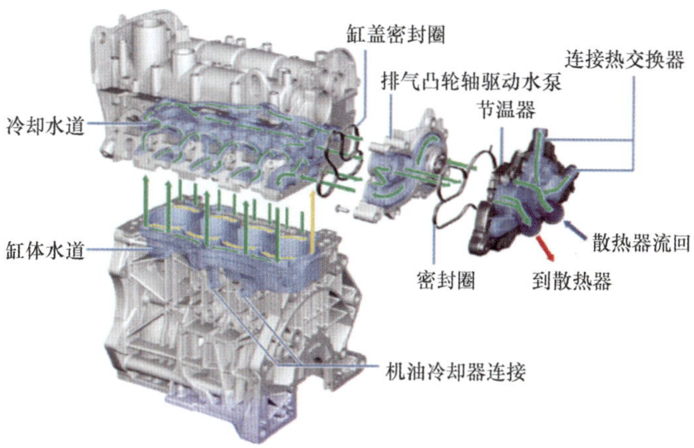

图 6-6 安装位置

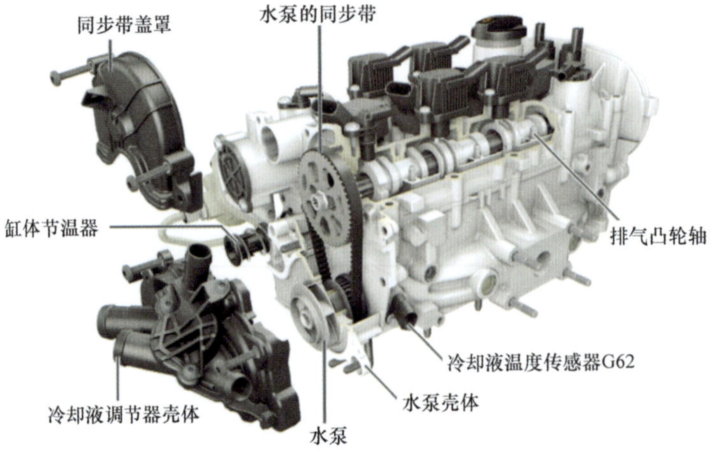

图 6-7　新款奥迪节温器安装位置

3）由于缸盖的温度稍低一些，燃烧室的温度也就低一些，好处是增加了充气效率，同时减小了爆燃倾向。

93 双节温器的控制原理

为了控制冷却系统内的温度，冷却液流量的 1/3 用来冷却缸体，2/3 参与冷却缸盖，主要用来冷却燃烧室。流速和温度是通过节温器的横截面积来控制的。由于两个循环系统的温度不同，所以开启的温度也就不同。在这种情况下，需要两个分开的节温器。由于缸体循环的压力高，所以使用的是双行程节温器，来实现精准的温控开启。如果使用的是单行程节温器，就需要一个更大尺寸的节温器盘来保证压力高时开启。但由于弹簧力的作用，节温器将只在高温的时候打开。如果采用双行程节温器，在达到开启温度的初期，只需要一个小尺寸的节温器盘就能将节温器打开。由于受力面积小，反向作用力也就小，所以节温器在精确的温度控制过程中可以精确打开。在节温器盘移动一段距离后，小节温器盘驱动一个大节温器盘来打开节温器的整个横截面，如图 6-8 所示。

1）冷却液温度低于 87℃时，两个节温器都处于关闭状态，发动机升温快，如图 6-9 所示。此时，冷却液流经以下元件：冷却液泵→气缸盖→节温器支架→小冷却液箱→机油冷却器→冷却液罐。

2）冷却液温度介于 87~105℃时，节温器 1 开启，节温器 2 关闭，从而将气缸盖的温度设定在 87℃，气缸体进一步升温，如图 6-10 所示。冷却液流经以下元件：冷却液泵→气缸盖→节温器支架→小冷却液箱→机油冷却器→冷却液罐→散热器。

3）气缸盖温度设定在 87℃，气缸体温度达到 105℃，两个节温器都打开，如图 6-11 所示。冷却液流经以下元件：冷却液泵→气缸盖→节温器支架→小冷却液箱→机油冷却器→废气再循环阀→冷却液罐→散热器→缸体→节温器。

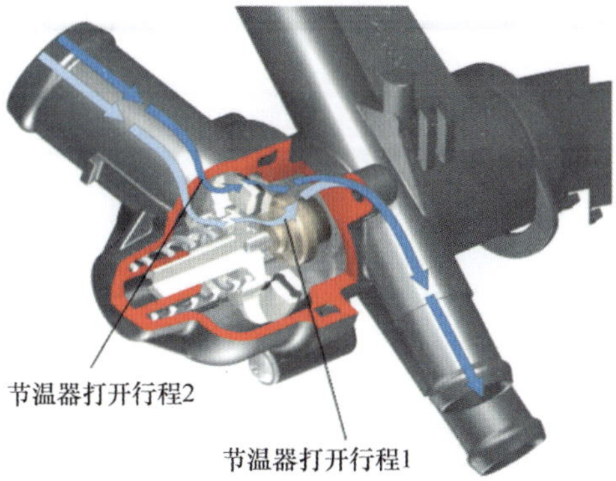

图 6-8　节温器控制原理

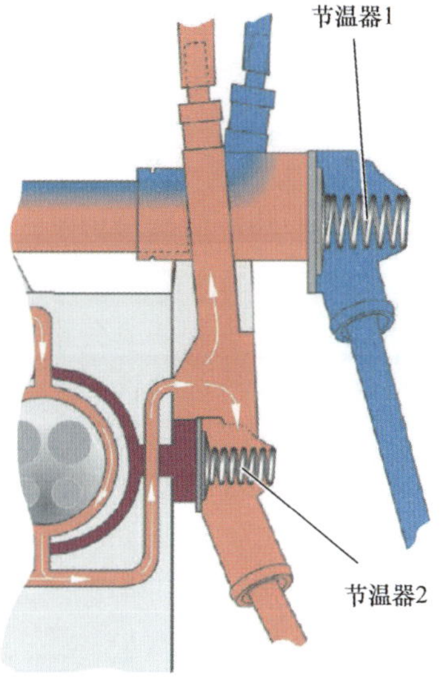

图 6-9　两个节温器全关闭

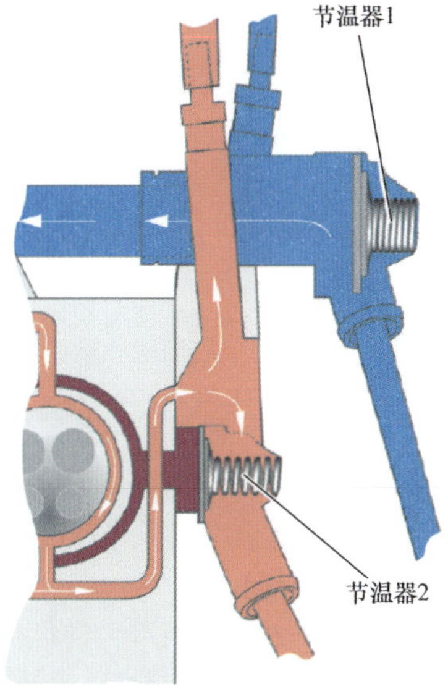

图 6-10　节温器 1 开启，节温器 2 关闭

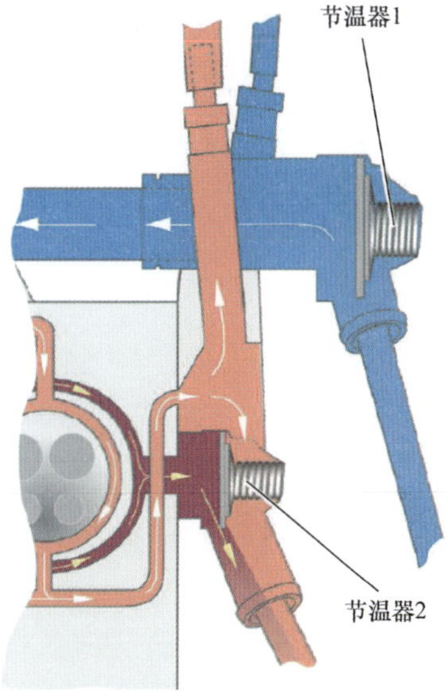

图 6-11　两个节温器全开

94 冷却液散热器结构

冷却液散热器几乎都使用铝合金散热器芯。设计冷却液散热器时，必须确保在所有可能的运行和环境条件下，冷却液散热器可将发动机内产生的余热有效释放到环境中去。

例如，宝马 E65 的冷却液散热器包括两部分：一部分主要负责发动机冷却的高温区，另一部分用于确保自动变速器油冷却的低温区。其实现方式是，通过集成在冷却液箱内的分流器，使高温区附近的部分冷却液转变流向。

与以前车型上使用的铝合金 / 塑料冷却液散热器相比，全铝散热器加满冷却液时质量减小了 400g，部件厚度减少了 21mm。质量总计减小了大约 5%。散热器芯与水箱之间的钎焊接头取代了以前常用的带凸起管板的机械接头。

因此，与传统冷却液散热器相比，全铝冷却液散热器不仅部件厚度较小，而且更可靠、使用寿命更长。这种全铝结构还首次采用了用于快速接头的 VDA 连接管。

通过在两个水箱中安装调节套管，可在变速器油 / 冷却液热交换器内隔出一个用于变速器油冷却的低温区域，如图 6-12 所示。

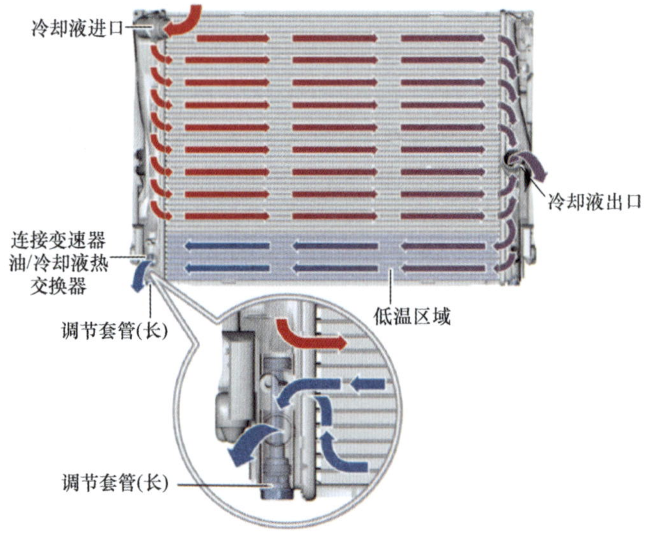

图 6-12　散热器

95 特性曲线式节温器的工作原理

冷却液温度会影响耗油量、功率、混合气形成质量、污染物排放量以及部件的机械负荷。

优化这些参数时，不允许在不同转速和负荷条件下温度值固定不变，而是要求针对不同运行情况达到相应的温度范围。

采用特性曲线式节温器有助于达到最佳温度，如图 6-13 所示。

DME 为特性曲线式节温器提供 12V 车载网络供电。DME 在接地侧进行控制。用于计算的输入参数包括发动机转速、负荷、车速、进气温度、冷却液温度。

DME 根据这些输入参数计算出针对各种运行情况的最佳冷却液温度，并通过有针对性地为一个加热式节温器供电且根据需要控制电风扇来调节该冷却液温度。

满负荷时，可通过降低冷却液温度改善气缸充气效果。此外，还可通过降低发动机温度减少爆燃危险。这样可以有效提高发动机功率和转矩。

加热电阻安装在节温器的蜡制元件内。DME 为加热电阻供电时，蜡制元件膨胀并克服弹簧的弹簧力，封住气缸盖供给管路的入口。弹簧负责在蜡制元件冷却后使节温器返回静止位置。

发动机处于冷态时，冷却循环回路由气缸盖供给管路经节温器连至冷却液泵，如图 6-14 所示。

| 图 6-13 特性曲线式节温器 |

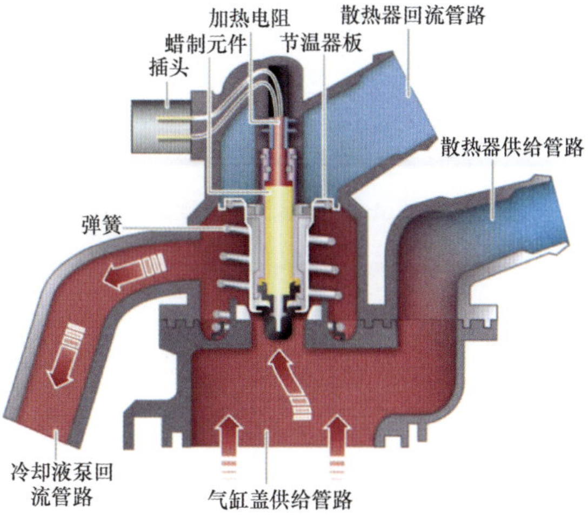

| 图 6-14 特性曲线式节温器关闭 |

发动机处于热态时，冷却循环回路由气缸盖供给管路经散热器供给管路通过散热器，再经散热器回流管路通过节温器板的开启横截面连接冷却液泵回流管路，如图 6-15 所示。

此时，蜡制元件不再仅仅通过流经的冷却液来加热，而是可以通过“人工方式”加热，并在以前不会做出响应的温度下启用。

发动机管理系统根据存储的特性曲线和实际行驶状况控制加热元件，如图 6-16 所示。

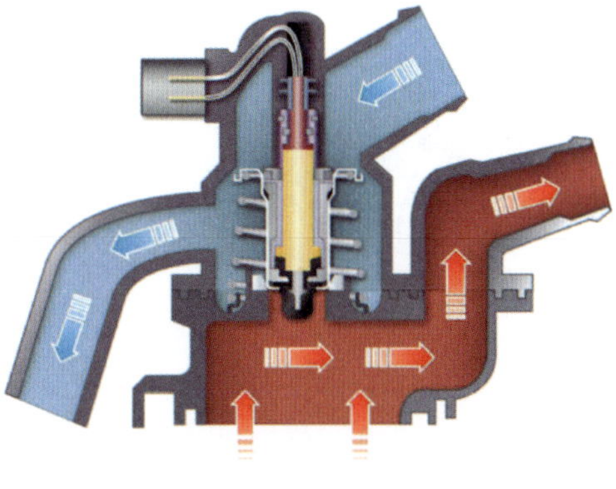

| 图 6-15 特性曲线式节温器打开 |

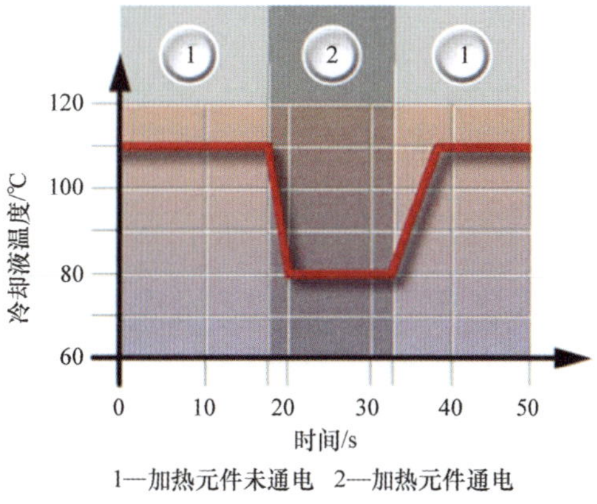

| 图 6-16 特性曲线式节温器的温度曲线图 |

96 冷却液停流切换阀

创新温度管理系统（ITM）使用的是一个球阀，即冷却液停流切换阀。如果这个球阀关闭了，冷却液流动就被中断了。这时冷却液就停滞在整个发动机内，发动机机油急速变热，这就缩短了摩擦损失很大所持续的时间。在每次起动发动机后，如果冷却液温度低于 80°，就会让冷却液停流。

冷却液停流切换阀用法兰安装在减振器和空气进气装置之间的缸体上，它与冷却液泵和缸体之间的压力侧冷却液管合为一体。该阀通过一个真空单元以气动方式来操控。真空是由真空泵提供的，由一个电动转换阀（缸盖冷却液阀 N489）来控制，如图 6-17 所示。

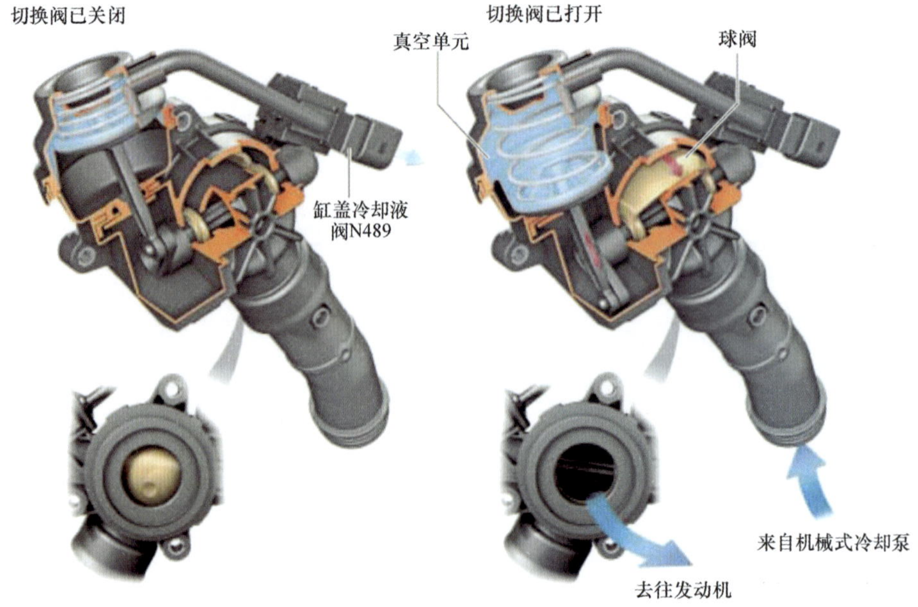

图 6-17　创新温度管理系统

冷却液停流切换阀、真空单元和电动转换阀构成了一个部件（就是安装在一起），所有切换动作都是由特性曲线来控制的。球阀激活的话，就处于“关闭”位置了，没有中间位置。

在发动机已达到正常工作温度时，如果又重新放开了冷却液流，那么这个切换阀会节拍动作，这样就可避免突然涌入的冷却液降低发动机缸体内的冷却液温度。可以借助于执行原件诊断来触发这个切换阀，以便实施诊断；也可以手动检查或者用手动真空泵来检查。

图 6-18　节温器安装位置

特性曲线控制的发动机冷却系统节温器 F265 安装在冷却液泵的进液一侧，它是通过一个蜡式膨胀元件根据温度来打开的，如图 6-18 所示。另外，可以通过一个加热元件来降低开启温度。这个触发过程是由发动机控制单元来执行的，其内部存有一个特性曲线。控制单元在计算时要用到的输入量有空气温度、发动机负荷、车速和冷却液温度。控制单元就是根据这些量来计算出膨胀元件的无级调节电加热情况的。

这个节温器的机械结构与环形滑阀式节温器是相同的，节温器在发动机正面，两个缸盖内流动的冷却液汇集在这个节温器壳体内，如图 6-19 所示。

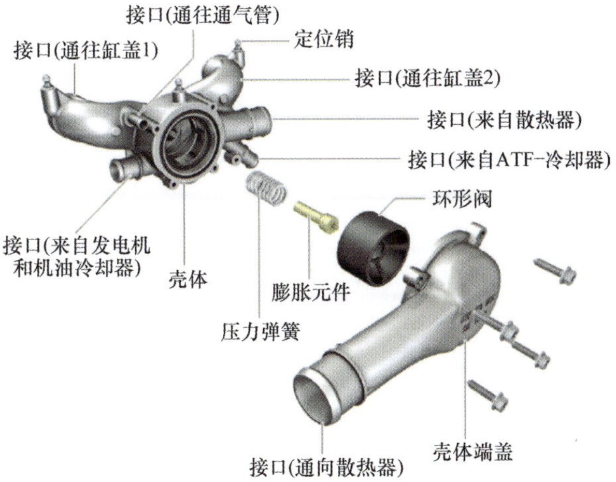

图 6-19　节温器结构

这个冷却液大循环节温器在温度超过 97℃时会打开。膨胀元件的推杆顶在壳体端盖上，环形阀与膨胀元件一同移动，将小循环与大循环分隔开（具体取决于环形阀位置），如图 6-20 所示。节温器壳体上有 3 个定位销，发动机罩盖就卡在这些销子上。工作温度范围见表 6-1。

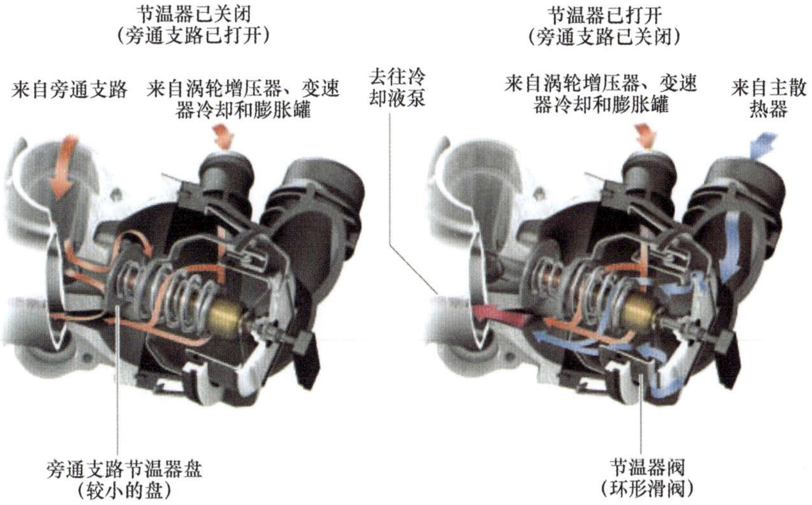

图 6-20　工作原理

表 6-1　工作温度范围

工作温度范围	-40~135℃
节温器开启温度（未通电）	(97±2)℃
节温器开启温度（已通电）	取决于通电情况和外界温度（特性曲线）

97 冷却风扇的控制原理

（1）冷却风扇无级控制原理　冷却风扇无级控制系统由传感器、控制单元和执行器构成，如图 6-21 所示。传感器主要包括发动机转速传感器、空气流量传感器、进气温度传感器、环境温度传感器、发动机出液口温度传感器、散热器出液口温度传感器、空调系统相关传感器、车速传感器等；控制单元包括发动机控制单元和冷却风扇控制单元；执行器主要是两个冷却风扇。

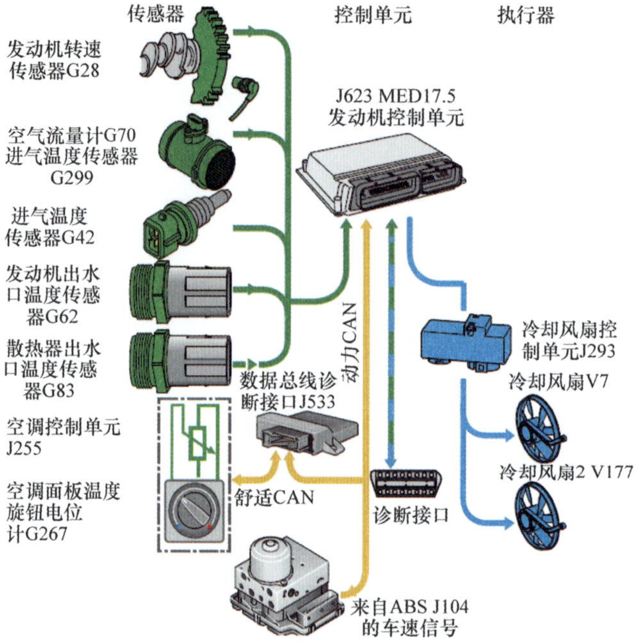

图 6-21　冷却风扇无级控制系统组成

两个冷却液温度传感器及两个冷却风扇在冷却管路中的安装位置如图 6-22 所示。发动机出液口温度传感器用于检测发动机的工作温度，散热器出液口温度传感器用于检测散热器的散热效果，这两个温度信号是控制冷却风扇转速的基础信息。

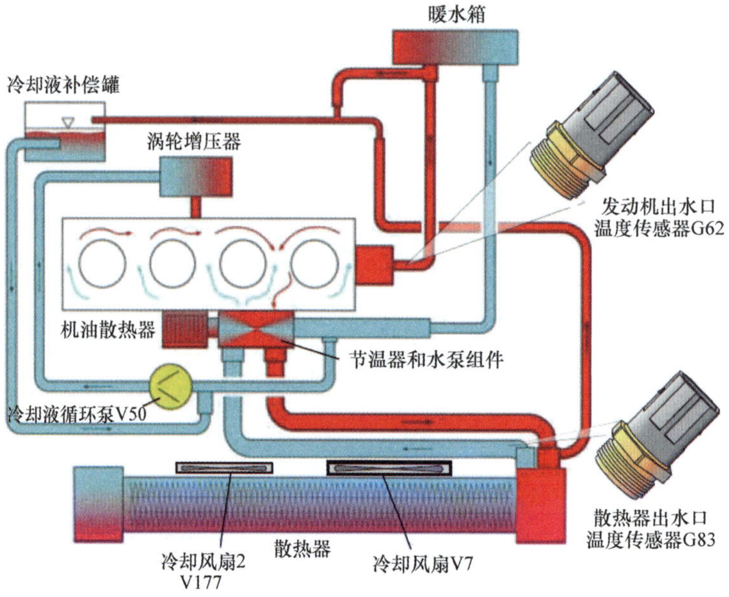

图 6-22　温度传感及冷却风扇安装位置

冷却风扇控制系统对冷却风扇转速的控制由目标冷却液温度控制和风扇转速控制两部分组成。

（2）目标冷却液温度控制策略 在发动机控制单元内储存了两条目标冷却液温度的特性曲线，如图 6-23 所示。

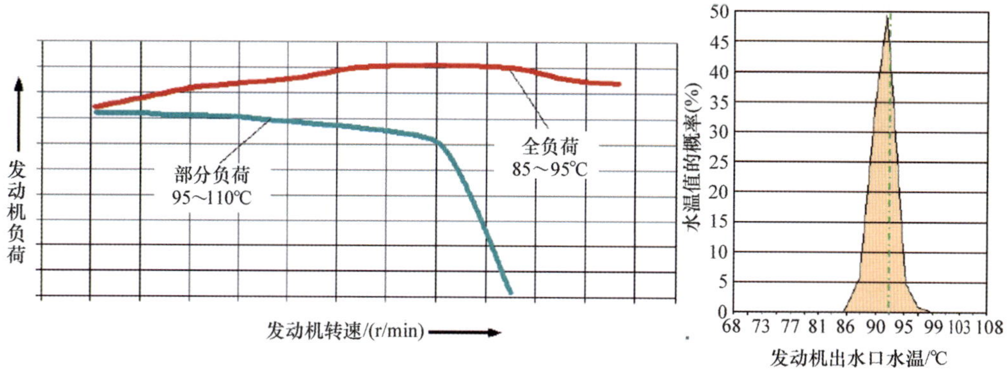

图 6-23 发动机负荷与冷却液温度的关系

第一条目标冷却液温度特性曲线反映目标冷却液温度与发动机负荷（进气量）和发动机转速之间的关系，其中，发动机负荷是影响目标冷却液温度的主要因素。目标冷却液温度必须与发动机负荷一致，合适的冷却液温度能提高发动机性能。部分负荷时，发动机温度高一些（95~105℃）有利于发动机提高性能，降低油耗和有害物质排放；全负荷时，温度低一些（85~95℃），以减少对进气的加热作用，提高充气系数，从而增加动力输出，有利于功率的提高。

第二条特性曲线反映目标冷却液温度与车速和外界温度之间的关系。利用该特性曲线可以有效修正冷却液温度传感器检测到的冷却液温度与发动机液套处的冷却液温度之间的差异。在高温环境（如热带沙漠）下低速行驶与在低温环境（如东北地区的冬季）下高速行驶，冷却液温度传感器检测到的温度可能是一样的，但发动机液套处和发动机室的温度却是不同的，低温高速行驶时，冷却液温度传感器检测到的温度要比发动机真实的工作温度低得多，而高温低速行驶时则正好相反。所以在计算目标冷却液温度时，要利用检测到的车速和外界温度进行适当修正。一般来说，车速高、外界温度低时，目标冷却液温度要适当降低 2~5℃。

发动机控制单元对比两个特性曲线图，取最低值来控制冷却风扇的工作。当发动机的冷却液温度超过目标温度后，冷却风扇就开始工作。一般情况下，在正常工况时，该目标冷却液温度约为 93℃，即冷却液温度达到 93℃后冷却风扇开始工作。

（3）冷却风扇转速控制策略 冷却风扇转速控制的目的是使实际冷却液温度更加接近目标冷却液温度。与目标冷却液温度一样，在发动机控制单元内也存储了两条冷却风扇转速特性曲线。

冷却风扇特性曲线 1 反映冷却风扇转速与车速和目标冷却液温度之间的关系。车速越低，自然风越小，冷却风扇转速越高；反之，车速越高，自然风的冷却效果就越好，冷却风扇转速相应就低些，一般当车速超过 100km/h 时，冷却风扇就不需要运转了。

冷却风扇特性曲线 2 反映冷却风扇转速与两个冷却液温度传感器检测数据的差值和目标冷却液温度之间的关系。当发动机出液口冷却液温度传感器检测到的冷却液温度数值在正常范围内，但散热器出液口冷却液温度传感器检测到冷却液温度较低时，说明散热器温度不高，冷却风扇工作的作用不大，因此应降低冷却风扇转速；当发动机出液口冷却液温度传感器检测到冷却液温度较高（已高出正常值范围），但散热器出液口冷却液温度传感器检测到冷却液温度还较低时，就说明节温器有故障。此时，为保护发动机，需要控制冷却风扇高速运转。

此外，冷却风扇的运转与否及转速高低还要根据空调系统的需要进行控制。

（4）冷却风扇控制电路 在冷却风扇控制系统中，冷却风扇的具体运转情况是由发动机控制单元通过冷却风扇控制单元利用占空比 PWM 形式进行精准控制的。以一汽大众迈腾车为例，其具体控制原理如图 6-24 所示。

发动机控制单元根据各传感器提供的信号，利用内部存储的目标冷却液温度特性曲线和冷却风扇转速特性曲线，计算出最佳的冷却风扇运转转速，并将冷却风扇转速数据转换成占空比数据，然后向冷却风扇控制单元发出 PWM 信号，冷却风扇控制单元根据接收到的发动机控制单元占空比信号，再通过占空比控制冷却风扇以一定的转速运转。占空比原理如图 6-25 所示。

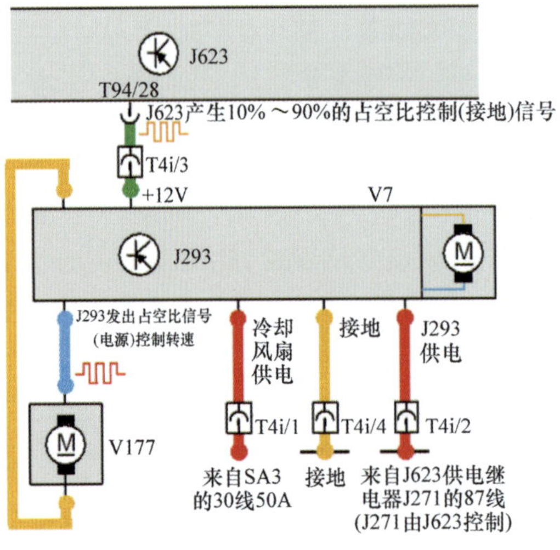

图 6-24 冷却风扇控制原理

J623—发动机控制单元 J293—冷却风扇控制单元
V7—冷却风扇 1 V177—冷却风扇 2

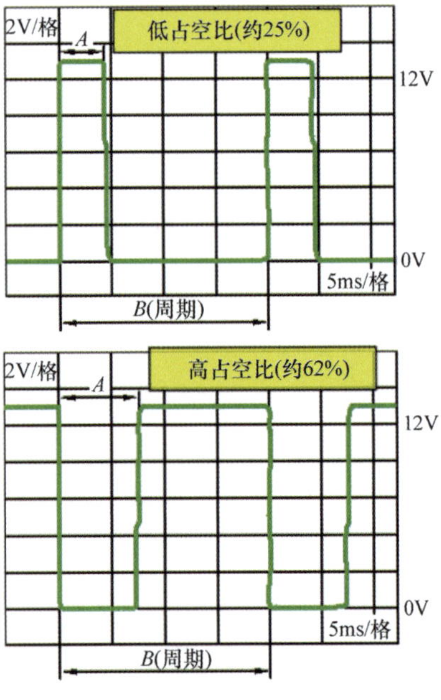

图 6-25 占空比原理示意图

J293 工作时，在 T4i/3 脚发出 12V 电压，J623 根据目标温度在 T94/28 脚产生占空比（PWM）接地信号，用于控制冷却风扇的转速：占空比信号越大，散热风扇转速越大。为了防止此信号线对地短路或对正极短路，J293 做了失效保护，即检测到 0V 或 12V 时，J293 会控制冷却风扇高速常转。断开点火开关后，发动机控制单元仍能工作，当发动机控制单元检测到冷却液温度过高而需要降温时，向冷却风扇控制单元发出 PWM 信号，冷却风扇控制单元仍可继续工作。冷却风扇控制原理见表 6-2。

表 6-2 冷却风扇控制原理

点火开关	J293 供电（T4i/2）	信号线（T4i/3）		冷却风扇状态
		测量电压/V	对应占空比（%）	
打开	12V（蓄电池电压）	0	0	高速常转（故障保护）
		1.2	约 10	不转
		1.2~10.2	10~90	低速~高速调控（根据水温控制工作时间和转速）
		10.2	约 90	高速转
关闭	由 J623 控制供电从 25s 至 30min	12	100	高速常转（故障保护）

说　明

当发动机控制单元检测到 G42/G62/G83/G299 有故障时，为确认再次起动时判断到正常的冷却液温度/进气温度信号，会在关闭点火开关后控制冷却风扇转动 1~15min。

G83 的安装位置如图 6-26 所示。G83 冷态下的阻值约为 2.057kΩ，电压在 2.225~3.30V 之间。新款捷达轿车冷却风扇控制电路图如图 6-27 所示。其中冷却风扇控制单元 J293 与自动空调控制单元 J225 相连接，按下自动空调开关时风扇会旋转。

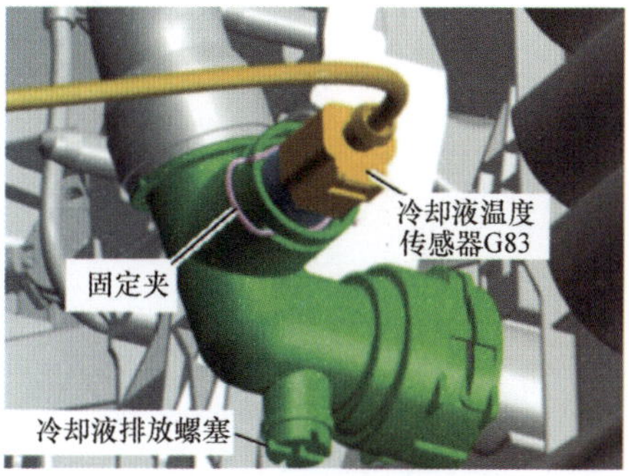

图 6-26 G83 的安装位置

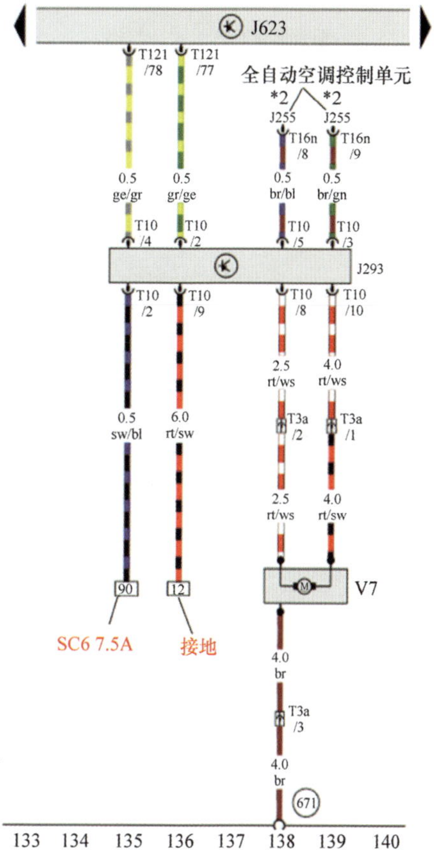

图 6-27 新款捷达轿车冷却风扇控制电路图

如果冷却液温度传感器 G62 损坏，则冷却液温度控制以 95℃为替代值，并且风扇以 1 档常转；如果冷却液温度传感器 G83 损坏，则控制功能保持，风扇以 1 档常转；如果其中一个温度超出极限，则风扇 2 档被激活；如果两个传感器都损坏，则最大的电压值被加载于加热电阻，并且风扇以 2 档常转。

98 冷却系统密封性检查

1）确保发动机已达到工作温度。注意：热的冷却液有造成烫伤的危险，所以用湿毛巾盖住冷却液补偿罐封盖，以免被热气烫伤。

2）松开卡子箭头，打开冷却液补偿罐封盖，如图 6-28 所示。

3）将冷却系统检测设备和适配接头安装到冷却液补偿罐上，如图 6-29 所示。

图 6-28　打开冷却液补偿罐封盖

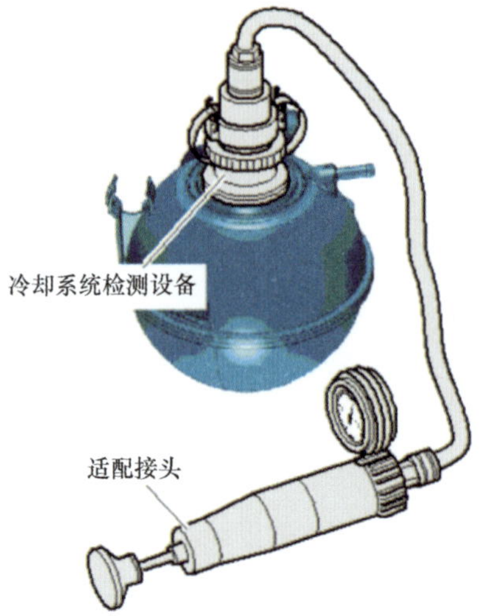

图 6-29　安装冷却系统检测设备

4）用冷却系统检测设备的手动泵产生约 100kPa 的过压。

5）如果压力下降，应查明泄漏部位并排除故障。

6）检查封盖中的安全阀。将冷却系统检测设备 V.A.G1274 B 用适配接头安装到冷却液补偿罐封盖上，如图 6-30 所示。

7）用冷却系统检测设备的手动泵产生过压。

8）当过压达到 140~160kPa 时，安全阀必须自动打开。

9）如果安全阀不按规定打开，则更新封盖。

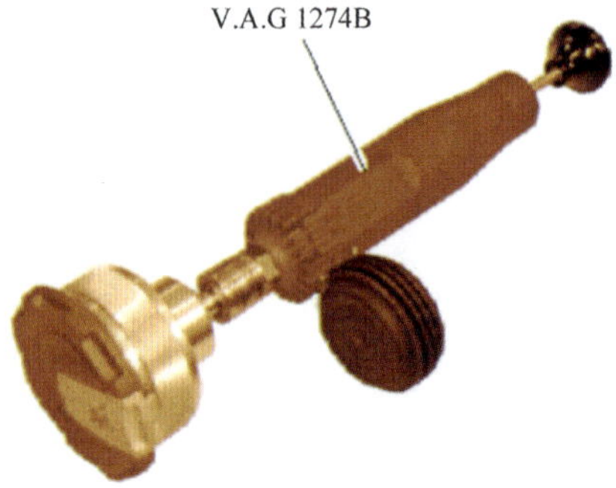

图 6-30　将冷却系统检测设备安装到封盖上

99 冷却液的排放和添加

（1）冷却液的排放

1）松开卡箍箭头，打开冷却液补偿罐封盖，如图 6-31 所示。

2）将冷却液收集系统的收集装置或车间起重机收集盘放在下面。

3）从连接套管上拧出排放螺塞并排出冷却液，如图 6-32 所示。

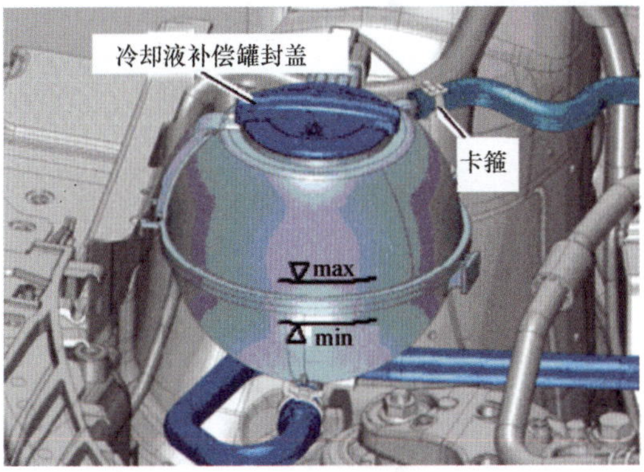

图 6-31 打开冷却液补偿罐封盖

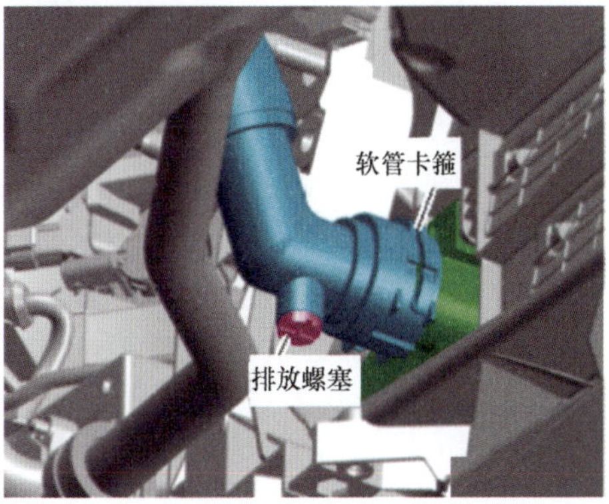

图 6-32 拧出排放螺塞

冷却液的主要成分是去离子水、乙二醇和其他微量添加剂。冷却液混合比：乙二醇（40%）和蒸馏水（60%），防冻能力至 –25℃；乙二醇（50%）和蒸馏水（50%），防冻能力至 –40℃。

（2）冷却液的添加

1）向冷却液补偿罐中加注至少 10L 已按正确混合比预混好的冷却液。

2）将冷却系统检测设备适配接头拧到冷却液补偿罐上。

3）将冷却系统加注装置安装到适配接头上。

4）把排气软管通到一个小容器中，如图 6-33 所示。提示：少量冷却液会随排出的空气一起排出，应该收集这些排出的冷却液。

5）将拨杆转至与流动方向垂直，关闭阀门 A 和 B。

6）将软管连接到压缩空气罐上，如图 6-34 所示。压力：0.6~1MPa 过压。

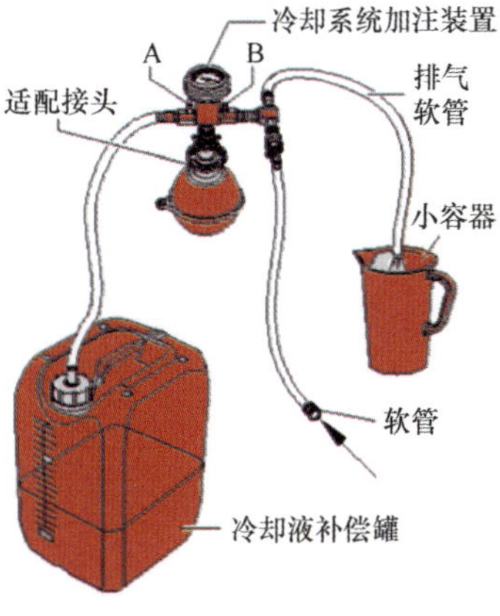

图 6-33 将软管通到一个小容器中

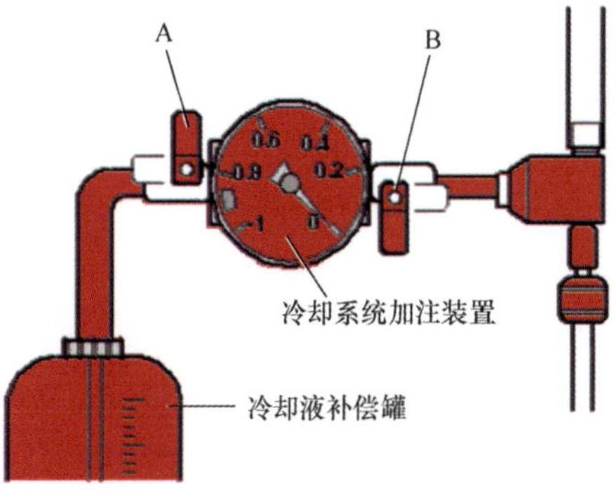

图 6-34 将软管连接到压缩空气罐上

7）将拨杆转到与流动方向一致，打开阀门 B。在冷却系统中由引流泵产生真空，指示仪表的指针必须移动到绿色区域内。

8）将拨杆转到与流动方向一致，短时打开阀门 A，以使冷却补偿罐软管中加注冷却液。

提　示

如果指针停在绿色区域之下，则重复前面的过程。如果真空下降，则应检查冷却系统是否有泄漏部位。

9）加注冷却液，直至冷却系统检测仪管充满。

10）松开连接暖风热交换器冷却液软管上的软管卡箍，将冷却液软管拉回，直至连接套管不再挡住冷却液软管内的排气孔箭头，如图 6-35 所示。

11）加注冷却液，直到冷却液从冷却液软管内的排气孔中溢出为止。

12）将冷却液软管推到连接接头上并用软管卡箍固定。

13）拧紧冷却液补偿罐封盖，直到其卡止。

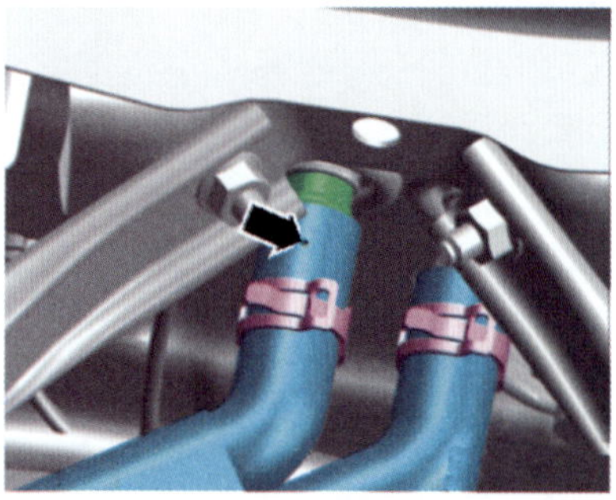

图 6-35　松开暖风热交换器上的软管卡箍

14）起动发动机，以约 1500r/min 至最大 2800r/min 的转速交替运行，直至散热器风扇起动。

15）关闭发动机并让其冷却。

16）检查冷却液液位。发动机冷下来后，冷却液液位必须处在“最大”标记处。对已达到工作温度的发动机而言，冷却液液位可能超过“最大”液位标记。

100 冷却液泵的常见故障

（1）冷却液泵异响

故障现象：热车起动发动机后，正时带部位发出“吱吱吱”声。

故障诊断过程：

1）分析产生该故障的可能原因：①正时带张紧力调整不良；②张紧轮里的弹簧有异响；③水泵异响。

2）按照相关要求，对正时带进行清理，检查张紧轮弹簧正常。对正时带机构进行调整后，再次起动发动机没有出现异响，试车 6km 后异响再次出现。

3）再次对车辆进行检查，发现声音还是在张紧轮部位，此部位除了张紧轮可能产生异响之外，水泵也有可能产生异响，但是因为两个零件距离较近，而且都是旋转件，所以此时不易准确判断声音位置。

4）用声级计（图 6-36）对发动机前方部位进行测量，发现在其他部位，分贝计显示值均为 85.1~87.2dB，而水泵部位显示值为 93.8~96dB，从数据上来看，水泵产生异响的可能性较大。将水泵拆下后用手转动水泵，水封部位有“吱吱吱”的声音，待水泵冷却后“吱吱吱”的异响消除。这便是刚开始调整完张紧轮后异响消失的原因。

图 6-36　声级计

5）更换水泵后试车故障消除。

建　议

发动机异响部位的确定，传统的方法主要依靠螺钉旋具或者听诊器进行诊断。非旋转件产生的噪声较容易判断；但对于旋转件产生的声音，由于没有办法接触到旋转件表面，且发动机空间较小，运转时有较大的机械运转声音相互干扰，导致判断时产生困难。如果能够借助声级计的帮助，则可以较快找到异响部位，便于进行进一步的维修。

（2）冷却液灯报警

故障现象：奥迪轿车冷却液灯报警，检查后发现水泵处泄漏冷却液，如图 6-37 所示。

故障原因：更换冷却液后，由于硅酸盐残留、密封标准提高或腐蚀导致密封不严。

故障排除：拆下水泵，处理残留后重新密封。

图 6-37　水泵处泄漏冷却液

第7章 发动机传感器

101 冷却液温度传感器

（1）大众冷却液温度传感器 冷却液温度传感器用于检测发动机冷却液温度，向ECU输入温度信号，作为燃油喷射和点火正时的修正信号，同时也是其他控制系统的控制信号。在冷却液温度较低的冷机状态下，加浓空燃比，使发动机稳定地燃烧。在发动机为冷机时，如不能发出冷机状态信号，则空燃比将变得稀薄，发动机处于不正常状态。反之，当发动机处于暖机状态时，若发出冷机状态信号，使空燃比过浓，发动机仍处于不正常状态。

大众CC、速腾、迈腾、高尔夫轿车等都使用同一型号的冷却液温度传感器G62。G62为负温度系数的热敏电阻，它安装在发动机冷却液出水管，即冷却液套中，如图7-1所示，用于检测发动机冷却液的温度，并把所检测到的温度信号以电信号的形式输入ECU，为修正喷油量及点火时间提供依据。G62的接头端子号码为1和2，与J623控制单元的T60/14和T60/57号接头端子相连。传感器与ECU的连接如图7-2所示。

图7-1 冷却液温度传感器的结构及安装位置

冷却液温度传感器G62不断地向ECU输入冷却液温度信号，如果此温度传感器损坏，则信号也中断，ECU将不能再确定冷却液温度，会导致发动机冷机或热机时起动困难、油耗增加、怠速不稳、排放升高等故障。冷却液温度传感器的检测方法如下：

1）检测电源电压。拔下冷却液温度传感器的连接器接头，打开点火开关，测量ECU相应端子间电压。J623控制单元的T60/14与搭铁间的电压应为2.48V左右，怠速时端子1与端子2间的电压约为1.078V；冷却液温度为90℃时，端子1、2间的电压约为0.832V。

2）检测电阻。断开点火开关，用万用表测量不同温度下传感器两端子间的阻值，冷却液温度为90℃时，阻值约为25MΩ；常温下，端子1、2间阻值约为0.827kΩ。否则，应更换传感器。

（2）宝马冷却液温度传感器 DME为冷却液温度传感器提供接地连接，另一个接口与DME内的一个分压器电路相连。

冷却液温度传感器与进气温度传感器的工作原理相同，其结构如图7-3所示。

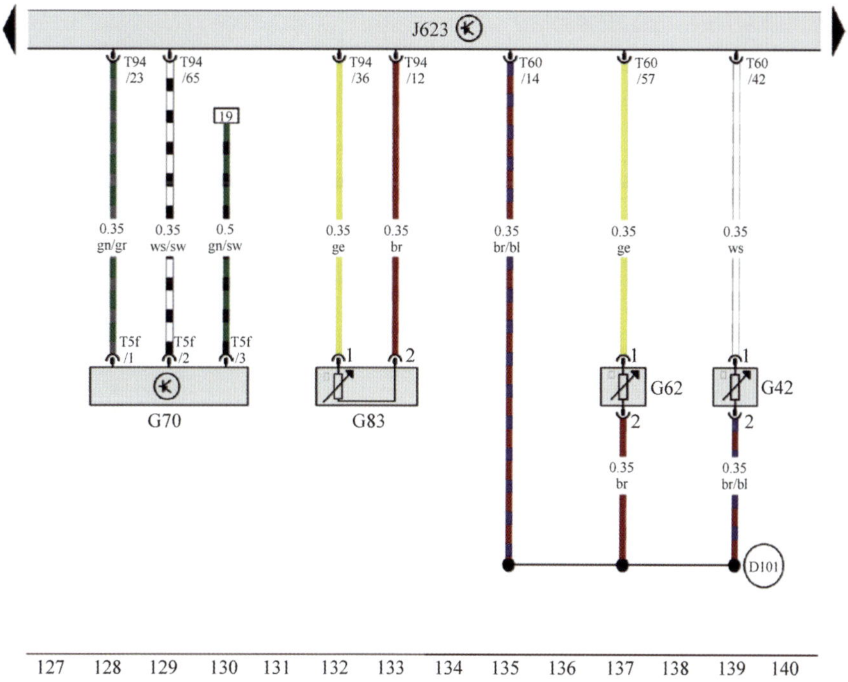

图 7-2 传感器与 ECU 的连接

G42—进气温度传感器 G62—冷却液温度传感器 G70—空气质量计
G83—冷凝器出口上的冷却液温度传感器 J623—发动机控制单元（排水槽内中部）
T5f—5 芯插头连接 T60—60 芯插头连接 T94—94 芯插头连接 D101—连接 1，在发动机舱导线束中
ws = 白色 sw = 黑色 ro = 红色 rt = 红色 br = 褐色 gn = 绿色 bl = 蓝色 gr = 灰色
li = 淡紫色 vi = 淡紫色 ge = 黄色 or = 橘黄色 rs = 粉红色

冷却液温度传感器为负温度系数（NTC）电阻元件，即电阻值随温度的升高而减小。它是分压器电路的一个组成部分，DME 为其提供 5V 电压。电阻上的电压取决于空气温度，DME 内存有一个电压值与温度值的对照表，从而补偿电压与温度之间的非线性关系。

温度变化时，电阻值在 167kΩ 至 150Ω 范围内变化，相应温度为 –40~130℃。

图 7-3 宝马冷却液温度传感器

102 进气压力温度传感器

（1）大众进气压力温度传感器 进气歧管绝对压力传感器（也称进气压力传感器或 MAP）用在 D 型和缸内直喷汽油喷射系统（应用在发动机上的电子控制多点间歇式汽油喷射系统中，其基本特点是以进气歧管压力和发动机转速为基本控制参数来控制喷油器的基本喷油量）中，根据发动机的负荷测出进气歧管内压力的变化，通过电路连接转化为电信号和转速信号，并将其一起输入汽车电控单元（ECU），作为确定喷油器喷油量的基本依据。进气压力增大时，喷油量增多，点火提前角变小。

进气温度传感器用于检测进气温度，并将温度信号变换为电信号传送给 ECU。进气温度信号是各种控制功能的修正信号。如果进气温度传感器信号中断，就会导致热起动困难、废气排放量增大。

ECU 根据发动机的进气温度和压力信号修正喷油量，使发动机自动适应外部环境温度（寒冷、高温）和压力（高原、平原）变化。当进气温度低时（空气密度大），热敏电阻的阻值大，传感器输入 ECU 的信号电压高，ECU 控制喷油器增加喷油量；反之，当进气温度高时（空气密度小），热敏电阻阻值小，传感器 ECU 的信号电压低，ECU 将控制喷油器减少喷油量。

新款高尔夫、捷达轿车的半导体压敏电阻式进气压力传感器与进气温度传感器制成一体，安装在进气系统的动力腔上，这两种传感器配合工作，能准确地反映气缸的进气量。速腾、高尔夫轿的这个传感器则集成在进气歧管内的冷却器上，用于监控冷却后的增压空气的压力和温度，如图 7-4 所示。

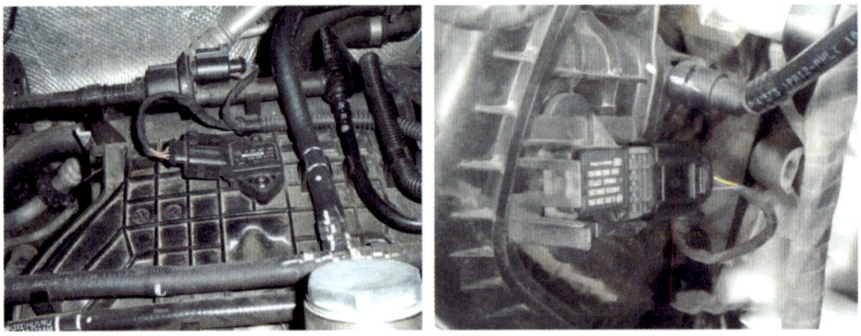

a)速腾轿车　　b)新款捷达轿车(进气歧管右下方)

图 7-4　进气温度传感器的安装位置

进气压力传感器的外形如图 7-5 所示。该传感器连接器的 4 个连接端子 1、2、3、4 分别与 ECU 的 J623 端子相连接，其连接电路如图 7-6 所示

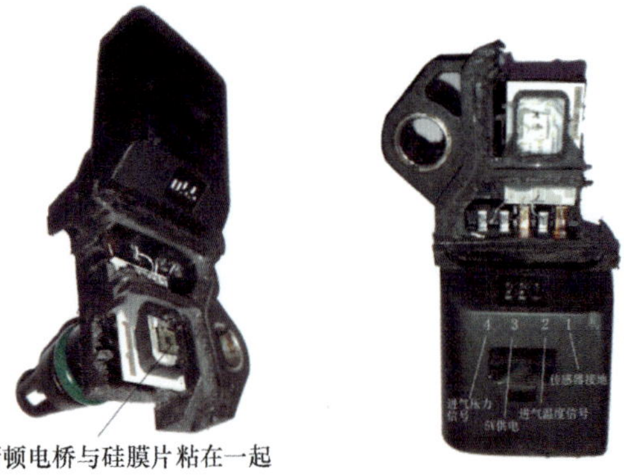

图 7-5　进气压力传感器外形

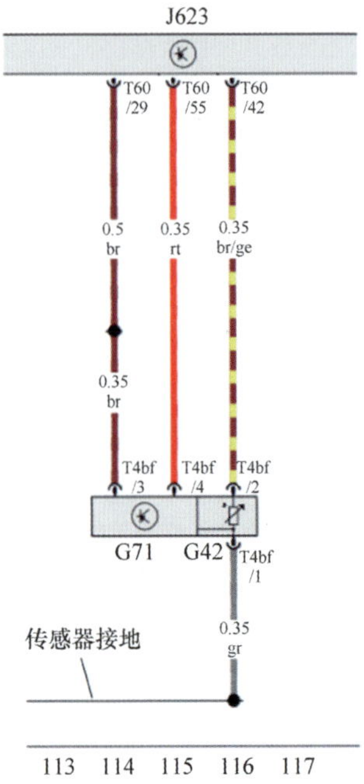

图 7-6　进气压力传感器的连接电路

新款捷达、速腾轿车进气压力温度传感器的检测方法：用万用表直流电压档检测电压，打开点火开关，检查进气压力传感器连接器 3 与 1 端子间的电源电压，标准值应为 5V 左右；端子 4 与端 1 之间的怠速进气信号电压约为 1.362V（速腾 1.4TSI 信号电压为 0.715~0.485V），加速时电压约为 1.08V；端子 2 与端子 1 之间的进气温度信号电压约为 3.72V（速腾 1.4TSI 信号电压为 2.65V）。如果信号电压不符合上述规定，说明传感器已经损坏，应进行更换。

G71 标准波形如图 7-7 所示。常见故障码见表 7-1 和表 7-2。

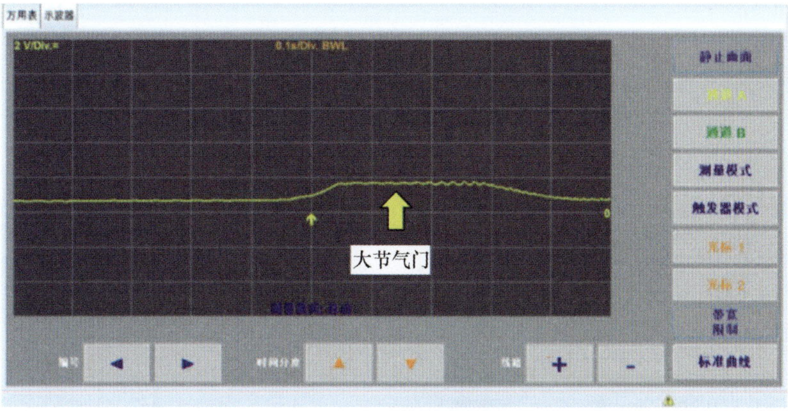

图 7-7　G71 标准波形

表 7-1　进气压力故障码

传感器名称	代号	针脚号	故障类型	故障代码	故　　障
进气管压力传感器	G71	T60/29	正极断路	P010700	进气管压力 / 空气压力，信号太小
		传感器接地	接地断路	P011300	进气温度传感器 1，过大信号
				P010600	进气管压力 / 空气压力，过大信号
		T60/55	信号断路	P010800	进气管压力 / 空气压力，过大信号
		T60/55	信号短路	P010700	进气管压力 / 空气压力，信号太小

表 7-2　进气温度故障码

传感器名称	代号	针脚号	故障类型	故障代码	故　　障
进气温度传感器	G42	T60/29	正极断路	P010700	进气管压力 / 空气压力，信号太小
		传感器接地	接地断路	P011300	进气温度传感器，过大信号
				P010800	进气管压力 / 空气压力，过大信号
		T60/42	信号断路	P011300	进气温度传感器，过大信号
		T60/42	信号短路	P011200	进气温度传感器，信号太小

（2）增压压力传感器 G31 和进气温度传感器 G299　这两个传感器装在节流阀体之前的进气管上，用于监控涡轮增压之后的进气压力和温度。发动机监控 G31 的信号来调整增压压力，如图 7-8 所示。

1）进气温度传感器 G299 信号的作用：①计算对增压压力的修正补偿温度对于进气密度的影响；②元件保护，如果进气温度超过限定值，则增压压力降低；③控制冷却液循环泵，如果冷却器前后的空气温差小于 8℃，那么冷却液循环泵就会被激活；④监控冷却液循环泵的工作状况，如果两个传感器的温度小于 2℃，说明循环泵失效，OBD 警报灯会亮起。

2）失效影响。如果两个信号同时失效，则涡轮增压压力控制变成开环控制，动力下降。

3）增压压力传感器的检测方法。用万用表直流电压档检测电压，打开点火开关，检查进气压力传感器连接器 3 与 1 端子间的电源电压，标准值应为 5V 左右；端子 4 与端子 1 之间怠速进气信号电压约为 1.886V，加速时电压约为 1.9V；端子 2 与端子 1 之间进气温度信号电压约为 3.5V，加速时端子 2 信号电压为 3.1V。如果信号电压不符合上述规定，则说明传感器已经损坏，应进行更换。增压压力传感器的控制电路如图 7-9 所示，标准波形如图 7-10 所示。

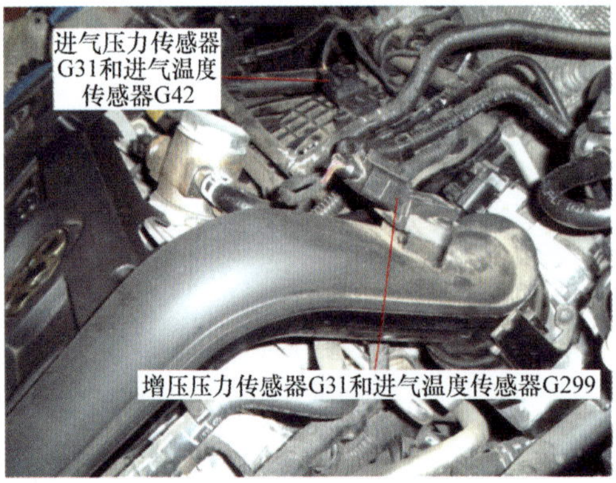

图 7-8　增压压力传感器 G31 和进气温度传感器 G299 安装位置

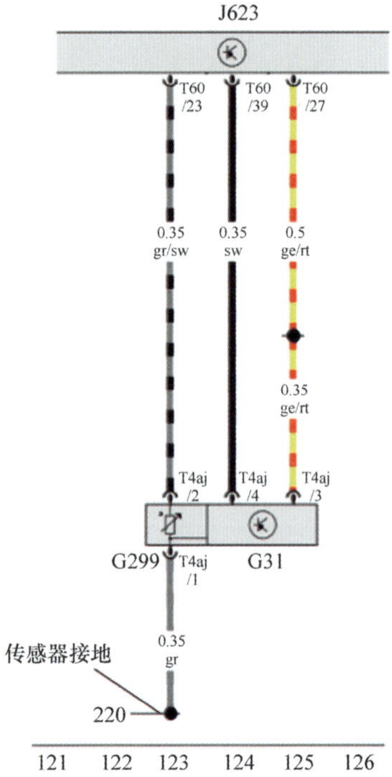

图 7-9　速腾 1.4TSI 增压压力传感器电路图

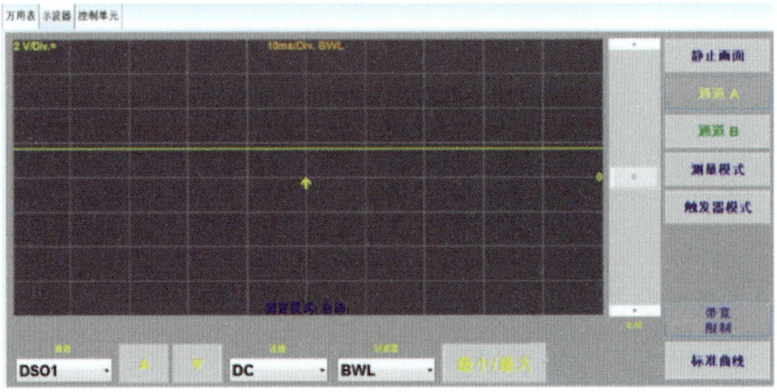

图 7-10　标准波形

（3）宝马进气温度和差压传感器 宝马进气温度和差压传感器的外观如图 7-11 所示。

1）差压传感器。发动机采用了组合式进气温度和差压传感器。该传感器安装在进气集气管上，其作用是为 DME 控制单元提供进气装置内空气的温度和差压信号。DME 控制单元根据进气管压力传感器信号调节节气门位置。

空气压力通过传感器外侧的一个开孔施加到评估元件上，进气管压力施加在对面一侧，从而使传感器识别出差压。

DME 为传感器提供 5V 供电和接地连接，通过信号导线将差压信号发送至 DME。

用于差压的可分析信号随压力变化而变化，与测量范围（0.5~4.5V）相对应的差压为 20~250kPa。

图 7-11 宝马进气温度和差压传感器的外观

2）进气温度传感器。DME 为进气温度传感器提供接地连接，另一个接口与 DME 内的一个分压器电路相连。进气温度传感器包括一个热敏电阻器，该电阻器伸入进气气流内，测量进气温度。该电阻为负温度系数（NTC）电阻，即电阻值随温度的升高而减小。

该电阻是分压器电路的一个组成部分，DME 为其提供 5V 电压。电阻上的电压取决于空气温度。DME 内存有一个电压值与温度值的对照表，从而补偿电压与温度之间的非线性关系。

温度变化时，电阻值在 167kΩ 至 150Ω 范围内变化，相应温度为 –40~130℃。

103 触发轮齿式霍尔曲轴位置传感器

曲轴位置传感器（CKP 或 CPS，Crankshaft Position Sensor），又称为发动机转速与曲轴转角传感器，其功用是采集曲轴转动角度和发动机转速信号，并将其输入电子控制单元（ECU），以便确定喷射顺序、喷射正时、点火顺序、点火正时，并根据信号监测到的曲轴转角波动的大小来判断发动机是否有失火现象。它是发动机集中控制系统最主要的传感器之一，是控制发动机燃油喷射和点火时刻确认曲轴位置的信号源，同时它也是测量发动机转速的信号源。在现代电控发动机上，曲轴位置传感器和发动机转速传感器制成一体，既用于发动机曲轴位置、活塞上止点位置的测定，又可用于发动机转速的测定。

（1）触发轮齿式霍尔曲轴位置传感器的结构 触发轮齿式霍尔曲轴位置传感器即差动霍尔式曲轴位置传感器，也叫双霍尔式曲轴位置传感器，其结构与磁脉冲式曲轴位置传感器相似，由带凸齿的信号转子和霍尔信号发生器组成，如图 7-12 所示。

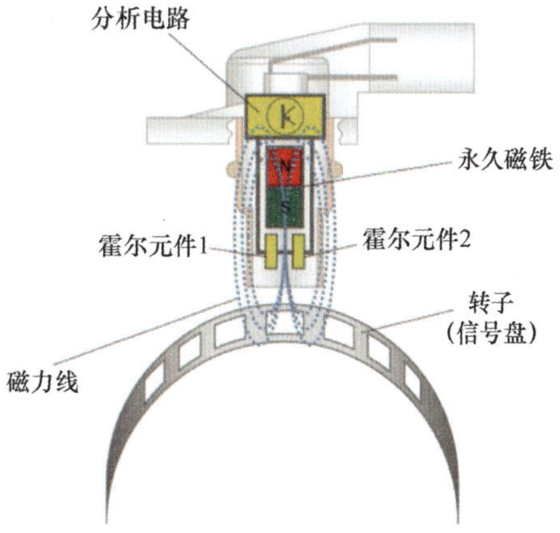

图 7-12 触发轮齿式霍尔曲轴位置传感器结构

（2）触发轮齿式霍尔曲轴位置传感器的工作原理 触发轮齿式霍尔曲轴位置传感器的工作原理与触发叶片式霍尔曲轴位置传感器的工作原理相同。触发轮齿式霍尔曲轴位置传感器的信号转子即凸齿转子安装在发动机曲轴上（部分汽车以发动机的飞轮为信号转子)，当发动机曲轴或飞轮转动时，传感器的信号转子随其一起转动，从而使信号转子的齿缺与凸齿转过霍尔电路(与触发叶片式霍尔电路相同，由霍尔元件、放大电路、稳压电路、温度补偿电阻、信号变换电路和输出电路等组成)的探头，两者之间的气隙就会发生变化，磁通量随之变化，即磁场强度 B 发生变化，根据霍尔效应，在传感器的霍尔元件中就会产生交变电压信号，如图 7-13 所示，其输出电压由两个霍尔信号电压叠加而成。因为输出信号为叠加信号，所以转子凸齿与信号发生器之间的气隙可以增大到(1.0±0.5)mm(普通霍尔式传感器仅为 0.2~0.4mm)，从而便可将信号转子设置成像磁感应式传感器转子一样的齿盘式结构，其突出优点是信号转子便于安装。

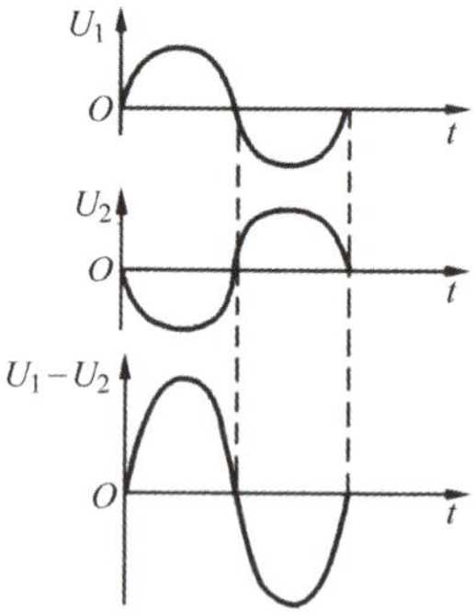

图 7-13　触发轮齿式霍尔曲轴位置传感器电压波形

汽车用霍尔式传感器一般为三线或两线：一根为电源线，供给工作电压，一般为 12V(也有用 5V、9V 的)；一根为信号线，需要提供 5V 参考电压，通过晶体管的导通或关闭，实现 0~5V 的脉冲变化。

(3)新款大众轿车曲轴位置检测　霍尔曲轴位置传感器的结构如图 7-14 示。

新款速腾轿车霍尔曲轴位置传感器安装在气缸体左侧发动机后端靠近飞轮处，零件编号 G28，传感器用螺钉固定在发动机缸体上，信号转子为齿盘式，齿数为 60 – 2 齿。即在原来为 60 齿的圆周上，切掉 2 个齿，形成在其圆周上均匀间隔的 58 个凸齿、57 个小齿缺和一个大齿缺，如图 7-15 所示。因为原来的 60 齿在圆周上均匀分布，齿与齿的间隔度数为 360° /60=6° ，因此每个凸齿和小齿缺所占的曲轴转角均为 3°。曲轴旋转 360°，将会产生 58 个脉冲信号。大齿缺所占的弧度相当于两个凸齿和三个小齿缺所占的弧度，其所占总的曲轴转角为 15°(2×3° +3×3° =15°)。大齿缺输出基准信号，对应发动机气缸 1 或气缸 4 压缩上止点前一定角度。

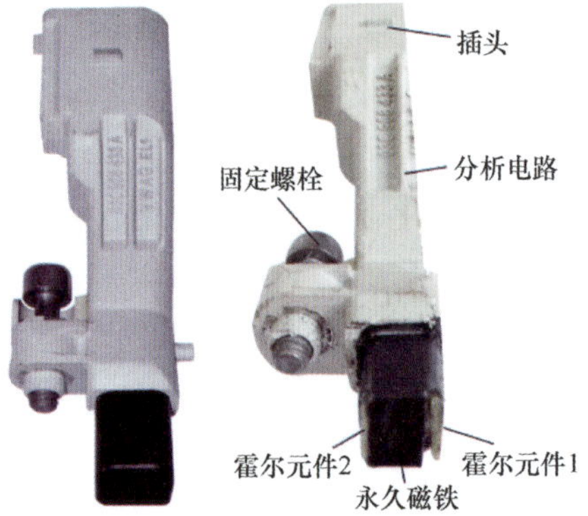

图 7-14　曲轴位置传感器结构

图 7-15　曲轴位置传感器信号靶轮

信号转子上设有一个产生基准信号的大齿缺，所以当大齿缺转过磁头时，信号电压所占的时间较长，即输出信号为一宽脉冲信号，该信号对应于气缸 1 或气缸 4 压缩上止点前一定角度。电子控制单元接收到宽脉冲信号时，便可知道气缸 1 或气缸 4 上止点位置即将到来，至于即将到来的是气缸 1 还是气缸 4，则需根据凸轮轴位置传感器输入的信号来确定。由于信号转子上有 58 个凸齿，因此信号转子每转一圈(发动机曲轴转一圈)，传感线圈就会产生 58 个交变电压信号输入电子控制单元 ECU。所以，ECU 每接收到曲轴位置传感器 58 个信号，就可知道发动机曲轴旋转了一圈。依此类推，ECU 根据每分钟接收曲轴位置传感器脉冲信号的数量，便能计算出发动机曲轴旋转的转速和曲轴的位置，输出波形如图 7-16 所示。

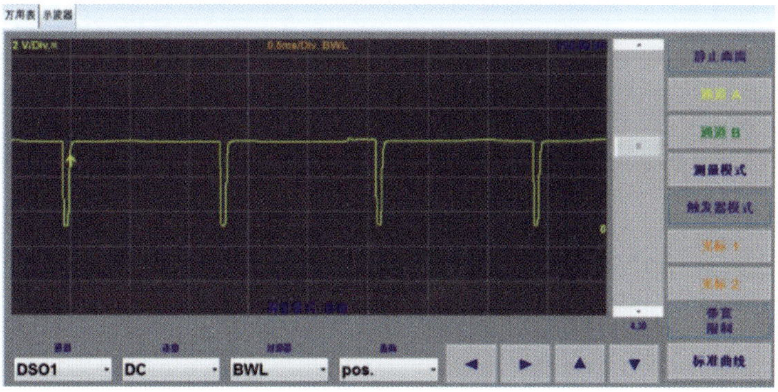

图 7-16　输出波形

曲轴位置传感器 G28 与控制单元 J623 的连接关系如图 7-17 所示。

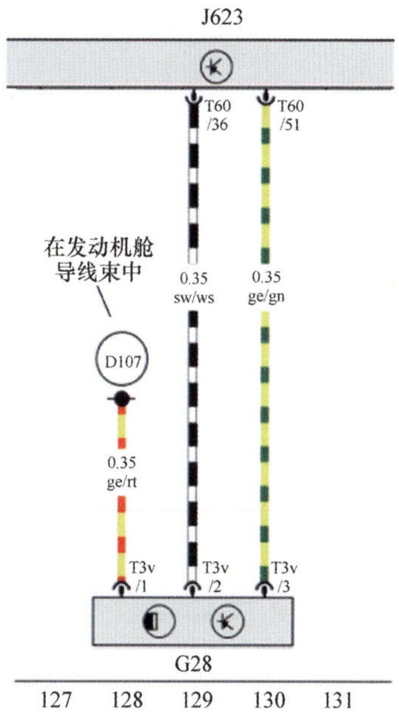

图 7-17　曲轴位置传感器电路图

（4）霍尔曲轴位置传感器的检测方法

1）故障征兆检测。在发动机运行过程中，当曲轴位置传感器出现故障时，会导致信号中断，发动机不能起动或在运行时立即熄火，这时电子控制单元可以诊断到故障并进行代码存储。

2）信号转子与磁头间间隙检查。用塞尺检查信号转子与磁头间的间隙，标准值为 0.2~0.5mm。不在标准范围内时，需进行调整。

3）输出电压测量。用万用表的交流电压档，打开点火开关，端子 T3v/3 为传感器搭铁。端子 T3v/1 与端子 T3v/3 间电压约为 5V；端子 T3v/2 与端子 T3v/1 间电压约为 5V。怠速或起动时，端子 T3v/2 信号电压约为 2.266V。

4）检查传感器与 ECU 之间的连接线束。分别检查端子与控制单元间的电阻值，应不超过 1.5Ω。如果电阻为无穷大，说明存在导线断路或接触不良，需进行维修。

5）利用 VAS6150B 故障诊断仪，通过故障诊断插座读取故障信息。如果曲轴位置传感器存在故障，则会出现 00513（发动机转速传感器 G28）故障代码。

6）阻值测量。端子 2 与端子 3 之间的阻值约为 2.230MΩ。

7）常见的故障代码见表 7-3。

（5）故障实例　大众车更换曲轴后油封之后，出现 OBD 灯点亮、加速无力故障。接故障诊断仪 VAS6150B 读取发动机控制单元故障码如下：检测到多缸不发火；检测到 3 缸不发火；检测到 2 缸不发火。读取发动机测量值，试车加速至 2000r/min 时，第 2、第 3 缸持续出现有规律的断火故障，且断火次数几乎一致，OBD 灯频繁闪烁，发生次数增多，故障灯常亮。

表 7-3　常见故障码

传感器名称	代号	针脚号	故障类型	故障代码	故　障
发动机转速传感器	G28	正极	正极断路	P033500	发动机转速传感器，功能失效
		T60/51	接地断路	P033500	发动机转速传感器，功能失效
		T60/36	信号断路	P033500	发动机转速传感器，功能失效
		T60/36	信号短路	P033500	发动机转速传感器，功能失效

考虑到此故障为更换曲轴后油封后出现的，于是对更换的曲轴后油封进行检查。因发动机控制单元始终存储有断火故障码，初步判断失火原因如下：配气正时错位，点火线圈及喷油器故障，发动机控制单元故障。仔细分析后，维修人员认为故障点在曲轴油封上，于是装复之前的旧曲轴油封，结果故障现象消失。

当发动机转速达到 2000r/min 时，发动机控制单元可对凸轮轴喷油进行调节，参考信号为曲轴位置信号。更换曲轴后油封时，由于所换配件与原车配件不符（图 7-18），曲轴位置传感器型号错误，导致了错误信号的产生，从而导致了上述故障。

更换与原车相同的配件（带密封圈和脉冲发生器轮的密封法兰）后，故障排除。

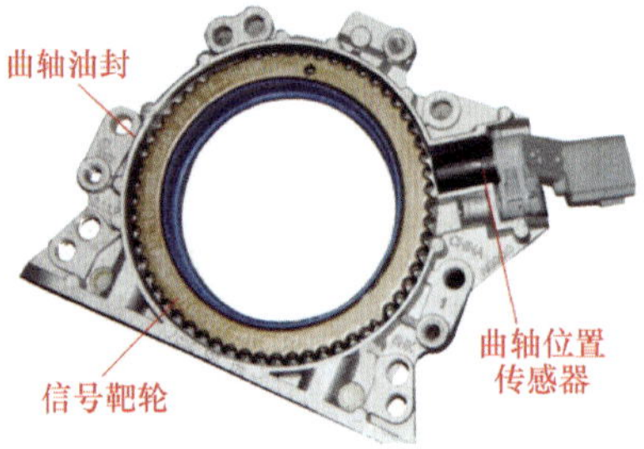

a)新配件号为L03C 102 170

b)原车配件号为03C 102 170R

图 7-18　所换配件与原车配件不符

104 凸轮轴霍尔式位置传感器

新款捷达轿车的凸轮轴位置传感器向 J623 提供第 1 缸点火位置信号，故又称为判缸传感器。霍尔传感器安装在气门室盖上，如图 7-19 所示，其结构如图 7-20 所示。霍尔传感器是一个电子开关，它按霍尔原理工作。霍尔传感器隔板上有一个霍尔窗口，曲轴每转两周产生一个信号，根据霍尔信号和发动机转速传感器的点火时间信号，控制单元识别出 1 缸点火上止点，其电路图如图 7-21 所示。

（1）霍尔传感器供电电压检测

1）关闭点火开关。

2）拔下霍尔传感器的 3 芯插头。

3）打开点火开关，用万用表的电压档测量 3 芯插头的 T3b/1 与 T3b/3 两孔之间的电压约为 5V。端子 T3b/3 为传感器搭铁，端子 T3b/2 为传感器信号线。怠速测量端子 T3b/2 与 T3b/3 间的电压为 2.2~2.5V。

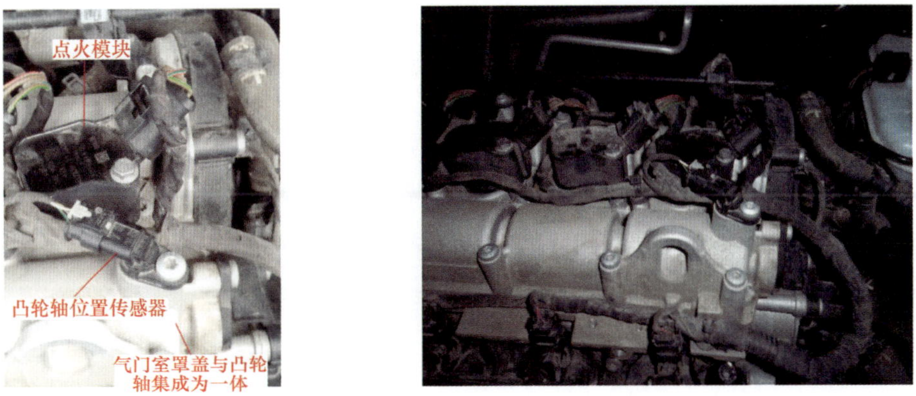

a)新款捷达轿车霍尔传感器安装位置　　b)大众高尔夫、速腾轿车霍尔传感器安装位置

图 7-19　凸轮轴霍尔传感的安装位置

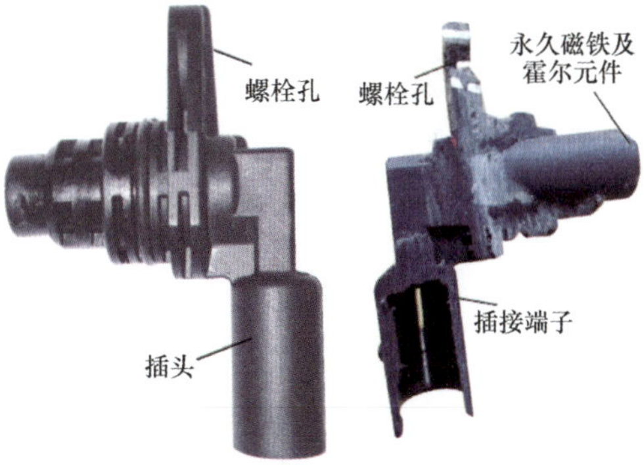

图 7-20　凸轮轴霍尔式位置传感器

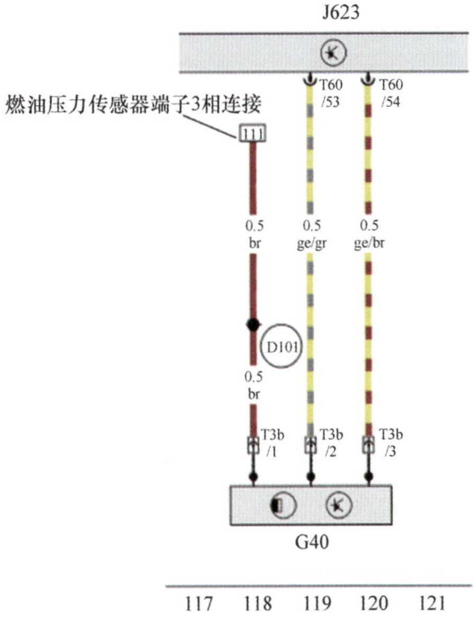

图 7-21　凸轮轴霍尔式位置传感器的电路图

（2）霍尔传感器线束导通性检测

1）关闭点火开关。

2）拔下控制单元 J623 的连接插头。

3）拔下霍尔传感器的 3 芯插头。

4）测量 3 芯插头上 T3b/2 端子与控制单元端子之间应导通。

5）测量 3 芯插头上 T3b/3 端子与发动机控制单元线束之间应导通。

（3）霍尔传感器工作情况检测

1）关闭点火开关。

2）拔下燃油泵 G6 的熔丝。

3）释放燃油系统的压力。

4）将二极管试灯连接到传感器 T3b/2 与 T3b/3 之间。

5）短暂起动发动机，二极管试灯应有规律地闪烁。

凸轮轴位置传感器的标准波形如图 7-22 所示，其常见故障码见表 7-4。

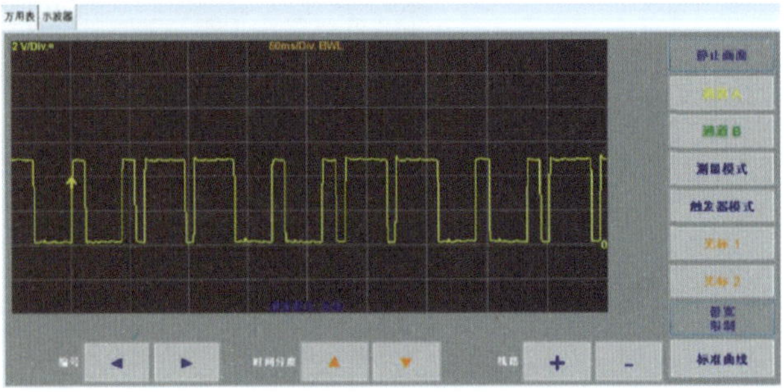

图 7-22 标准波形

表 7-4 凸轮轴位置传感器常见故障码

传感器名称	代号	针脚号	故障类型	故障代码	故障
霍尔传感器	G40	正极	正极断路	P034000	凸轮轴位置传感器，功能失效
		T60/54	接地断路	P034000	凸轮轴位置传感器，功能失效
		T60/53	信号断路	P034000	凸轮轴位置传感器，功能失效
		T60/53	信号短路	P034000	凸轮轴位置传感器，功能失效

（4）故障实例 发动机无法起动故障。

新款大众在起动发动机时明显感觉起动无力，起动运转缓慢，重新换上新的蓄电池再次起动仍然无力，无法起动。

断开燃油熔丝 S53，拆下火花塞按在缸上搭铁，目测各缸火花塞跳火很强。用专用工具拆下喷油器，30s 喷油量在 85~105mL 之间，符合原厂标准值。接着测量各缸缸压在 1000kPa 左右，属于正常范围。

发动机控制系统可分四方面：①无油无火（控制单元无法工作或无转速信号等）；②有油无火；③无油无火；④有油有火。

重新梳理维修思路，联想到以前出现过曲轴信号偏差无法起动案例，那么可能是曲轴和凸轮信号出现偏差呢。连接好 VAS6150B，测量曲轴和凸轮轴的波形，在起动发动机时得到的波形如图 7-23 所示。

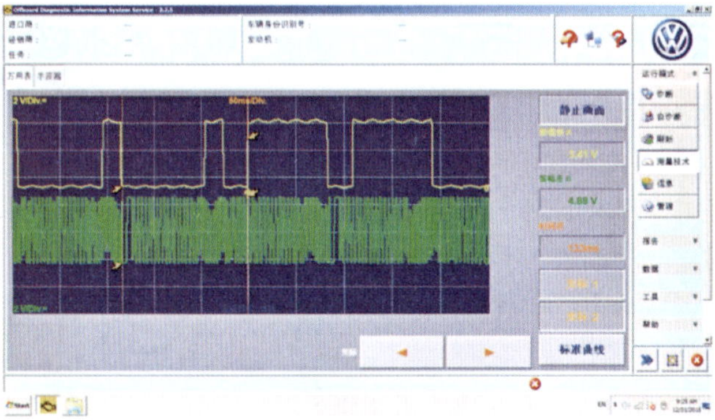

图 7-23 曲轴和凸轮轴波形

图中绿色为曲轴波形，黄色为凸轮波形。凸轮轴波形在一个周期内以两宽两窄的形式出现。曲轴信号轮共 58 齿，第一个宽波出现在 34 齿，如图 7-24 所示。波形规则完好，无其他异常情况。说明凸轮轴位置传感器以及曲轴位置传感都正常工作，没有线路和传感器本身故障。然后检查曲轴和凸轮轴相对位置是否正确，方法是找来一辆正常车，读取波形，如图 7-25 所示。

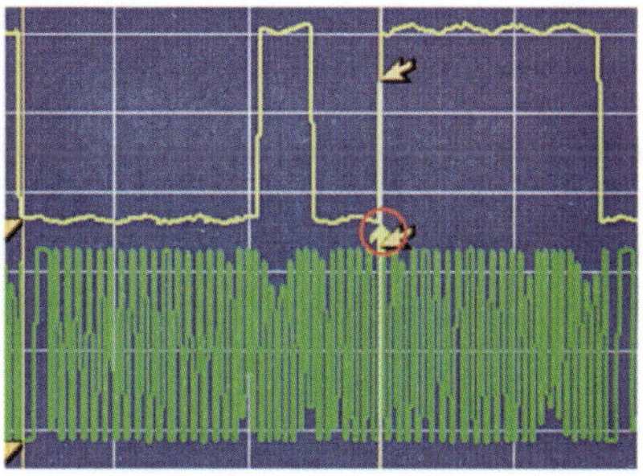

图 7-24 第一个宽波位置

通过正常车辆和故障车辆的波形比较可以清楚地看到，正常车辆凸轮轴第一个宽波出现在曲轴波形中部第 27 齿位置，如图 7-26 所示。故障车辆与正常车辆不吻合，问题似乎在于此。故障车辆第一个宽波出现在第 34 齿，与正常波形相差 7 个齿，这样会导致车辆无法起动。所以从简单问题入手，先检查凸轮轴信号轮。经检查发现凸轮轴信号轮位置存在偏差，所以故障点位置定为凸轮轴信号轮位置偏移，如图 7-27 所示（左侧为正常车辆 1 缸工作时凸轮轴靶位置，右侧为故障车靶轮位置）。

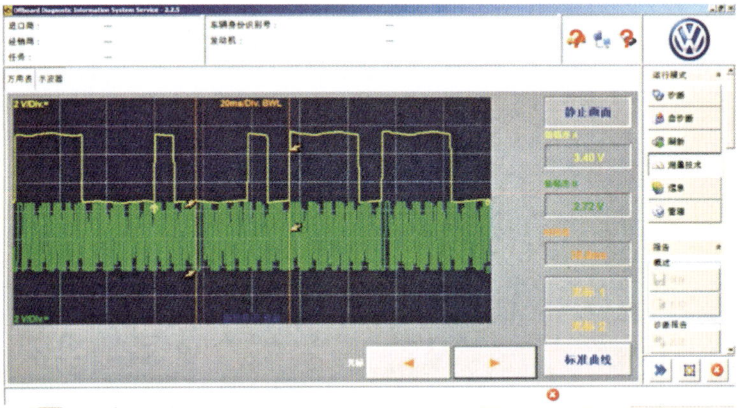

图 7-25 正常车辆波形

经检查与分析，可以确定故障点是凸轮轴信号靶轮发生位移。而该车凸轮轴与气门室盖是不可分离的总成，于是决定更换气门室盖。更换完气门室后，经反复试车一切正常，至此故障彻底排除。

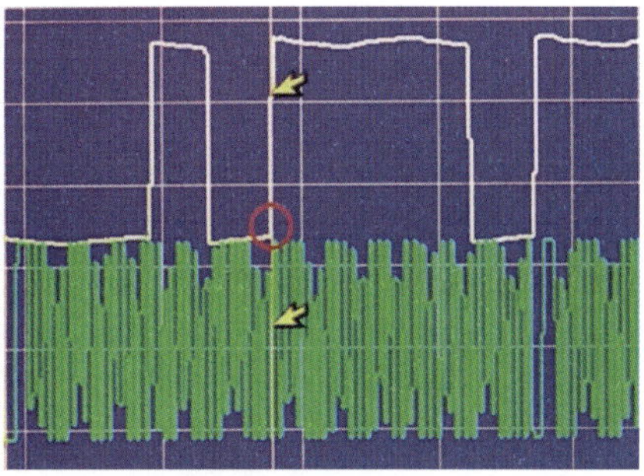

图 7-26 第一个宽波位置 27 齿

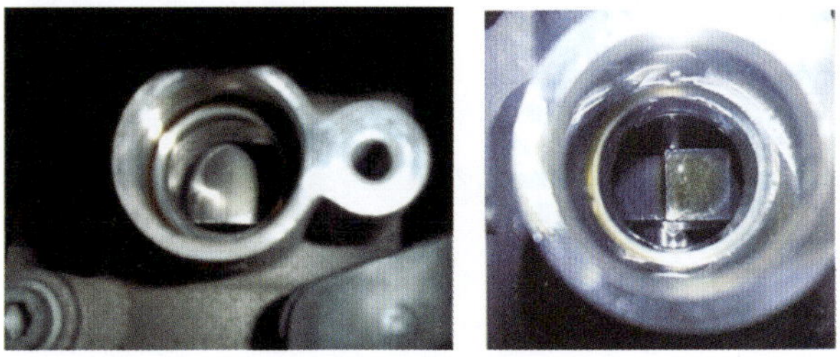

图 7-27 凸轮轴靶轮

105 宽量程氧传感器的结构和原理

（1）结构和安装位置 宽量程氧传感器安装在发动机附近的三元催化转化器前。它可在较大范围内测量废气中的氧气浓度，从而可计算出燃烧室内的空燃比。宽量程氧传感器不仅能在 $\lambda=1$ 的情况下测量空燃比，而且能在 $\lambda<1$（浓）和 $\lambda>1$（稀）的情况下准确测量空燃比。从 $\lambda=0.7$ 至 $\lambda=\infty$（空气），宽量程氧传感器均能提供清晰、恒定的电信号。

宽量程氧传感器通过 5 根导线与插头壳体连接在一起。以下插头接入插头壳体内：泵电流正极、泵电流和 Nernst 电压负极、负极、正极、Nernst 电压正极。

在氧传感器插头内集成有一个用于补偿制造公差的补偿电阻器，该电阻器与自由触点相连。

宽量程氧传感器的测量室由一种二氧化锆陶瓷 ZrO_2 材料制成。该测量室由一个 Nernst 浓差电池（执行阶跃特性曲线式氧传感器功能的传感器室）和一个输送氧离子的氧气泵室构成，如图 7-28 所示。

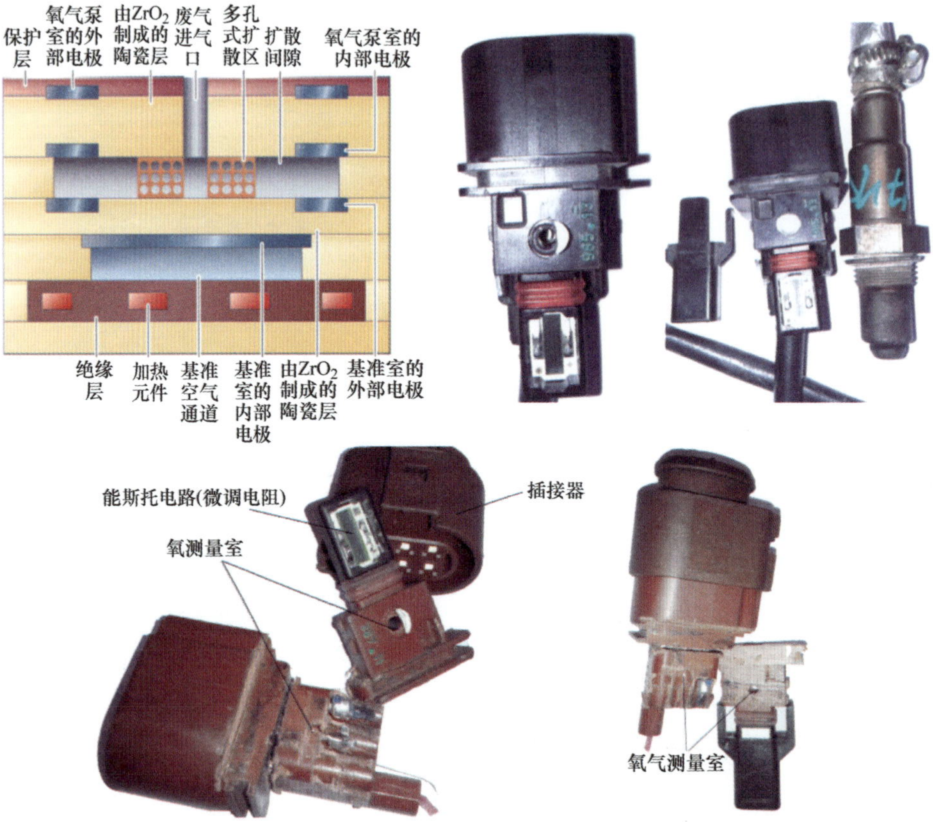

图 7-28 宽量程氧传感器结构

氧气泵室（包括氧气泵室的内部电极、由 ZrO_2 制成的陶瓷层和氧气泵室的外部电极）与 Nernst 浓差电池（基准室的内部电极、由 ZrO_2 制成的陶瓷层和基准室的外部电极）之间留有 10~50mm 的扩散间隙，扩散间隙通过一个多孔式扩散区与废气相通。Nernst 浓差电池一侧通过基准空气通道和开口与周围大气相通，在另一侧通过扩散间隙与废气相通。

（2）工作原理 废气通过废气进气口进入 Nernst 浓差电池的扩散间隙。这样，首先使扩散间隙内的氧气浓度与废气中的氧气浓度相同。为了能够使扩散间隙内达到 $\lambda=1$，Nernst 浓差电池将扩散间隙内的废气与基准空气通道内的环境空气进行比较。

注　意

务必确保连接氧传感器的导线插口没有污物，从而使环境空气能够进入基准空气通道内。

通过向氧气泵室外部电极和氧气泵室内部电极施加泵电压，可通过多孔式扩散区从废气向扩散间隙内泵入氧气或从中泵出氧气。发动机控制单元内的一个分析电路通过 Nernst 浓差电池对施加在泵室上的电压进行调节，从而使扩散间隙内的气体成分始终保持在 $\lambda=1$。稀混合气燃烧产生废气时，氧气泵室从扩散间隙向外泵出氧离子，如图 7-29 所示。

相反，浓混合气燃烧产生废气时，通过在泵室外部电极处对 CO_2 和 H_2O 进行催化分解，从周围废气中向扩散间隙内泵入氧离子，如图 7-30 所示。$\lambda=1$ 时无需输送氧离子，泵电流为零。泵电流与废气中的氧离子浓度成正比，因此它是空燃比的衡量标准，如图 7-31 所示。

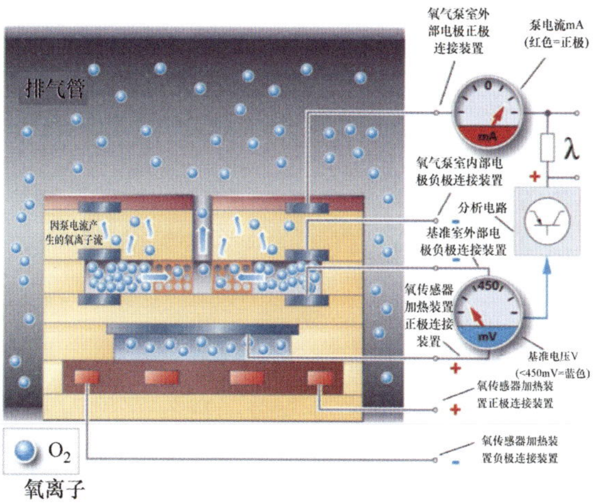

图 7-29　稀混合气情况下的宽量程氧传感器

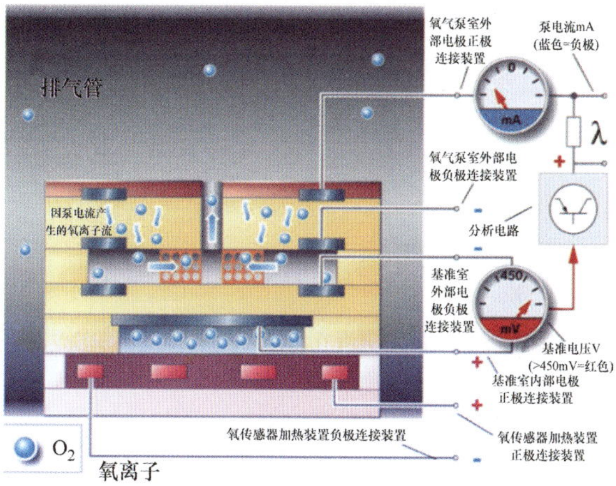

图 7-30　浓混合气情况下的宽量程氧传感器

图 7-32 所示为泵电流与空燃比 λ 之间的关系。对于二氧化锆泵电池（氧气单元泵），如果 ZrO_2 元件两端的氧气浓度不均，就会导致 ZrO_2 两端产生微小电压；反过来，当在 ZrO_2 元件两端施加电压时，就会使氧气扩散。在宽量程氧传感器中，泵单元将尾气中的氧气通过扩散栅渗透到电源负极，氧气分子在负极得到 4 个电子变成氧离子，氧离子在电离作用下在 ZrO_2 电解质中运动到正极，在正极中和掉 4 个电子，又还原成氧气，这就是泵单元的泵氧原理。图 7-32 所示为泵电流特性。

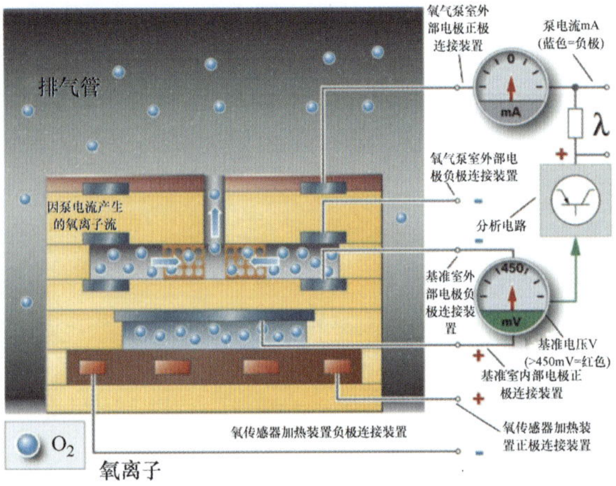

图 7-31　λ =1 时的宽量程氧传感器

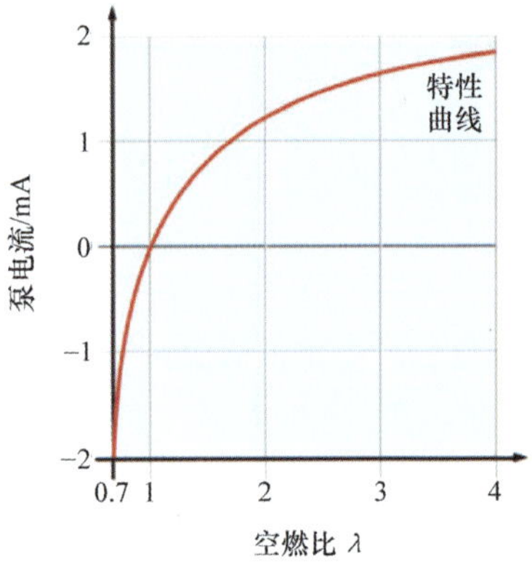

图 7-32　泵电流特性

106 全量程氧传感器的检测

（1）全量程与宽量程氧传感器的区别

1）测量室尾气中的氧气和氧气泵产生的氧气汇集于测量室，二氧化锆式氧传感器在此测量二者浓度之和与外部空气的浓度差，并产生与普通窄范围浓度差电压型二氧化锆式氧传感器一样的用于分辨氧浓度的电压值。

2）加热线圈。加热线圈是配合上述普通窄范围浓度差电压型二氧化锆式氧传感器快速进入工作温度的加热装置，但又稍有差别：宽量程氧传感器的加热速度远比普通氧传感器快，这使得发动机从开环到闭环的时间缩短。

3）信号电压。宽量程氧传感器输出的信号电压是利用氧浓度差电池的直流通道信息，经过比较、计算输出的泵电压，通过 116.2Ω 电阻测量转换成泵电流，再经过信号处理、标定而形成的。因此，利用万用表在宽量程氧传感器的五个端子上直接测量其输出电压是不可能实现的，必须通过诊断仪读取数据流（选择车型，进入发动机电控系统 01，选择读取数据流 08，选择组号 33，以下简称 01-08-33）。

（2）氧传感器 G39 的检测

1）冷却液温度不低于 80℃，排气系统无泄漏。

2）进入发动机系统，01-08-30 组。

Read measuring value block 30	
111	110

第一区为前氧传感器，规定值为 111。第 1 位：λ 加热器已接通为 1；第 2 位：λ 调节已准备好为 1；第 3 位：λ 调节在工作为 1，调节有效。这 3 位数的第一位在 0 和 1 之间变动，表示前氧传感器加热器为频率调节状态，3 位数的第三位在部分负荷及废气温度较高时被置为 1。

第二区为后氧传感器，λ 状态为 110。其中，前 2 位与前氧传感器相同；后氧传感器用于检测三元催化转化器的效率，不用于调节混合气浓度，所以第 3 位为 0。

3）如果达到规定值，则进入 32 组，检查第一区和第二区。

Read measuring value block 32	
-10.0%~10.0%	-10.0%~10.0%

第一区：-10.0%~10.0%（怠速时的自学习值）。

第二区：-10.0%~10.0%（部分负荷时的自学习值），超过 -10.0%~10.0% 表示偏差很大，最大值为 -25%~25%。

4）如果达到规定值，则进入 33 组，检查第一区和第二区。

Read measuring value block 33	
-10%~10.0%	1.0~2.0V

第一区：三元催化转化器前 λ 调节器 -10%~10%，并以至少 2% 的幅度在 0 左右波动。

第二区：前 λ 电压值为 1.0~2.0V，1.0~1.5V 为混合气过浓，1.5~2.0V 为混合气过稀。若恒定为 1.5V，则为断路；若恒定为 4.9V，则为对正极短路；若恒定为 0V，则为对地短路。电压应以 20 次 /min 的幅度波动（因正常氧传感器周期为 2.5~3.0s）。

如果未达到规定值，则应检查线路：端子 T6w/1 与 T6w/6 间电压为 0.4~0.5V；端子 T6w/3 与 T6w/4 加热器电阻约为 5.2Ω，单元泵端子 T6w/2 与 T6w/6 端子阻值约为 116.2Ω；T6w/4 与搭铁之间电压约为蓄电池电压；端子 T6w/1 与搭铁间电压约为 5V；检查端子 T6w/1 与 T94/78、T6w/2 与 T94/79、T94/57 与 T6w/6、T6w/3 与 T94/7 是否断路。

（3）氧传感器 G130 的检测

1）检查条件：冷却液温度不低于 80℃，排气系统无泄漏。

2）进入发动机系统，08-30；第二区规定值为 110。

3）3 位数的第一位在 0 和 1 之间变动（λ 传感器加热器关和开）。

4）3 位数的第三位在部分负荷及废气温度较高时被置为 1。

5）如果达到规定值，则进入显示组 36，检查后 λ 传感器电压（显示区 1）。

Read measuring value block 36	
0.0~1.0	B1~S2 OK

第一区：规定值为 0.5~0.8V（可稍微波动）。若为恒定值：0.4~0.5V 为断路；10.5V 为对正极短路；0V 为对地短路。

第二区：规定值为 B1-S2 OK。显示区 2 变为 B1-S2 OK，可能需要几分钟的时间。如果显示 B1-S2 OK，则清除 λ 传感器上的沉积物，然后再次检查。

如果未达到规定值，则检查线路：端子 T4v/2 与 T4v/1 间阻值为 6.4~47.5Ω；T4v/3 与 T4v/4 间电压为 0.4~0.5V；检查端子 T4v/3 与 T94/34、端子 T4v/4 与 T94/62 是否断路。

新款高尔夫轿车电路图如图 7-33 所示。

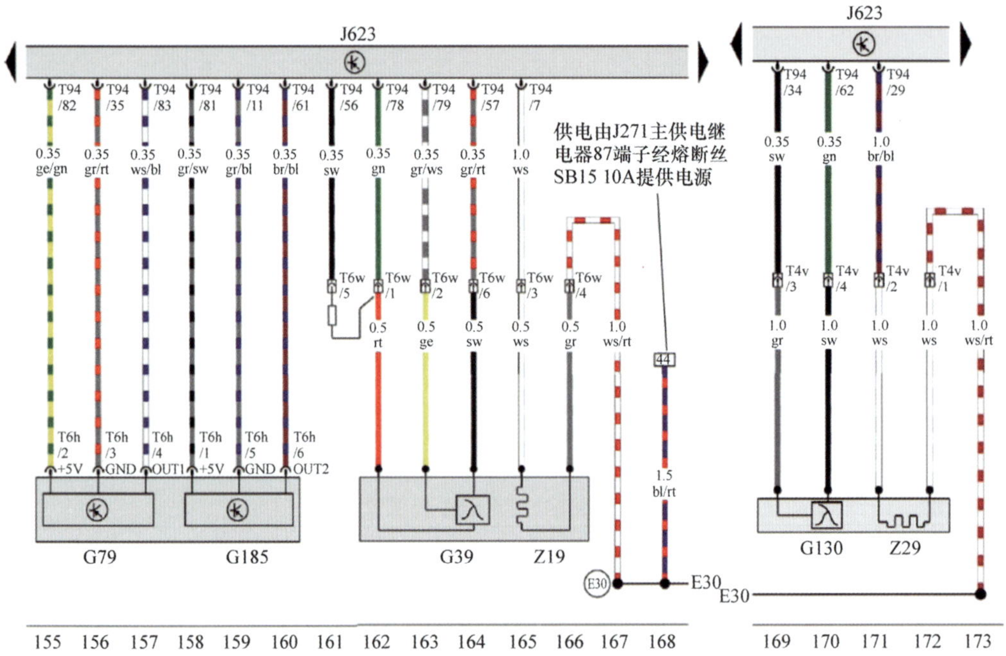

图 7-33 新款高尔夫轿车电路图

G39—氧传感器 G130—三元催化转化器下游的氧传感器 J623—发动机控制单元（排水槽内中部）
T4v—4 芯插头连接 T6w—6 芯插头连接 T94—94 芯插头连接 Z19—氧传感器加热装置
Z29—三元催化转化器后的氧传感器 1 加热装置

（4）检查线路 关闭点火开关，拔下前氧传感器的插头，点火开关置于 ON，在线束侧插头测量各端子的电压值。打开点火开关，用万用表在线束侧插头测量宽量程氧传感器各端子静态电压值，能有效检查传感器至控制器的线路及控制器自身存在的故障点。

（5）外观颜色检查 宽量程氧传感器性能的检查分为三种情况：一是检测氧传感器的电阻；二是测量氧传感器的电压输出信号；三是观察氧传感器的外观颜色。

通过观察氧传感器顶部的颜色，可以判断故障的原因。氧传感器顶部的正常颜色为淡灰色，如果发现氧传感器顶部颜色发生变化，则预示着氧传感器存在故障或故障隐患。若氧传感器顶部呈黑色，是由于积炭污染造成的，可拆下氧传感器后清除其上的积炭。若氧传感器顶部呈红棕色，说明氧传感器受铅污染，此时甚至不起净化作用。如果氧传感器顶部呈白色，说明是硅污染造成的，原因是发动机在维修时使用了不符合要求的硅密封胶，此时必须更换氧传感器。

全量程氧传感器的输出电压不能用万用表直接测量，而应通过专用解码器读取数据流。发动机控制单元将全量程氧传感器的电流信号转化为电压值显示出来，其规定电压值为 1.0~2.0V，发动机运转时，全量程氧传感器的输出电压应在 1.0~2.0V 之间波动。电压值大于 1.5V 时，表示混合气过稀；电压值小于 1.5V 时，表示混合气过浓。当电压值为 0V、1.5V、4.9V 的恒定值时，表明氧传感器本身或其线路有故障。

107 爆燃传感器

为了避免因爆燃损坏发动机，人们通过在发动机上安装爆燃传感器来检测有无爆燃现象的产生，并将检测信号输入 ECU，ECU 根据爆燃传感器的反馈信号调整点火提前角，从而使点火提前角保持在最佳位置，改善发动机的工作性能。点火时间过早是产生爆燃的重要原因，采用点火时刻闭环控制可以防止这种现象的发生。点火时刻的闭环控制是采用爆燃传感器检测发动机是否发生爆燃作为反馈信号，从而决定点火时刻是提前还是推迟。所以，爆燃传感器是点火时刻闭环控制系统必不可少的重要部件。

大众 CC 轿车设有两个爆燃传感器：爆燃传感器 1（G61，白色插头）安装在缸体进气管侧 1、2 缸之间，用于检测 1、2 缸的爆燃情况；爆燃传感器 2（G66，蓝色插头）安装在缸体进气管侧 3、4 缸之间，用于检测 3、4 缸的爆燃情况。

大众 CC 轿车爆燃传感器是根据压电原理制成的，传感器由压电陶瓷（压电元件）、惯性配重、壳体、导线等组成，其结构及安装位置如图 7-34 所示。爆燃传感器电路图如图 7-35 所示。

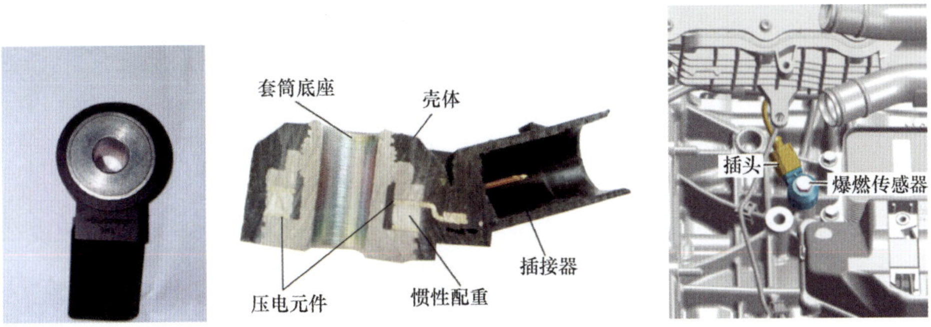

图 7-34 爆燃传感器的结构及安装位置

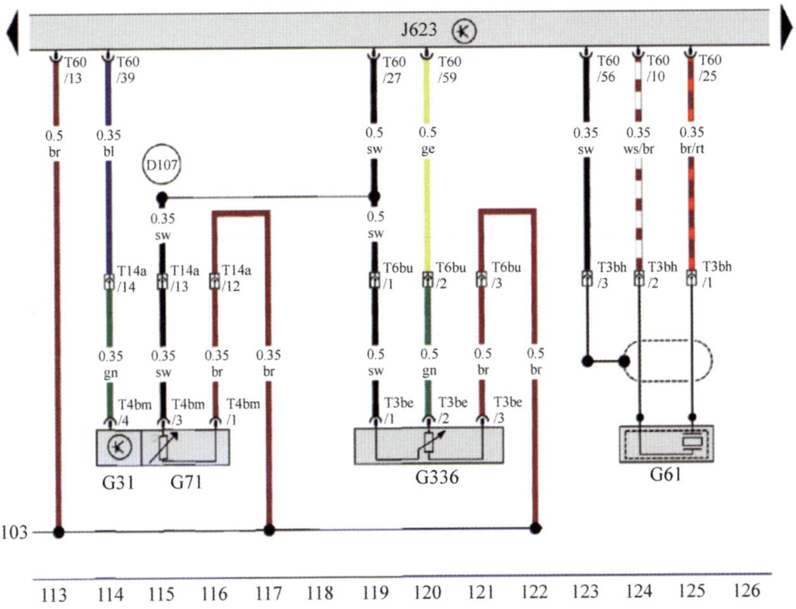

图 7-35 爆燃传感器电路图

G31—增压压力传感器 G61—爆燃传感器 1 G71—进气管压力传感器 G336—进气管风门电位计
J623—发动机控制单元（排水槽内中部） T3be、T3bh—3 芯插头连接 T4bm—4 芯插头连接
T6bu—6 芯插头连接（气缸盖附近） T14a—14 芯插头连接（发动机舱内左侧） T60—60 芯插头连接
D103—连接 3，在发动机舱导线束中 D107—连接 5，在发动机舱导线束中
ws—白色 sw—黑色 br—褐色 gn—绿色 ge—黄色

爆燃传感器的检测方法如下：

1）爆燃传感器的随车检查。在进行爆燃传感器的检查时，可轻轻敲击该爆燃传感器附近的缸体，发动机的转速应随之下降。

2）用正时灯观察点火提前角的变化。轻轻敲击该爆燃传感器附近的缸体，此时点火提前应该突然向后推迟，然后又向前提前，此现象即说明爆燃传感器在起作用，爆燃传感器及其线路基本没有问题。反之，则说明爆燃传感器或其线路出现故障。

3）在发动机工作过程中，如果爆燃传感器发生故障，监测爆燃信号中断，计算机就会将点火提前角推迟一定角度。汽车在行驶过程中，驾驶人会明显感觉到发动机动力不足，这时发动机电控系统会诊断到故障，并将故障指示灯点亮。

4）电阻检查。关闭点火开关，分别拔下爆燃传感器的 3 芯插头，用万用表的电阻档分别测量 3 芯插头各端子之间的电阻值，其阻值约为 4.88MΩ。

5）检测爆燃传感器线束的导通性。关闭点火开关，分别拔下爆燃传感器的 3 芯插头，然后拔下 ECU J623 控制单元插头。用万用表的电阻档分别测量爆燃传感器 3 芯插座 1、2、3 号端子与 ECU J623 控制单元 T60/10、T60/25 及 T60/56 之间的电阻值，应均小于 0.5Ω。如果电阻值过大或为无穷大，则说明线束与端子可能接触不良或存在断路，应及时排除。

6）用专用诊断仪 VAS6150B，通过诊断插座读取有关故障信息：00524（G61 传感器对地开路或短路）或 00540（G66 传感器对地开路或短路）。

7）检测爆燃传感器的输出信号。检测爆燃传感器的输出信号时，应先关闭点火开关，拔下传感器的连接器插头，再打开点火开关，起动发动机使之怠速运转，用示波器或万用表电压档检测传感器的两个接线端子 T3bh/1、T3bh/2 与搭铁间电压约为 1.698V，否则，应更换爆燃传感器。

8）敲击缸体时（人工模拟）电压大于 0.5V；发动机正常怠速时小于 0.6V；起动时大于 0.8V；发生爆燃时大于 1.2V。

9）爆燃传感器安装注意事项。为了避免爆燃传感器误传输爆燃信号，必须保证其固定螺栓的拧紧力矩准确无误。在安装爆燃传感器时，若紧固力矩过大，爆燃传感器将感知气缸爆燃信号电压太低，从而出现点火过早现象；若紧固力矩过小，爆燃传感器会感知气缸爆燃信号电压太高，从而出现点火过迟现象。

108 新型热膜式空气流量计 HFM6

（1）结构 新型热膜式空气流量计由下列主要部件组成：①具有回流识别功能的微型机械式传感器元件和进气温度传感器；②一个具有数字信号处理功能的传感器电子单元；③一个数字接口，如图 7-36 所示。

与先前的空气质量计相比，新一代空气质量计的信号可以通过数字接口传递给发动机控制单元进行准确、稳定的分析。空气流量计的电路和传感器元件安装在一个紧凑的塑料外壳上。

在流量计总成的最下端是一条测量管路，它伸入传感器元件组中。测量管路从进气歧管的气流中引入一部分气流，并引导其流经传感器元件。

传感器元件测量这部分气流中进气以及反方向的空气质量。对空气质量的测算信号由电路进行分析处理，并传递给发动机控制单元。

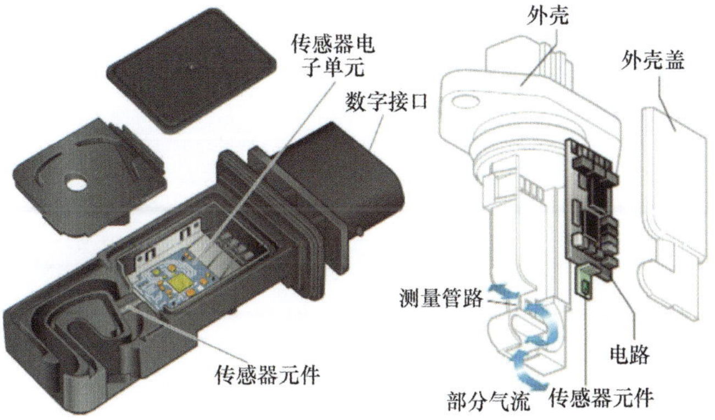

图 7-36　热膜式空气流量计 HFM6 的结构

（2）旁路通道　与以往的型号 HFM5 相比，新一代空气质量计的旁路通道在流动性方面进行了优化。用于空气质量测量的空气分流在阻流边后面被吸入旁路通道，如图 7-37 所示。

通过阻流边的构造在其后产生负压，在这个负压的作用下，空气分流被吸入旁路通道，以进行空气质量测量。迟缓的污粒跟不上这种快速的运动，通过分离孔被重新导入进气中。这样，测量结果不会因污粒而失真，传感器元件也不会因其而损坏。

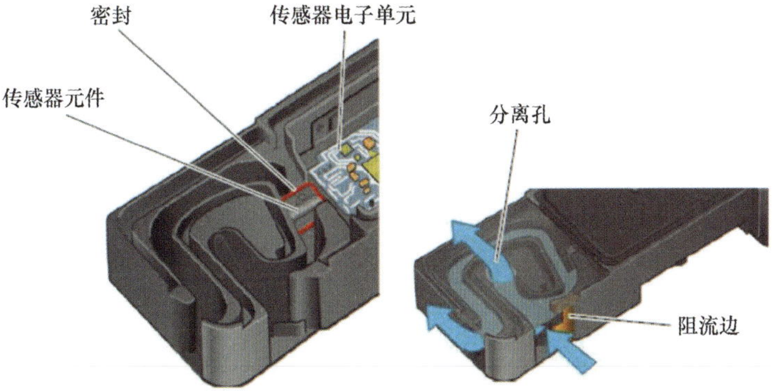

图 7-37　传感器的旁路通道

（3）测量方法　传感器元件位于传感器电子单元旁边，并伸入用于空气质量测量的空气分流内。传感器元件中有一个热电阻、两个与温度相关的电阻 R1 和 R2，以及一个进气温度传感器，如图 7-38 所示。

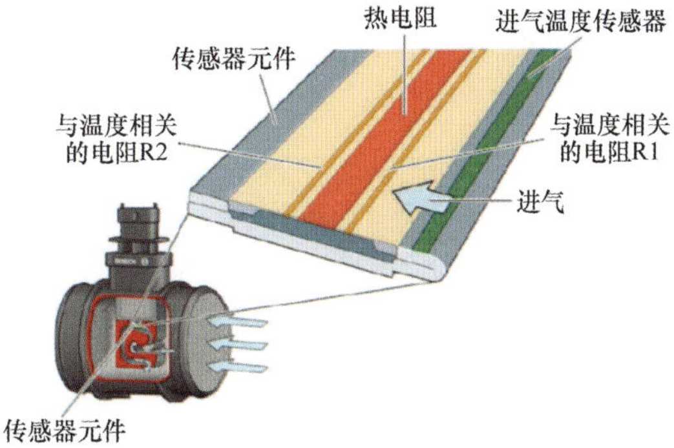

图 7-38　传感器元件位置

传感器元件在中间通过热电阻被加热到高于进气温度 120 ℃。例如，进气温度 30℃，热电阻被加热至 120℃，则测得温度为 120℃ +30℃ =150℃。

由于与热电阻之间存在间距，因此传感器至边缘的温度逐渐降低，见表 7-5。电子模块通过 R1 和 R2 的温度差来识别出进气空气质量和流向。

表 7-5　测量值显示

项　　目	温度 /℃
进气温度	30
传感器元件边缘温度	30
热电阻	150
无进气流时，R_1 和 R_2 的温度	90
有进气流时 R_1 的温度	50
有进气流时 R_2 的温度	约 90

（4）回流识别

1）工作原理。为保证最佳的空燃比和低的燃油消耗，发动机管理系统需要知道到底有多少空气最终进入发动机气缸内。空气流量计为管理系统提供此项信息。

气门的开关动作会导致进气歧管内的空气朝相反的方向流动。带反向流量识别的热膜式空气流量计探测气流的反向流动，并将此信号发送给发动机控制单元。由此，空气流量得以被精确地测算。

进气门关闭时，吸入的空气受其阻碍回流到空气质量传感器。如果回流未被识别出来，则测量结果就会出错。回流的空气碰到传感器元件，先流过与温度相关的电阻 R2，接下来流过热电阻，然后流过与温度相关的电阻 R1。电子模块通过 R1 和 R2 的温度差识别出回流空气质量和流向，如图 7-39 所示。

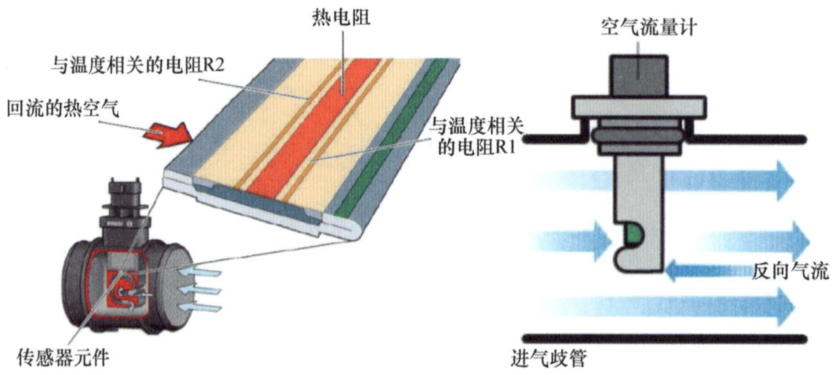

图 7-39　传感器回流识别

2）功能。集成在传感器元件上的是两个温度传感器（T1+T2）和一个加热元件。

连接传感器和加热元件的基板由玻璃膜片组成，如图 7-40 所示。之所以使用玻璃，是因为它的导热性极差。这可以防止热量由加热元件由玻璃膜传给传感器。如果传给传感器，将导致测量误差。

加热元件负责加热流经玻璃膜的空气。由于没有气流而使热辐射均匀，并且与加热元件等距布置，因此两个传感器能测量到相同的空气温度，如图 7-41 所示。

3）空气质量识别。在进气行程时，气流经传感器元件从 T1 流经 T2 。气流使传感器 T1 得以冷却，然后流经加热元件又重新被加热，从而使传感器 T2 达不到传感器 T1 那样的冷却程度，如图 7-42 所示。因此，T1 的温度比 T2 低。温差信号被发送给电路，从而计算出进气质量。

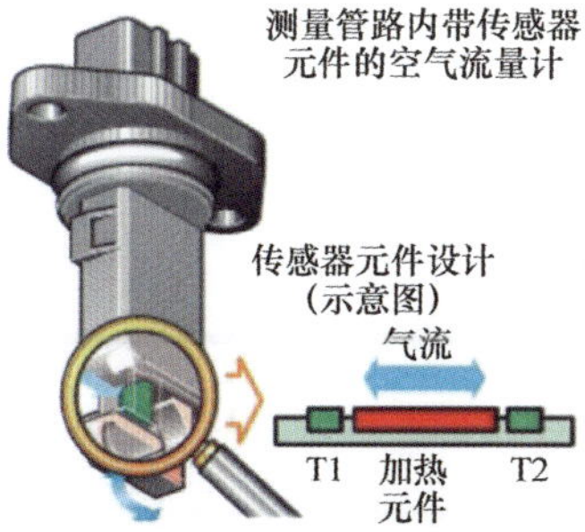

图 7-40 传感器内部元件设计

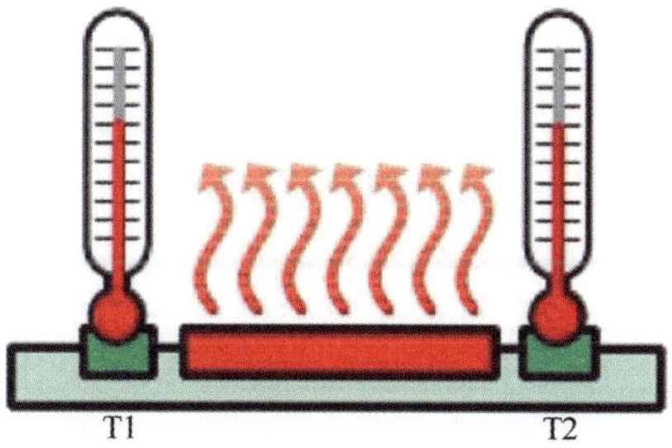

图 7-41 两个传感器测量空气温度

4）反向气流识别。如果气流反方向流过传感器元件，则 T2 因受冷却而温度下降的程度比 T1 大。由此，电路能识别出气流的反向流动。它将从进气质量中减去这部分反向气流的质量，并将信号反馈给发动机控制单元，如图 7-43 所示。

发动机控制单元由此获得一个电信号，它能准确标定实际的空气质量，并能更准确地标定喷射的燃油质量。

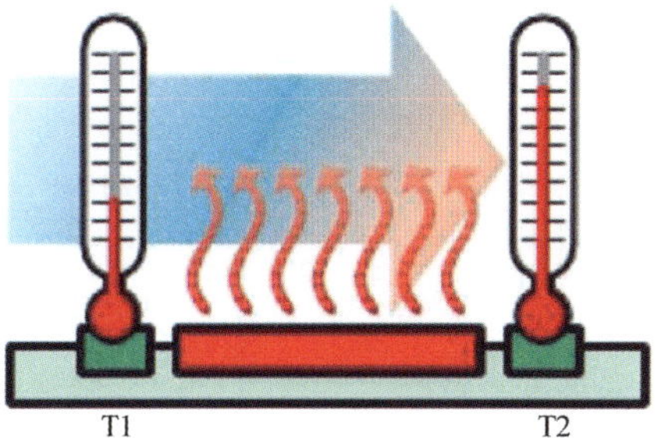

图 7-42 空气质量识别

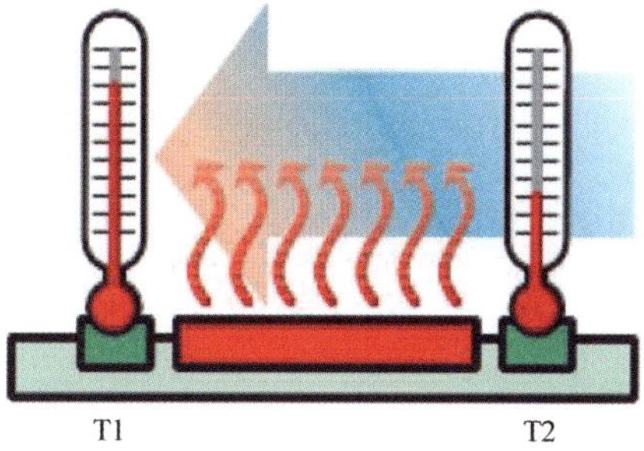

图 7-43 反向气流识别

（5）空气流量计传感器的工作过程 空气流量计的传感器元件耸立在发动机吸入的气流中。一部分空气流经空气流量计的旁通气道，旁通气道内有传感器电子装置，该电子装置上集成有一个加热电阻和两个温度传感器，如图 7-44 所示。这两个温度传感器用来识别空气的流动方向：①吸入的空气首先经过温度传感器 1；②从关闭气门回流的空气首先经过温度传感器 2，发动机控制单元就可以计算出吸入空气中的氧含量。

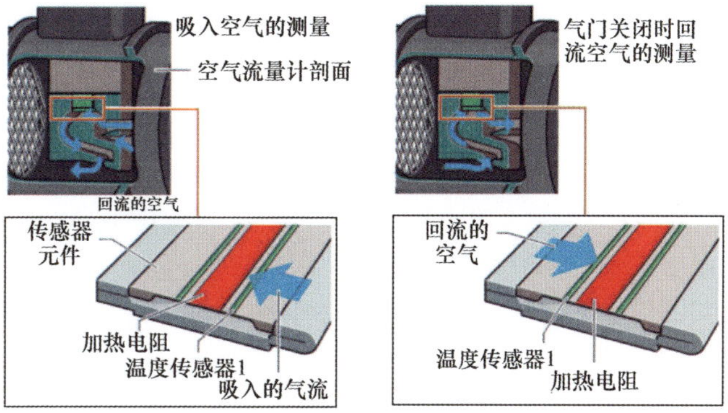

图 7-44 空气流量计传感器的工作过程

至发动机控制单元的空气质量信号传递：空气质量计向发动机控制单元传递一个包含被测空气质量的数字信号（频率），如图 7-45 所示；发动机控制单元通过周期长度来识别测得的空气质量。优点：相对于模拟线路连接，数字信息对干扰不敏感。

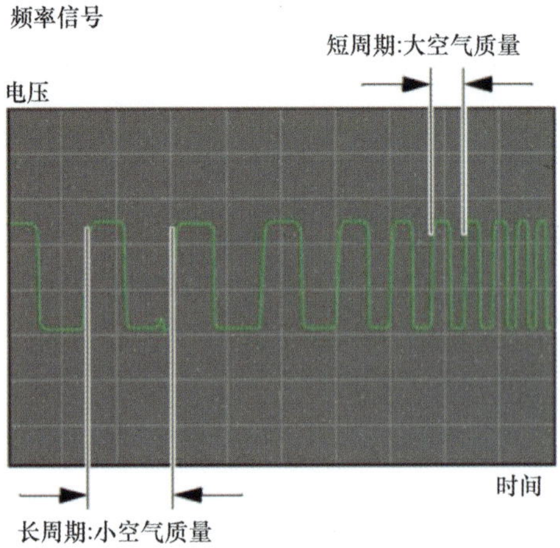

图 7-45　空气质量的数字信号（频率）

109 热膜式空气流量传感器的检测

大众 TSI 发动机使用改进的三线（取消了进气温传感器）热膜式空气流量传感器 G70 计量发动机的进气量。图 7-46 和图 7-47 所示为该传感器与 J519 车载电网控制单元、ECU 的连接电路。

（1）各插头端子说明

1）T5f/1 由 J623 发动机控制单元提供 5V 电压。

2）T5f/2 为空气流量传感器信号线，怠速时电压约为 0.8V。

3）T5f/3 为电源线，打开点火开关时，由点火开关 15 号线向 J519 提供电源信号，J519 向 J329 供电继电器吸合，并经熔丝 SC10（10A）向空气流量传感器提供蓄电池电压。

（2）供电电压及信号电压的检测

1）检测电源电压。关闭点火开关，拆下空气滤清器，然后打开点火开关，即置于“ON”位置，但不起动发动机。用万用表的电压档测量空气流量传感器插头中的 T5f/1 端子（正信号线）与 T5f/2 搭铁线端子（负信号线）之间的电压值为 5V；T5f/3 端子与 TH5/2 搭铁（或车身）间的电压应为蓄电池电压（如无电源，则检查熔丝 SB30 及继电器 J329）。

2）检测信号电压。将万用表“+”表笔插入空气流量传感器 T5f/1 端子线束中，“–”表笔插入 T5f/2 端子的线束中。然后用电吹风（冷风档）向流量传感器空气入口吹气，观察信号电压的变化情况。若信号电压不变，则说明空气流量传感器失效，应更换。

（3）线束导通性（断路）检测　关闭点火开关，拔下空气流量传感器的插头，拔下电控单元 J623 的线束连接器，用万用表检测插头 T5f/1 端子与 J623 连接器 T94/23 端子间的电阻值，标准值应小于 1Ω；T5f/2 端子与 J623 连接器 T94/65 端子间的电阻值应小于 1Ω。